はじめの
一歩

THE FIRST STEP!

# 離婚を考えたらこの1冊

石原豊昭
内海 徹 ［共著］

自由国民社

# はじめに

離婚を決意するに至る原因は、それこそ千差万別です。他人から見れば、どうということのない些細なことであっても、当人にとっては夫婦生活を続けていけないほどに重い意味を持つケースも皆無ではありません。また、離婚するほどの理由はなくても離婚するケースもあります。

細かなことはさておいて、離婚に至る原因を大別してみますと、

一、夫または妻に離婚原因がある場合（不貞行為、暴力行為など）

一、夫または妻が夫婦生活を破綻させた場合（蒸発、浪費、家事・育児の放棄など）

一、外部の要因により夫婦生活が破綻する場合（姑のいびり、事故による障害、単身赴任など）

の三つに大別できますが、実際には原因は一つとは限らず、複合して重なり合っているケースも数多くあります。

離婚の悩みに答える実務書としては、本人が直面している問題に、即座に、直接に回答が得られるものが最も望ましいのですが、もし、どんなケースにも答えられるものを作ろうとすれば数千ページにも及ぶ本になってしまいます。そこで本書では発想を転換させて、どんな離婚事件でも最終的には解決するわけですが、その解決のための道筋、すなわち解決手続きを紹介することによって、直面している問題を読者自らの手で解決してもらう方法を取ったのです。

全体の流れとしては、こんな紛争ではこう解決するという離婚で知っておきたい基礎知識、話合いによる協議離婚、家庭裁判所による調停・審判離婚、それでも解決できない場合の裁判離婚を解説し、最後に離婚に付随して発生するさまざまな必要な手続きを紹介してあります。

本書を読んでいただいて、離婚に踏み切り新しい人生のスタートをきっていただく方もあるでしょうし、あるいは離婚を踏みとどまってもう一度夫婦で話し合い家庭の再建に努力してみる方もあるかもしれません。いずれにせよ、本書があなたの問題解決に少しでも役に立てれば幸いです。

令和二年三月一日

著者　石原　豊昭／内海　徹

# 目次

## 第6章 紛争解決に必要な離婚書式と書き方



## 巻末資料

巻頭特集

## ——最近の離婚紛争に見る——

# 離婚で考えておきたいこと

## ～離婚ノートを作ろう～

1 離婚交渉などでのDV・嫌がらせに注意！
2 財産分与や慰謝料などの請求を考えておく
3 子の親権者などをどうするか考えておく
4 別居・離婚後の生活も考えておく

◆内縁関係（事実婚）の解消は離婚に準じるのか！

※離婚原因や離婚手続については本文で詳しく説明してあります

### ■考えることは多くある

①まず考えておきたいのが、**本当に離婚したいか**ということです。夫婦喧嘩などで、ついカッとなって離婚を言い出したのであれば、その後シコリは残りますが、すぐに訂正すべきです。言動には注意しましょう。

②**離婚を決断したのであれば、離婚できるかどうか**について考えます。相手配偶者が同意すれば協議離婚となり離婚届を出せばそれで済むのですが、同意しなかったら調停の申立てさらには訴訟までするかを考えておきましょう。その際、浮気などの離婚原因が相手配偶者にあるかどうかも調べておきましょう。

③つぎに、子どもがいれば、**子どもをどちらが引き取るか**を考えてください。子どもについては親権者が決まらなければ離婚することはできません。

④離婚では、**財産分与や養育費の請求ができ、慰謝料、婚姻費用の分担の請求ができる場合があります**。請求できるとしたら、いくら請求ができるかなど検討が必要になります。

### ■離婚後のことも考える

離婚後は共同生活ではなく単独で生活することになるのですから、生活設計も必要です。

※考えたことは、**ノート**などに書いておくとよいでしょう。考えがまとまり記録にもなります。

〔離婚ノート〕（例）

〔家族〕
□夫　佐藤一郎　生年月日（○○歳）
　失業中（元○○株式会社勤務）
□妻　佐藤花子　生年月日（○○歳）
　主婦（パート）
□子　佐藤太郎　生年月日（○○歳）
　○○小学校３年
〔離婚したい理由〕
以下の理由で婚姻生活は破綻
子のためにも離婚したい
1．夫の浮気　　　　（以下略）

■離婚での暴力などの事件のこと——

# 1 離婚交渉などでのDVや嫌がらせに注意！

♣離婚裁判でも、暴力がひどければ「婚姻を継続しがたい重大な事由」として離婚が認められます。ただし、離婚を言い出すといっそう暴力がエスカレートすることもあり、事前に対処法を考えておくべきです。

## ■夫の暴力は妻からの離婚申立ての理由の4位

戦前の旧民法では、夫の暴力は離婚原因とされていました。現在は、夫の暴力は法定離婚原因として掲げられていませんが、だからといって離婚が認められないわけではありません。司法統計（平成30年）によれば、妻からの離婚申立原因の4位に上げられています。

最近では、夫の家庭内暴力（ドメスティック・バイオレンス＝DV）に対しては、DV防止法を制定、改正するなど、厳しい態度で臨んでいます。身体に対する虐待ばかりではなく、精神的な虐待も、ここでいう暴力に含められています（下図を参照）。

## ■暴力は離婚原因となり慰謝料請求もできる

このような暴力が絶えず、夫婦生活を続けられなければ、法定離婚原因である「婚姻を継続しがたい重大な事由」に該当し、離婚は認められます。ですから、財産分与の請求だけではなく、当然慰謝料の請求もできます。

暴力が恐くて話し合いもできないというような場合には、弁護士に依頼する方法もあります。

**DV保護の概要**

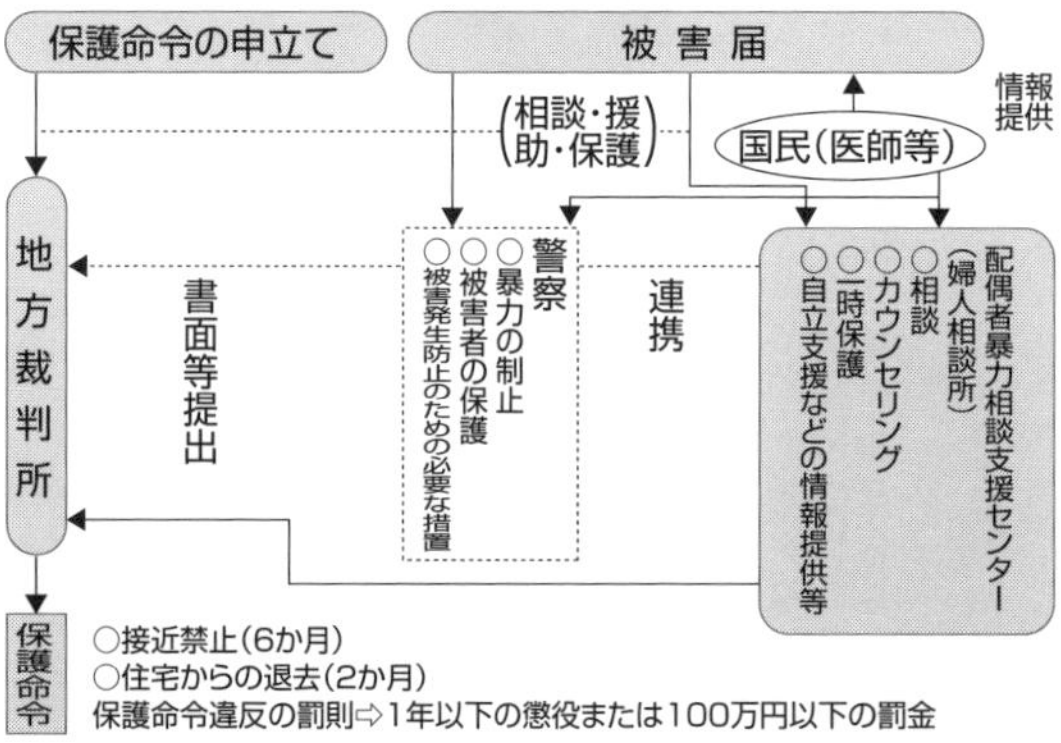

## 暴力が怖ければ離婚前に別居も考える

離婚の話合いがこじれて刃傷ざたになることは避けたいものです。

身体的な暴力が凄い場合には、別居することも一案です。別居期間中の生活費は、婚姻費用として夫に請求できます。

別居が冷却期間となり落ち着いて話し合いができることもあります。

また、自分だけで考え込むのではなく、実家の父母や警察や配偶者暴力相談支援センター（婦人相談所）などで相談することです。

離婚を持ち出すと余計に暴力を振るうのであれば、弁護士を依頼して離婚交渉および調停などの手続を任せることもいいでしょう。

▼離婚原因⇩第5章（167ページ以下参照）

〔離婚ノート〕（例）

**夫婦間の出来事**

▷令和○年○月○○日
夫に茶碗を投げつけられ、腕に３針縫うほどの傷を負わされた（○○病院）。

▷令和○年○月○日
子どもを連れて実家に帰っていたら、すぐにも家に妻子を返さないと怒鳴り込んでいくと母を脅した。

▷令和○年○月○日
子どもが言うことを聞かないからと柱に縛りつけて、箒でひっぱたいた。

▶婚姻中の暴力等については、殺人などを除けば、「法律は家庭に入らず」の原則に従い、警察は介入したがりません。そこで、本文で述べたＤＶ法ができたのですが、他人への暴力等と違い、配偶者間の暴力は処分が軽減されています。

警察や配偶者暴力相談支援センターに相談すれば、一時保護などの措置をとってくれます。また、裁判所に申し立てて、保護命令を出してもらうこともできます。これは離婚後の元配偶者に対しても同様です。

**事件** 暴力行為で離婚を認める

最近の傾向としては、夫の暴力に対しては違法性を重視する傾向にあります。

一回の暴力でも離婚原因に当たるとしたものとして、心神耗弱下で殴打し、傷害を与えたのは一回であるが、それが相手に将来の暴行を予想させ恐怖を抱かせる場合には、「婚姻を継続しがたい重大な事由」に当たるとして離婚を認めています（福井地裁・昭和31年8月27日判決）。

また、些細なことで継続的に暴力を振るっていた事案で「暴力行為は強く批難されるべきである」として離婚を認めています（東京高裁・平成10年2月26日判決）。

# 2 財産分与や慰謝料などの請求も考えておく

■離婚給付金のこと——

♣離婚が成立しても、先立つものは「お金」です。離婚に伴う金銭の請求はキチンとしておかないと、離婚後に路頭に迷わないとも限りません。離婚後の生活も長く続くわけですから。

## ■離婚給付金を請求するかどうかは本人の自由

離婚に伴う給付金は高額の請求をするのも、請求しないのも自由です。気をつけたいのは、離婚したいあまり、いい加減な約束となりがちなことです。

こうしたことがないように、約束した事項を書面にして、夫婦揃って公証（人）役場へ行き、その文書を公正証書にしておくことです。その際、「約束が履行されない場合は強制執行されてもかまわない」旨の文言を入れておけば、万一の場合、強制執行ができます。

## ■こんなとき、こんなお金を請求できる

**●婚姻費用分担金**　離婚前に別居していたときには、相手方に生活費として婚姻費用を請求できます。婚姻費用分担額は、夫婦双方の「資産、収入その他一切の事情」を考慮して決めます（子どもがいる場合には、養育費も含まれます）。

請求できる期間は、別居開始のときから、離婚成立あるいは別居が終了するまでの全期間です。なお、別居の原因を作った側（有責者側）からは請求できません。

**●財産分与**　財産分与は夫婦でいる間に作った財産の清算です（離婚後の扶養の意味もあります）。

財産分与の基準は、一切の事情を考慮して家庭裁判所で決めるとされていますが、実務では原則２分の１ルール（半分ずつ）が定着してきています。

**●慰謝料**　慰謝料を請求できるのは相手が離婚原因に責任がある場合（暴力、浮気など）で、夫婦双方に離婚の責任が同程度あれば認められません。

慰謝料は有責性の程度その他一切の事情を考慮して決められますが、慰謝料が認められたケースで金額は２００～３００万円程度です。

**●養育費**　子を養育することになれば養育費も請求できます。

平成15年に東京と大阪の家庭裁判所が発表した**「養育費算定表」**が令和元年一二月に一六年ぶりに改訂、公表されました（二二〇頁参照）。これによると、大幅に増額されています。

養育費は、子どもが成人するまで（大学に行かせる場合は卒業まで）請求できます。

※　なお、離婚すると決めたら、自分の名義でへそくりをしたり、保険受取人を変更して、自分の財産を確保する人がいますが、調停などで見つかると、悪い印象を与えます。

調停等による財産分与の請求においては、財産目録の提出が必要で、それにより、夫婦財産の確定がなされるからです。

▼離婚給付金⇩72ページ以下参照

〔離婚ノート〕（例）

**離婚給付金**

▷財産分与
・土地　○○平米　建物　○○平米
・預貯金　○○銀行　○○万円
・自動車　カローラ○○年型
・その他　○○○○

▷慰謝料
・夫の暴力　令和○年○月○日
　左腕打撲

▷子の養育費
・学費　○○万円
・塾費用　○○万円
・衣服その他　○○万円

▷生命保険　○○生命　○○万円

▶財産分与の計算では、トータルで夫婦の財産を計算します。住宅等のローンや債務がある場合には、マイナス財産としてこれも計上しなければなりません。
　慰謝料などは請求したいと思う金額を記入しておくとよいでしょう。

▶財産分与ではありませんが、年金分割についても記載しておくとよいでしょう（76ページ参照）。

**事件**　財産分与による不動産の取得

主な財産が不動産というケースは多いのですが、その不動産を妻に取得させた例を紹介します。

・夫の暴力により婚姻が破綻した事例。妻の主婦としての貢献、離婚後の生活を考慮して、現在妻が居住し、賃料収入を得ているアパートと土地の分与を認めた例（大阪地裁・昭和59年3月29日判決）。

・家庭内別居が5年。妻の年収が少なく居住用不動産を買ったり、借りることが困難であること、障害を持つ子が当面同じ家に居住することが望ましいことから、妻に不動産を、夫には株式と預金を取得させた例（東京地裁・平成9年6月24日判決）。

■子どものこと——

# 3 子の親権者などをどうするか考えておく

♣離婚しても一緒に生活できなくても親子の関係が切れるわけではありません。また、親と子が会うことは子の情操面からも必要なことです。

## ■子どもの問題で考えておきたいこと

未成年者（20歳未満の子ども）のいる夫婦が離婚する場合、夫婦のどちらを親権者にするかを決めなければ離婚届は受け付けられません。

まず、**子の親権者を父母のどちらにするか**ということです。親権者になった方は、子どもを引き取り、監護および養育（教育）を行います。一方を親権者とし、他方を監護権者（身辺の世話）とすることもできます。

次に、**養育費**です（次項を参照）。

また、**子どもとの面会交流**（面接交渉）のこともあります。最後に、離婚による子どもへの影響です。心のケアも必要でしょう。

## ■面会交流（面接交渉）をどうするか

以前は、親権者あるいは監護権者にならなかった親が、離婚後に子どもと会ったり手紙や電話などで交流することを「面接交渉」と言って、法律の規定はありませんでしたが、家庭裁判所の実務等では認められていました。

民法が一部改正（平成24年4月1日施行）され、離婚によって子と離れる**親が子と会う権利**を「面会及びその他の交流」として、正式に認められました。「面接交渉」からわかりやすい「面会交流」と呼ばれるようになったのです。

この改正に伴い、離婚届の書式も改定され、「面会交流」と「養育費」について取り決めのチェック項目が設けられました（記入がなくても離婚届は受理されます）。

## ■話し合いで決まらなければ家庭裁判所で

民法７６６条は、父母が協議離婚をするときには、「子の監護をすべき者、父又は母と子との面会及びその他の交流」について必要な事項は、子の利益を最優先して考慮し協議で定めるとし、協議がまとまらないとき、または協議ができないときは家庭裁判所が決めるとしています。平成30年の司法統計年報によれば、母を親権者あるいは監護権者とするものが約九割を占めています。

なお、経済的余裕があるのに故意に養育費を支払わない場合は別ですが、養育費の不払いを理由に子どもとの面会交流を断ることはできません。

また、子の監護をしている親が、家庭裁判所で決められた面会交流の約束を守らない場合には**間接強制**（金銭を支払わせる）ができるという最高裁の判例が出ています（下段記事参照）。

▼子どもの親権者⇩24・86・88ページ参照
▼子どもの養育費⇩50・52ページ参照
▼面会交流（面接交渉）⇩90ページ参照

### 〔離婚ノート〕（例）

**子どものこと**

〔親権者〕
親権者の指定でモメる。令和○年○月○日に○○家庭裁判所に申立て。令和○年○月○日に審判により親権者が確定。
〔監護権者〕
令和○年○月○日、親権のない相手方が監護権者になりたい旨の申出あり。
子どもが現状のままがいいと言うので申出を拒否。
〔面接交流〕
令和○年○月○日、２回目の面会交流後、落ち着きがなくなり精神的に不安定なので、以後の面会交流を拒否。
〔養育費〕
面会交流を断ったら、以後養育費の支払をストップしてきた。

▶親権者を誰にするかは離婚前に決めなければなりません。モメるケースは双方が親権者になりたい、あるいは双方とも親権者になりたくないというケースです。

協議離婚では離婚することのみを考えて、安易に親権者を決めると、離婚後に子どもを引き取りたくなったりして親権者あるいは監護権者の問題が生じます。

### 事件　面会交流の拒否と拒否した親に対する間接強制

家庭裁判所の審判により面会交流が認められたのに、監護をする親がこれを実行しない場合に、実行するまで一定の金銭を支払えという間接強制の手段による強制執行が認められるかどうかが争われました。

最高裁は、家庭裁判所の審判において、面会の日時又は頻度、各回の面会交流時間の長さ、子の引渡し方法等が具体的に定められているなど監護している親のなすべき面会交流が特定されている場合には、審判に基づいて間接強制（決められた事項を実行するまで金銭を支払わせること）をすることができるとの決定を下しました（平成25年3月28日決定）。

■離婚後に起きること――

# 4 別居・離婚後の生活も考えておく

♣離婚で大事なことは離婚後、どのように生活したいかビジョンを持つことも大切です。財産分与などはそのための大切な資金です。一時的な感情で後先を考えず離婚をすると、経済的に困窮することがあります。

## ■別居では婚姻費用の請求ができる

夫婦の中が険悪となり別居となると、２世帯分の生活費がかかることになります。その場合、**収入の多い方が、少ない方の生活費を負担しなければなりません**。これがいわゆる**「婚姻費用の分担」**です。

収入の少ない妻、子どもを養育している妻は、夫に対して婚姻費用分担請求ができます。夫はこれを拒否できません。夫が負担しなくてすむのは、妻が浮気や不倫をしてみずから家を出て行ったなど、別居の原因が妻にある場合です。

婚姻費用の金額は、まず夫婦で決めます。決まった場合には、書面にして公正証書にしておきましょう。話がまとまらなければ、家庭裁判所に**「婚姻費用分担請求調停」**を申し立てます。調停不成立なら、自動的に審判手続に移行します。

## ■養育費はしっかり算定して決める

離婚して別居しても、親子の関係は変わらず、**子どもが自立するまでは親は子どもの生活を保障する責任を負います**。これが「養育費」です。

離婚に際して、「自分は親権者にならなかったから」と言って、養育費

**メモ**

**・必要な手続きを書き出してみよう**

国民健康保険や住民登録など市役所の関係、住所変更など郵便局の関係、免許証の書き換え、転校の手続きなど、必要と思われる手続きを書き出してみてください。

**・公的なサービスを利用しよう**

子どもがいる場合には児童手当が支給されます。住まいを探すには母子生活支援施設が利用できます。仕事を見つける場合にはハローワークで相談してください。自力で生活できなければ生活保護を考えましょう。

の支払い義務を免れることはできません。通常は、離婚後の夫と妻の収入を比較して、収入の多い夫の側から子どもを養育している妻の側に対して支払われるケースが多いようです。しかし、逆のケースもないわけではありません。

養育費は、親権者の指定を決めなければ離婚届は受け付けてもらえませんので、通常、離婚に合意するときに、養育費についても話し合いで決めます。もし、話し合いで決まらないときは、家庭裁判所に調停を申し立て、調停委員を入れて話し合って決めます。それでも決まらない場合には、家庭裁判所の審判で決めてもらうことになります。

調停や審判では、平成一五年に裁判官等で構成された東京・大阪養育費等研究会が公表した**「養育費算定表」**を見直したものが利用されています（二二〇頁参照）。

### 〔離婚ノート〕（例）

**離婚後の収入・支出（予定）**

〔収入〕
- □給与（月額）
- □養育費（月額）
- □その他

〔貯蓄〕
- □預金
- □積立金
- □その他

〔支出〕
- □生活費（月額）
- □家賃（月額）
- □その他

## ■養育費が支払われなくなることだってある

離婚後、相手が再婚した場合など、養育費の支払に窮することがあります。養育費の支払が調停や訴訟で決まったのであれば滞納している養育費について**強制執行**ができます。

それも、1回でも支払われなければ1回の手続きで将来の分も含めて給与など継続的な収入について差押えができます。給与については上限が2分の1まで差押えができます。

## ■離婚後の生活設計について考えておく

まず、直面するのは家計をどうするか、です。住まいをどうするかも考えなくてはなりません。

その他、子どもの教育、自分の再婚など今後の生活の指針を立てておきましょう。

**●いったん決めた養育費も変更が認められる**

家庭裁判所の調停や審判で養育費が決まった場合でも、その後に、失業、病気、事故などにより父母の経済状態に変動があったなど事情に変更があったときは、原則、養育費の額を変更または取り消すことができます。話し合いで決まらなければ、家庭裁判所が決めます。

## 内縁（事実婚）の解消は離婚に準じるのか！

内縁とは、社会的事実としての夫婦共同体であるにもかかわらず、婚姻届を出していないために、法律上の夫婦とは認められない男女関係のことです。事実婚とも言われますが、離婚もなく、「内縁の解消」ということになります。

### ●内縁解消と金銭問題

#### ① 財産分与について

内縁関係の解消の場合に財産の分与を認める法律の条文はありませんが、判例では、夫婦共同生活から生じる法的な効果は、事実婚にも認めるべきであるとした昭和38年6月19日の広島高裁の決定があり、それ以来、事実婚についても認められるようになりました。

#### ② 慰謝料について

正当な理由もなく内縁関係を解消した者は、損害賠償の責任を負うというのは、古く大正時代からの判例です。

問題は、どんな場合に不当な解消となり、慰謝料を命じられるかです。

不貞、遺棄、虐待、侮辱、強度のヒステリー、性的欠陥、異常な性欲などは、内縁解消の正当な理由となりますが、性格の相違、迷信的な言動、家風に合わないなどは、正当な理由があるとはいえず慰謝料の対象とはなりません。

なお、事実婚というのは、正に事実上の関係ですから、一方的に関係を断ってしまえば、それで終了し、どんな原因があれば解消が認められるかというような問題は起こりえません。

正当な解消か、不当な解消かは、当事者双方の行為を総合的に考慮して判断することになります。

#### ③ 養育費について

親が内縁関係を解消しても、養育費・扶養料の支払義務は双方にあります。ただし、子は母親の戸籍に入っていますので、子の認知などの問題があります。

**事件** 内縁の夫の不貞と慰謝料の請求

夫婦間の貞操義務は、内縁の場合にも準用されます。ですから内縁関係にある配偶者と関係を持った第三者（不貞の相手）に対しても慰謝料の請求ができます。

では、重婚的内縁の場合はどうでしょうか。判例を紹介します。

法律婚が事実上離婚状態にあり、男には内縁の妻がいる。内縁の妻が夫の「法律上の妻とは離婚することになっている」という言葉を信頼して関係を継続している。この夫がさらに別の女性と関係を持ち、内縁関係を解消するに至ったときには、この女性は内縁の妻に対して慰謝料支払の義務があると判決しています。

▼東京地裁・昭和62年3月25日判決

# 第1章

## これだけは知っておきたい――
# 離婚についての基礎知識

♠離婚は思っているほど、簡単にできるものではありません。この章では、離婚でどんな問題が起きるか、離婚の手続きは、財産分与・慰謝料は、子どもの問題は、紛争になった場合の解決法は、などについて概説します。

なお、令和元年（二〇一九年）中の離婚件数（推計）は二〇万八三三三組で、前年に比べ若干の減少です。

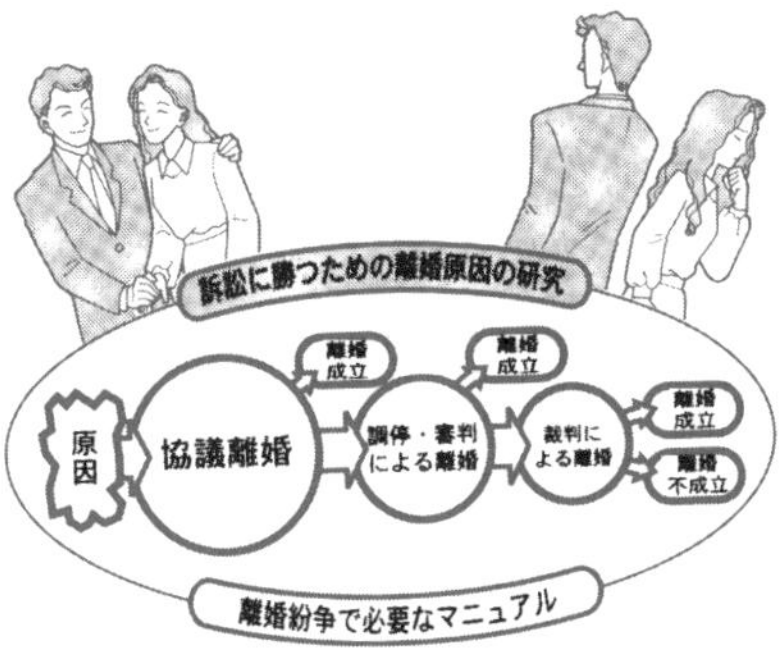

# ●離婚をする前にこれだけは知っておこう

■離婚したいけれど、どう進めてよいのかわからないという人もいるでしょう。本来、『法は家庭に入らず』という法諺があるように、家庭内で起こる問題については、できるだけ当事者にまかせ、法律がタッチするのは最終的な場面に限るというのが、わが国の法律の建前です。

　ですから、離婚も、まず当事者の間で話し合いをし（もちろん、仲人や友人を間に入れるなどしてもよいのですが）、離婚についての話がまとまれば、離婚する理由のいかんを問わず、離婚することができます。このような離婚の方法を、**協議離婚**（第2章）といい、実際に離婚する人の九割以上が協議離婚によっています。後は、市役所や町村役場から、離婚届の用紙をもらってきて、所定の事項を記載し、署名・押印して、窓口に提出して受理されれば離婚は成立します。

■夫婦のどちらか一方が、離婚に反対したり、あるいは離婚はしてもよいが、財産分与・慰謝料・養育費などの金銭問題、子どもの親権をどちらにするかなどの離婚条件がまとまらないときには、どうすればよいでしょうか。

　離婚の場合には、いきなり裁判所へ訴訟を起こすことはできません。訴訟を起こしたい場合には、まず家庭裁判所で、離婚の調停をしなければならないことになっています。これを**調停前置主義**と言っています。家庭裁判所では、調停委員をまじえて話し合いが行われ、ここで離婚の話し合いがまとまれば離婚できます。これを**調停離婚**（第3章）と言います。

　離婚調停中に、調停はまとまらず、調停委員が、審判に回したほうがよいと判断した場合、あるいは離婚自体には応じるが、金銭問題の話がつかないときには、家庭裁判所で審判をしてもらうことになります。審判は家庭裁判所の下すもので、話し合いを行うわけではありません。これによる離婚を**審判離婚**（第3章）と言います。

　調停がまとまらず、また審判に納得がいかなければ、裁判所に離婚訴訟を起こして離婚の請求をすることになります。ただし、この場合には後で述べる**法定の離婚原**

因（第5章）がなければなりません（民法七七〇条一項）。これが**裁判離婚**（第4章）です。

離婚裁判の間で、裁判官が和解を勧めます。合意できれば和解調書が作成され離婚成立です。これが**和解離婚**です。また、被告（訴えられた人）が原告（訴えた人）の主張を全面的に認め離婚を承諾する**認諾離婚**があります。

■離婚する前の悩みは、大まかに分けると、離婚すべきかどうかという人生相談的な悩みと、離婚する際の法律的な問題です。前者の場合は、カウンセラーが相談に乗ってくれます。全国に離婚相談に応ずる相談所があります。離婚の手続きに関する相談なら家庭裁判所の相談室で、調査員等が無料で相談に応じてくれます。

離婚できるか、慰謝料や財産分与や養育費、子どもの親権などの問題については、法律相談所です。都道府県や市区町村などの無料相談所、あるいは各都道府県にある弁護士会でも相談に応じています。

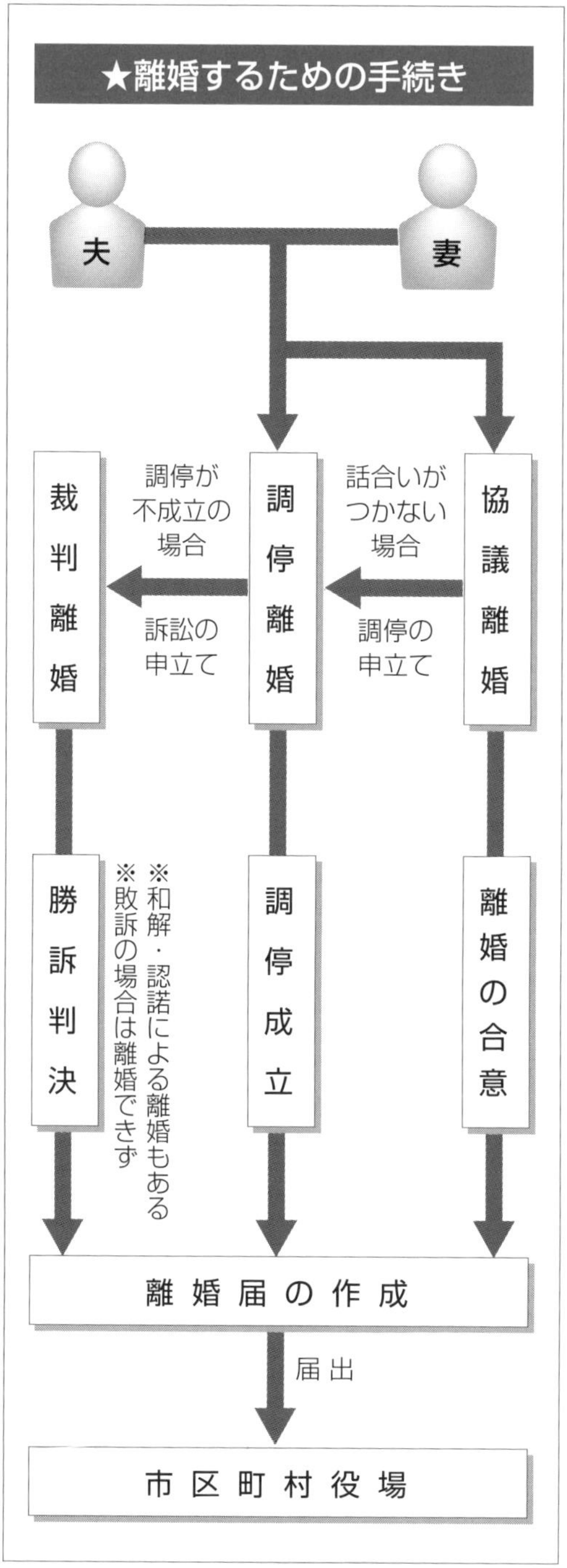

1

離婚入門❶

# 離婚では決めなければならないことがある

## ❁最低限決めることは子どもと金銭問題の二つ

結婚をする場合には、法律上、決めなければならないことは、どちらの姓を名乗るかということだけですが、離婚の場合には、そう簡単にはいきません。離婚するということは、これまで営んできた結婚生活の解消ですから、決めなければならないことはいくつかあります。

大きく分けると、一つは、金銭的なことであり、他の一つは、子どもの問題です。

どの夫婦の場合にも決めなければならないことは、財産分与です。ただし、これは離婚要件ではありません。したがって、離婚後に請求することも可能です。

財産分与は夫婦生活を送ってきた間に、これまで夫婦で築いてきた財産を清算するものです。ですから離婚原因を作った側からでも(妻の不貞が理由で別れる場合であっても)、財産分与を請求することができます。

とりあえず離婚を先に成立させておいて、財産分与については後で話し合って決めるケースがないわけではありません。しかし、財産分与請求権は二年以内に行使しなければ消滅します(除斥期間)ので、注意が必要です。

これに対して、慰謝料は、財産分与とは違って、どんな夫婦の場合にも必ず請求できる性質のものではありません。慰謝料が請求できるのは、離婚の相手方に離婚原因を作った責任がある(有責配偶者といいます)場合だ

**◆法律用語**

離婚給付金

正式な法律用語ではありませんが、離婚に際して給付が考えられるすべての給付金を総称していう用語です。

この離婚給付金には、財産分与、慰謝料、養育費があります。また、別居などで未払の婚姻費用分担費用があれば、これも請求できます。

けです。

離婚原因が夫婦のどちらにもあったり、あるいは夫婦のどちらかに責任を負わせるような離婚原因がないという場合には、慰謝料の問題は起こりません。慰謝料の請求権は三年で時効により消滅します。

### ❁子どもがいる場合、親権者と養育費を決める

子どもがいる場合には、まず、夫婦のどちらを親権者にするかを決めなければ離婚届は受け付けてもらえません。ただし、これは子どもが未成年の場合だけです。これは離婚届とは関係ありませんが、親権者とならなかった親が、離婚後に子どもと会ったり、手紙や電話などで子どもと接触する「面会交流権」についても決めておくとよいでしょう。

子どもがいる夫婦の場合には、離婚後の子どもの養育費の支払いについて決めておかなければなりません。養育費の額をいくらにするか、いつからいつまで支払うかなど詳細については後述しますので、五〇頁以下を参照ください。

面会交流権は、平成二四年の民法の一部改正法の規定によって認められるようになった権利です。

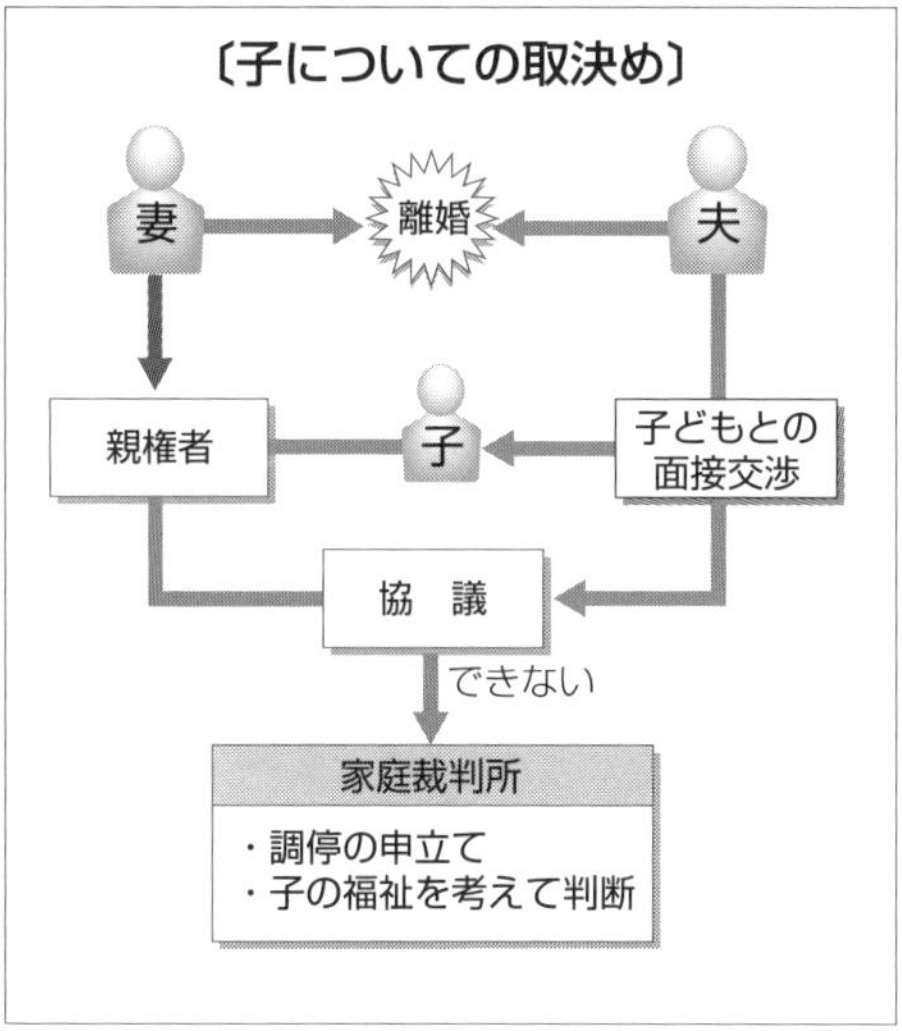


**ポイント**

解決の糸口として法律相談所や弁護士に相談を。

**★「公正証書」を活用しよう**

公正証書は公証人が作成する文書で、強い推定力を持ち、強制執行ができます。ただし、強制執行受諾文言があり、約束に反し一定額の金銭、一定数量の有価証券を支払わない場合です。

財産分与・慰謝料は、約束違反があれば、たとえ分割払いであっても契約に従い全額について直ちに強制執行できます。養育費についても、将来の分についても強制執行ができます。

なお、公正証書自体で離婚することはできません。離婚届は市役所に提出する必要があります。

また、離婚時年金分割の請求では、按分割合を定めた公正証書等の書面が添付資料として必要です（七七頁参照）。

離婚入門❷

# ❷ 親権者を決めないと離婚できない

❁夫婦の話合いで決められない場合には調停または審判で親権者を決めてもらう

未成年の子どものいる夫婦が離婚する場合には、夫婦の間で話し合って、どちらか一方を親権者と決めなければなりません（民法八一九条一項）。

ただし、裁判離婚の場合には、離婚の判決と一緒に裁判所が親権者についても決定します（同条三項）。

自分が親権者になりたい、あるいはどちらも親権者になりたくない等の理由のため、夫婦の間で話がまとまらないときには、家庭裁判所に親権者指定の調停申立てをして、調停または審判で決めてもらうことになります。

親権者という言葉はよく耳にするのですが、その内容はと言われると、知っている人は少ないようです。

親権というのは、法律的には、「身上監護権」と「財産管理権」の二つに分けられます。身上監護権は、子どもの養育や身の回りの世話をしたり、しつけ・教育をしたりすることです。一方、財産管理権は子どもに財産があればこれを管理することであり、また子どもが法律行為をする必要がある場合に、子どもに代わって契約などの法律行為をすることを言います。

いずれにせよ、協議離婚の届出をする場合には、離婚届に「父を親権者とする子の氏名」及び「母を親権者とする子の氏名」の欄がありますので、未成年者の子の氏名を記載して

◆法律用語　親権

親権

親権は、未成年者の子に対する身上監護（監護・教育、居所指定権、懲戒権、職業許可権）と行為的監護（財産の管理・法律行為の代理）があり、父母の婚姻中は未成年者の子に対する親権は父母の共同で行使します（民法八一八条三項）。

父母が離婚するときには、協議によって、協議でまとまらないときには裁判所が、その一方を親権者と定めます（民法八一九条一項、二項）。

市区役所や町村役場に届けなければなりません。もし親権者について記載漏れがあれば離婚届は受理されませんので、離婚はできないことになります。

通常、協議離婚の場合の親権者の指定は「平成〇年〇月〇日親権者を父（または母の場合あり）と定める旨父母届出」と記載されます。

離婚届を受け付けてもらいたいために、とりあえずどちらかを親権者として記入しておいて、離婚が成立してからあらためて話し合おうと思っても、親権者は離婚届に記載したとおりに戸籍に記入されてしまいますので、後で変更するつもりであったとしても、親権者の変更は家庭裁判所の許可が必要ですから、簡単に変更できるものではありません。

### ❁子どもが小さいので引き取って育てたいのなら親権者でなくとも監護者でもできる

どうしても、子どもが小さいので引き取って母親の下で育てたいという場合には、親権者は父親にしておいて、母親を監護者にする方法があります（民法七六六条）。監護者を決めたからといって離婚届に親権者と別に記載する必要はありません。

監護者になることは認めるが、監護の内容について夫婦間で話合いがつかないという場合があります。そのときには、家庭裁判所に対して、「子の監護者の指定の調停申立て」をして決めてもらうことができます。

いずれにせよ、親権者が問題となるのは、子どもが未成年の場合だけで、子どもがすでに成人に達していれば、子どもは親の親権に服することはありませんから、離婚する上で親権が問題になることはありません。なお、養育費については五〇頁以下および二二〇頁を参照してください。

**ポイント**

未成年の子どもも結婚すれば親権の対象にならない。

**★親権者でモメているが**

離婚する際に子どもがいる場合には夫婦のどちらが親権者になるかが決まらないと離婚届は受け付けられません。子どもが複数いる場合には、それぞれの子について親権者を決めます。

夫婦間の話合いで決めるわけですが、話がまとまらない場合には、家庭裁判所に調停を申し立てて、さらに話合いをします。それでも決まらない場合には、審判を申し立てるか、裁判を申し立てて、裁判所に決めてもらうことになります。裁判所では夫婦双方の色々な事情を考慮して親権者を定めます。その際に、子どもが一五歳以上の場合には、裁判所は子どもの意見を聞いた上で親権者を定めることになっています。

離婚入門③

# ③ 離婚成立には正当な離婚届の受理が必要

### ❁離婚が有効に成立するためには離婚届が受け付けられること

若い人の間で、結婚や夫婦関係をたった紙一枚（婚姻届）の関係でしかないなどと、幾分軽視するような風潮が目立ちます。この傾向は、小説やテレビドラマの台詞のなかにも盛んに出てきます。

紙一枚だからといって軽視はできません。三億円の取引契約書も、全財産を譲ると書かれた遺言書も紙一枚なのですから。

余談はさておき、このような紙一枚が重要な意味を持つのは、その紙一枚の中に人の意思が込められているからです。結婚届ならば、お互いが「結婚する」という意思が、離婚届には「離婚する」という意思が表明されているからです。

これは婚姻届を提出することによって、社会的にも法律的にも、結婚の成立が認められるのです。いくらお互いが愛し合っており、結婚の意思を以て結婚式も挙げ、一緒に生活し、社会的には夫婦とみられても、届出がないと法律上は婚姻関係は成立していません。単に内縁と言われる関係でしかないのです。

離婚も結婚と同様です。お互いが「離婚する」という意思を固めて、離婚届を作成して、これを市区町村役場の窓口へ届け、これが受け付けられることによって、離婚は正式に成立するのです。

### ❁夫婦の一方に離婚する意思がない場合に起こる問題

**◆法律用語**

離婚届

夫婦が協議離婚する場合には、当事者間の離婚の合意だけでよく、何ら離婚の原因を必要とするものではありません。離婚届を、市区町村役場に提出して受理されれば、離婚は成立です。

これに対して裁判上の離婚の場合には、裁判が確定したときに離婚の効力が発生します。市区町村役場への届出は必要ですが、この場合の届出は、報告的なものとされています。

夫婦のどちらか一方に離婚する意思がなければ、他方が勝手に離婚届を作成して届けをしたとしても、この届は無効であり、離婚は成立しません。

離婚が有効に成立するためには、離婚届を提出する時点で、双方に離婚の意思（届出意思）がなければならないのです。

〔離婚の成立・無効〕

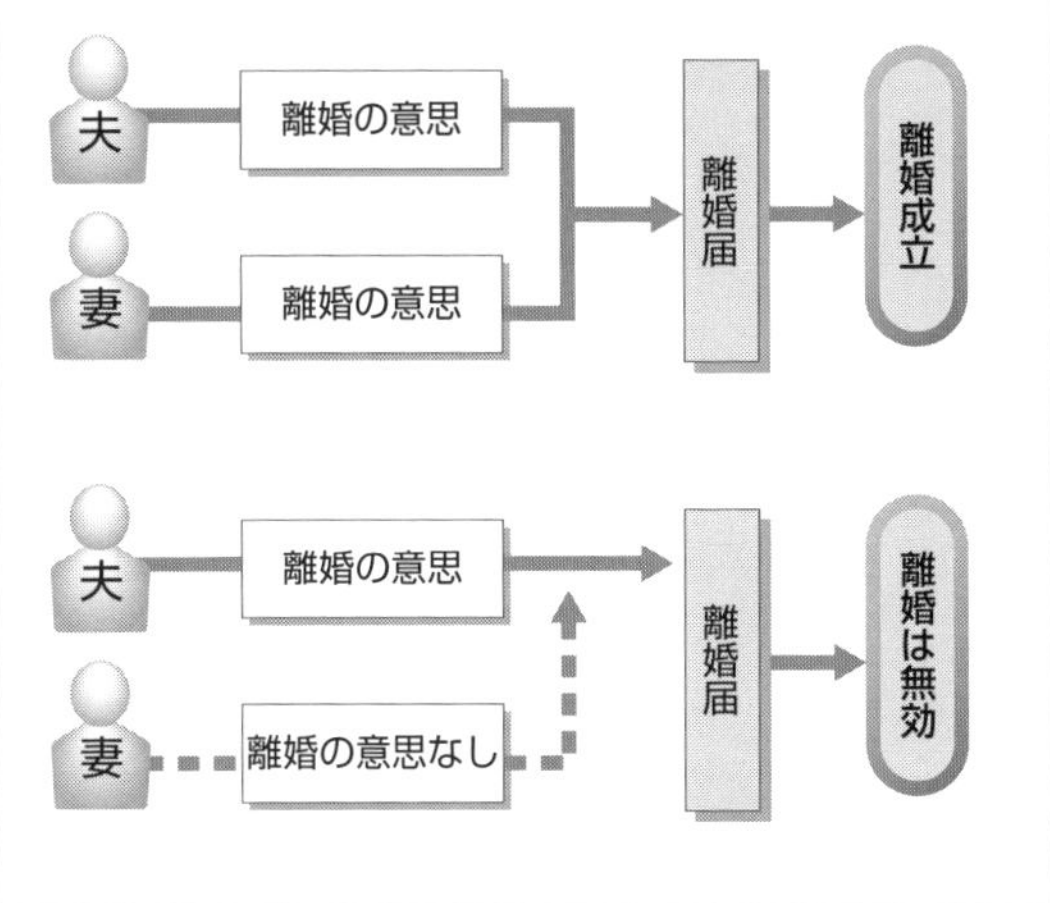


いったんは離婚に同意し離婚届に署名捺印したが、一晩考えたらやはり別れたくなくなったというケースもあります。

このような場合には、まだ離婚届が提出されていなければ、市区町村役場へ『離婚届の不受理申出書』（二一一頁参照）を提出しておけば、後で提出された離婚届は受け付けられず、離婚をストップさせることができます。

わが国の離婚の態様は、その九〇％程度が夫婦の話し合いによる協議離婚で、約八％が家庭裁判所の調停離婚、残り一％弱が裁判離婚です。

いずれにせよ、夫婦のうちどちらか一方が離婚に応じない場合には、裁判により離婚を求めるしか方法はありません。

**ポイント**

離婚が成立するための要件は離婚意思があることと離婚届が受け付けられること。

**★家を出て女と暮らしている夫が離婚を求めてきた**

自ら法定の離婚原因である不貞を行い、離婚を求めても認められません。

どうしてもその女性と再婚したいあまり、勝手にあなたとの離婚届を作成して、提出してしまうこともあり得ないことではありません。このような場合は、事前に市区町村役場に備えつけられている「離婚不受理届」を提出しておきます。離婚届を出して受け付けられても、職権で抹消してもらえます。

不受理届を知らなかったために、勝手に作られた離婚届が受け付けられると戸籍上は離婚したことになります。むろん、これは無効ですから調停で、ダメなら裁判で決着をつけます。

4

離婚入門④

# 冷静に考えるための別居は意味がある

## ❁別居期間中であっても相手に生活費を請求することはできる

離婚話が持ちあがり、双方で冷静な話し合いができない場合には、暫くのあいだ冷却期間を置くという意味合いで、別居するケースは多いようです。この別居期間の間にも、いろいろな問題が起こりがちです。

まず、別居した妻が直面するのは経済面です。多くの家庭では、経済的には夫に依存しているため、生活費にも困ることになります。

たとえ別居していても、夫婦や親子に変わりはないわけですから、生活費に困るようなときは、夫婦間の協力扶助義務あるいは婚姻費用分担義務（夫婦生活を送る上で必要な費用の分担）に基づいて、生活費の請求ができます（民法七五二条、七六〇条）。

では、分担義務者は、どの程度の費用を分担しなければならないでしょうか。

子どもの養育費（教育費も含む）については、親と同じ程度の生活レベルを保証することになっています。

また、夫婦間の場合には、夫婦関係の破綻の程度や破綻に対する責任の有無によって分担の程度が変わってきますし、さらに別居をやめ元の生活を回復する可能性があるかどうかによっても、結論は変わってきます。

たとえば、妻が愛人の下に走り、別居生活をしているような場合に、妻が夫に対して生活費を請求することはできないことは当然でしょう。また、離婚届を夫に突きつけて別居

**◆法律用語**

**婚姻費用分担**

婚姻から生じる費用は、その資産、収入その他の一切の事情を考慮して、夫婦が分担することになっています（民法七六〇条）。

これは別居中の場合も、原則として同様で、この規定に違反して分担額を支払わないときには、相手方は家庭裁判所に対して、婚姻費用分担の審判・調停の申立てができます。

を始めた妻が、生活費を請求するというのも、おかしな話です。このように請求する側に夫婦生活を破綻させた責任がある場合は、権利の濫用として請求は認められません。

### ❁家の財産を持ち出して別居したらどうなるか

では、別居をする際に、夫名義の財産を勝手に持ち出して、生活費として使うことはできるでしょうか。このようなケースで実際に

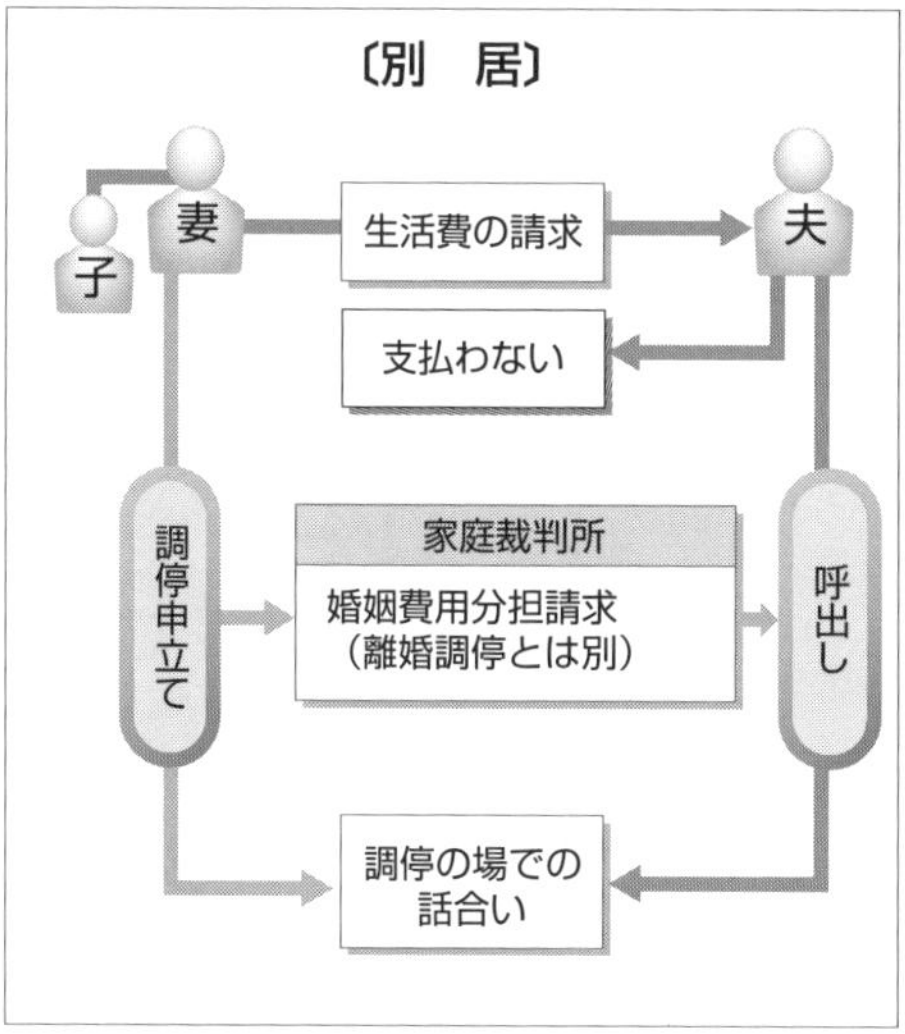


争われた例があります。夫婦である間に蓄えた夫名義の預金の半分を、妻名義に変えて家出した事件ですが、夫から妻に対する損害賠償請求を認めなかった判決があります（横浜地裁・昭和五二年三月二四日判決）。その使った財産が夫婦の実質的共有財産である場合で、共有の持分を限度に使ったという場合には不法行為にはならないと思われます。

また、別居をすると、離婚が成立する際に不利になるのではないかという質問を受けることがよくあります。離婚するにせよ元に戻るにせよ、冷静になって考えるために別居は意味があり、そのために不利になることはありません。ただ、別居が数年間にもわたるというような場合には、不利に作用するケースがあります。

**ポイント**

別居期間中は原則として生活費は請求できるが、裁判では不利に働く場合もある。

**★夫が家を出たので生活費にも困っているが**

夫婦は夫婦生活の中で必要な衣食住の費用、子の養育・教育費用、病気の治療費などを分担する義務があります。これを「婚姻費用の分担義務」、略してコンピと呼ばれており、この義務は夫婦関係が破綻し別居した場合にもあります。

では、いくら分担請求できるかですが、夫婦が話し合って決めます。決まらない場合は、相手方の住所地を管轄する家庭裁判所に調停（審判）を申し立てます。

分担額は、一切の事情を考慮して決められますが、たとえば妻が不倫し別居をするなど一方だけに責任がある場合は、子の養育費を除き認められないことがあります。

離婚入門⑤

# 5 離婚理由があれば離婚が認められる

## ❁離婚訴訟における法定離婚原因

裁判離婚は離婚全体のうち、わずか一％弱にしかすぎませんが、実はこれが大きな意味を持っているのです。

夫婦の一方が離婚してくれと頼み込んでも、相手がこれを受け付けなければ、協議離婚はできません。このような場合、まず普通の人なら、弁護士のところに相談に行きます。相談を受けた弁護士は、離婚したいという事情や離婚の原因などを聞いた上で、離婚が可能かどうかの判断をします。弁護士がこのような判断をする際の判断材料となるのが「裁判所の判例」というわけです。

ですから、実際に裁判離婚をする件数は少なくとも、これまで積み重ねられた判例が、多くの離婚希望者を導いているということができます。

## ❁民法が定めている離婚原因

では、当の裁判所はどのような考えに基づいて判決を下しているのでしょうか。

その前に、離婚裁判を起こせるのは、民法で定める離婚原因がある場合に限られます（七七〇条一項）ので、それから説明しましょう。

民法の定める離婚原因は以下のとおりです。

① 不貞行為（一号）
② 悪意の遺棄（二号）
③ 三年以上の生死不明（三号）
④ 回復の見込みのない強度の精神病（四

**◆法律用語**

協議離婚と離婚原因

協議離婚では、離婚原因（本文参照）は問われません。ただし、法律に定められた離婚原因があるから、離婚原因に該当する行為があった場合、仕方なく離婚に応じるということは考えられます。

号）

⑤　離婚を継続しがたい重大な事由（五号）

このうち、一号と二号は、夫婦の一方が夫婦の守るべき義務に違反した場合です。すなわち、不貞行為は、一夫一婦制の貞操義務に違反した場合ですし、悪意の遺棄は、夫婦の同居義務、協力義務に違反した場合です。このように夫婦の一方に、離婚に至る責任がある場合に離婚を認めるのが、「有責主義」と言われるものです。

これに対して、三号と四号は、当事者の責任とは関係なく起こりうることですが、これらの事由が発生すれば、夫婦生活は破綻してしまいます。夫婦生活が破綻した場合に離婚を認めるというのが、「破綻主義」と言われるものです。

ところが、一号から四号までの事由に該当しなくても、夫婦生活が破綻し回復の見込みがなければ離婚を認めようというのが、五号です。そして、離婚を認めるかどうかは裁判所が、当事者の事情を調べた上で個々に判決をするということになっています。詳細は第4章・5章で解説します。

**〔法定離婚原因（民法 770条1項）〕**

1. **相手の不貞行為** …… 性関係を伴うもの
2. **相手の悪意の遺棄** …… 同居・協力・扶助義務違反
3. **相手の３年以上の生死不明** …… ７年以上なら失踪宣告の申立ても可
4. **強度の精神病で回復不能** …… 民法改正要綱案では削除
5. **婚姻を継続し難い重大な事由** …… ❶～❹に該当しない場合はこれで

**ポイント**

これまでに出された判例を調べれば、離婚が可能かどうかを判断できる。

**★結婚して一か月ですが、離婚できますか**

離婚するためには、夫と妻の双方に離婚する意思が必要です。結婚一か月なら、婚姻届が未提出かもしれません。その場合には、法律上は正式の夫婦関係は成立していませんので、何の手続きも必要とせずに夫婦関係を解消できます。

婚姻届が出してある場合には、離婚届を作成して、市区町村役場に提出します。もし、子どもがいるのでしたら夫婦のどちらかを親権者として記載することが必要です。妊娠中で出生していないのなら、離婚して出生したときに妻が親権者となります。財産分与は問題にならないと思いますが、一方に離婚原因があれば慰謝料が問題となります。

離婚の手続き❶

# 6 離婚に際して必要な手続きは多い

### ❁離婚届や住所変更届など市区町村役場に届け出るものは多い

役所への届など面倒なことは夫にまかせている妻は多いようです。しかし、離婚するとなると、離婚に伴ってしなければならない必要な手続きは夫がやってくれるはずもなく、全部自分でやらなければなりません。

では、どんな手続きを、どこで、どのようにしてするかを見てみましょう。

なにはともあれ、必要なのは離婚届です。夫が離婚を望む場合は夫がやってくれるかもしれません。

協議離婚の場合の離婚届（市区町村役場にある＝二〇九頁参照）は夫婦が各自署名捺印して、成人の証人二人の署名と印鑑（三文判で可）をもらって市区町村役場の戸籍係へ提出するだけでいいのです。調停離婚、裁判離婚の場合には、調停成立の日または判決確定の日から一〇日以内に、裁判関係の書類をそろえて届けなければなりません（違反者は五万円以下の過料）。

離婚後に、住所が変わる場合には、住民登録関係の届出が必要です。届出先は同じ市区町村役場だから、出さなくてもいいように思われますが、戸籍と住民票は制度が異なるものですから、移転届等の手続きが必要です。また、印鑑登録をしていれば、この届出も忘れないようにしてください。

子どもが就学児童であれば、その手続きも必要です。学校と相談してください。

**◆法律用語**

**離婚届の無効**

協議離婚において、離婚する意思がないのに一方の側から提出された離婚届が受理されたなどの場合には、離婚は無効です。

また、離婚が無効であるのにもかかわらず離婚届が受理されてしまったときには、婚姻無効の確認の訴訟（まず調停の申立てをする必要がある）によらなければなりません（家事事件手続法二四四条）。

### 国民健康保険の加入届や国民年金の加入届はできるだけ早く届けること

　つぎに、健康保険や年金の届出も必要です。従来は、夫がサラリーマンで妻が家庭の主婦であれば、妻は自動的に夫の年金に加入するため何ら手続きは不要でしたが、離婚することによって今度は国民年金へ加入しなければなりません。同様に、夫の健康保険に加入していた妻も、離婚により国民健康保険への加入になります。いずれも強制加入ですので、市区町村役場の担当窓口へ出向いて行って、必要な手続きを取らなければなりません。なお、届出書の書き方など詳しいことは窓口で教えてくれます。

〔離婚の際の届出・一らん〕

| 届出 | 届出先 |
| --- | --- |
| 離婚届 | 市区町村役場の戸籍係 |
| 住民登録関係（転入届・転出届など） | 市区町村役場 |
| 印鑑登録 | 市区町村役場 |
| 年金の届 | 市区町村役場の担当課 |
| 健康保険 | 市区町村役場の担当課 |
| 運転免許証 | 警察署の窓口 |
| 転校届 | 在学学校・新しく入学する学校（在学証明書） |

　また、あなたが自動車の運転免許証を持っている場合には、これも書換えの手続きが必要です。姓が変わる場合には名前の変更手続きも必要ですし、離婚後の住所が変われば移転地への変更手続きも必要です。手続き先は、免許証の書換えで行ったことがあると思いますが、運転免許試験場または警察署の窓口です。また、車の移転登録も必要です。また、郵便物の届先も変わるのでしたら、郵便事業株式会社へ住所の変更手続きをします。

　その他、パスポート、生命保険、銀行預金など身の回りで名前の変更や住所の変更手続きが必要なものがあります。

**ポイント**

人生の再出発に向け、面倒でもこれらの届出はキチンとしておこう。

**★離婚届の提出では身分を証明するものが必要か**

　市区町村役場では、虚偽の届出等を防止する必要から、離婚届に限らず、婚姻届、住所移転届、住民登録の変更などの場合にも、窓口で本人であるとの確認が行われます。

　この制度は、法務省が通達により平成一五年九月一日より行っているもので、届出本人の確認方法とし、「運転免許証、パスポート、健康保険証などの本人を確認できるもの」の提示を求められます。

　また、本人以外が離婚届を持参したというような場合は、届出人に対して届出が受理された旨を文書で通知して確認に代わる手続きをとっています。また、離婚届の郵送の場合も同様。

# 7 調停離婚・審判離婚でも離婚の届出をする

❁調停離婚や審判離婚でも市区町村役場に離婚の届出をする

家庭裁判所の調停で離婚の合意が成立し、それが調停調書に記載された時、または調停が成立せず家庭裁判所が職権で審判離婚を決定し、二週間以内に当事者双方からの異議申立てがなくその審判が確定した時は、それぞれその時に離婚が成立したものとされます。

なお、審判による離婚は、家事事件手続法二八四条の「調停に代わる審判」という手続きのことですが、実務ではほとんど利用されていません。当事者間に争いがあって調停不調となった場合を前提として行われる審判であり、その審判に対しては当事者双方から異議を述べることができ、異議があると審判は無効となりますから、実務上さして役立っていないと言われます。ただ手続きとしてはありますから、これに基づく離婚の場合も述べておきます。

この場合、調停成立の日から一〇日以内に市区町村役場に戸籍法の定める離婚届を提出しなければなりませんが、協議離婚届出と異なる点は、協議離婚では届出が受理されて初めて離婚の効力が発生する創設的な届出であるのに対し、調停・審判離婚ではすでに生じた離婚を報告する届出であることです。さら協議離婚届出の場合は、夫婦双方の署名・押印が必要ですが、調停離婚・審判離婚の場合は、調停・審判の申立人が単独で届出義務者となるのが原則です。また協議離婚の場合は

◆法律用語

調停調書

調停において当事者間の合意ができると、調停調書が作成されます。

この調停調書は、訴訟における確定判決と同様の効力があり、もし、財産分与や養育費などの取り決めに違反して支払わないときには、この調停調書を債務名義（請求権の存在や範囲などを公証する文書）として強制執行ができます。

成年の証人二名が必要ですが、調停離婚・審判離婚の場合は不要です。

また未成年の子がいれば調停調書に必ず親権者を父とするか母とするかを記載しますが、これも記載された時に親権者指定の効力が生じており、報告的に届出をすることになります。そのため離婚届出用紙の中に一緒に記載することになっています。

なお、離婚届の用紙そのものは協議離婚、調停離婚・審判離婚、裁判離婚もすべて同じです。

### ❁離婚届出の他に調停調書謄本または審判書謄本を同時に提出する

調停離婚の届出では届出と同時に調停調書謄本を貼付します。調停離婚が成立していることを証明する書類です。

戸籍には、夫の欄には「○年○月○日妻○○子と離婚の調停成立」と記載され、妻の欄には「○年○月○日夫××男と離婚の調停成立」と記載されます。

一方、家庭裁判所からも離婚が成立した旨を本人の本籍地の戸籍係に通知することになっています。

そして、婚姻により氏を改めた者は復氏するか、三か月以内に届出をして離婚の際の氏を称するか、また、復氏して婚姻前の戸籍に戻るか新しい戸籍を作るかの選択ができること、離婚の際の氏を続けて称した上で新しい戸籍を作ることができること、などは協議離婚の場合と全く同じです（氏については四〇頁参照）。

審判離婚の届出では届出と同時に審判書謄本と、その審判に対して法定期間内に当事者双方から異議申立てがなかったことを証明する確定証明書を貼付します。氏の問題や新しい戸籍を作れることなどは調停離婚の場合と同じです。

**ポイント**

届出の手続きは証人二人がいらないという他は、ほぼ協議離婚の場合と同じ。

**★調停で「離婚に応ずるが調停離婚は嫌だ」と…**

家庭裁判所の調停によって離婚する場合には、戸籍に調停離婚である旨が記載されます。これが嫌だというケースも中にはあります。

そこで家庭裁判所では、調停離婚の形をとらずに、協議離婚届に当事者が署名押印したものを当事者の一方に預け、「すみやかに協議離婚届を出す」という形式の調停を成立させることがあります。

調停離婚では調停が成立した場合に離婚は成立しますが、この場合には、通常の協議離婚の届出をし、受理されて始めて離婚が成立することになります。

8 離婚の手続き③

# 裁判離婚をしたときも離婚届出は必要

## ◆判決確定後一〇日以内に市区役所の戸籍係へ離婚届を出すこと

調停による離婚の場合は、調停が成立し、これが調停調書に記載されたときに、離婚届とは関係なく離婚は成立するのですが、裁判による離婚は判決が確定したときに成立することになっています。

離婚裁判の判決では、「原告と被告を離婚する」と記載されます。

離婚する当事者の間に未成年の子がいる場には、「原告と被告との間の子、△△の親権者を原告（被告の場合ももちろんある）と定める」というように必ず親権者の指定がされます。

離婚判決に対して、訴訟で負けた者から控訴あるいは上告がなく、裁判が確定した時に離婚が成立します。

市区役所への離婚届出は必要ですが、すでに成立した離婚を報告的に届け出るものであり、訴を提起した者が単独ですることができます。

ですから判決が確定した場合には、訴えを起こした者は、判決謄本と判決確定証明書の交付を裁判所から受け、確定した日から一〇日以内に右の書類と一緒に市区町村役場へ届けなければなりません。

もちろん、判決が確定して一〇日を過ぎたからといって、離婚届が受け付けられないわけではなく、また、離婚が無効になるわけではありません。

### ◆法律用語

**離婚の取消し**

詐欺または強迫によって協議離婚をした者は、その離婚を取り消すことができます。

詐欺は、故意に事実を偽って、人を錯誤に陥れる行為で、強迫は、人を脅して恐怖心を起こさせる行為です。離婚の取消しの効果は、離婚時に溯ります。

**和解離婚・認諾離婚**

訴訟では、和解離婚（双方が歩み寄り話し合いで裁判を終わらせること）や認諾離婚（原告の言い分を被告が全面的に受け入れて裁判を終わらせること）ができます。

ただ、届出義務違反として五万円以下の過料の制裁が課されるだけです。

つまり協議離婚届出と異なり夫婦双方の署名・押印は必要なく、また成年の証人二名の署名・押印という要件もありません。

### ❁離婚訴訟で勝訴した者が離婚届を提出しないときは敗訴した者から提出できる

訴を提起した者とは、通常原告のことですが離婚裁判では被告も反訴として離婚請求をすることがありますから、原告の本訴による離婚請求が棄却され、被告の反訴により離婚が成立したときは、被告が離婚届を提出することになります。

また、訴を提起した者が、何らかの理由で離婚届を提出しないときは相手方（被告）が前記必要書類を裁判所に交付してもらい、市区町村役場に離婚届の提出をすることができます。

戸籍には夫の欄に「平成○年○月○日妻○○子と離婚の裁判確定」と記載され、妻の欄に「平成○年○月○日夫××男と離婚の裁判確定」と記載されます。

そして婚姻によって氏を改めた配偶者は離婚により夫婦の戸籍からは除籍されますが、婚姻前の戸籍（父の戸籍など）に戻るか、あるいは婚姻前の氏に戻った上で自分だけの単独戸籍を作るか、あるいは離婚の際の氏を称する届出をした上で単独戸籍を作ることになります。

「離婚の際に称していた氏を称する届」という届出は協議離婚の場合は協議離婚受理の日（離婚成立）から三か月以内ですが、裁判離婚の場合は判決確定の日（離婚成立の日）から三か月以内ですから、判決が確定した後に届出を怠っていては復氏せざるをえないことになります。

**ポイント**

離婚の際の姓を名乗るか旧姓に戻るかは、離婚成立後三か月以内に届け出ること。

**★離婚判決が下りたのに相手が離婚届を提出しない**

さんざんモメた挙げ句、ようやく裁判で離婚が認められ、ホッとしたせいか、離婚届を提出しないケースもたまに聞きます。裁判所の判決によって離婚が認められたわけですから、離婚そのものは判決が確定した時点で成立しています。

しかし、これと戸籍の問題は別ですから、判決が確定した後、一〇日以内に市区町村役場の戸籍係に離婚届を提出しなければなりません（届出を怠った場合五万円以下の過料）。これは裁判の途中で和解により離婚が成立する「和解離婚」の場合も同様です。

届出は離婚訴訟を起こした側に提出義務があります。

離婚の手続き④

# 9 配偶者が外国人の場合の離婚手続きは大変

◈日本での離婚は日本流のやり方でよいが、相手の国で通用するかどうかは別問題

日本の協議離婚制度はおそらく世界で最も簡単な離婚制度の一つです。各国はそれぞれ離婚に関する法律を持っており、裁判所の関与なしには離婚を認めない法律もあります。夫からの離婚は理由を必要とせず、妻からの離婚については制限的にしか認めない法律もあります。

そこで、日本で離婚するのに、どこの国の法律によるべきかを定めたのが「法の適用に関する通則法」です。これによると、夫婦の一方が日本に常居所（生活の本拠というような意味）を有する日本人である場合には、必ず日本法を適用するとされています。日本人配偶者が日本で生活していれば、外国人配偶者がどこの国の人でも日本法が適用されます。

ただし、日本国内では法的に有効に離婚が成立しても、外国人配偶者が本国に帰った時に、その国で有効に離婚したものとして認められるかはその国の法律によります。外国人配偶者が離婚後もずっと日本で暮らすなら支障はありませんが、本国に帰るのであれば、本国でも離婚が有効に成立したと認めてもらえる離婚手続きをとっておく方がよいでしょう。協議離婚という制度を取っているのは、日本、韓国（ただし家庭法院の許可を要する）、中国など少数派だからです。協議離婚制度を取っている国では日本の協議離婚を有効なも

◆法律用語

**渉外事件**

事件が日本人以外の人や国に関係があり、法律上、国際的要素を持つ事柄に関する問題を渉外事件と呼びます。

離婚では、外国人と結婚している人が離婚する場合が渉外事件に該当し、どちらの国の法律を適用するかについては、「法の適用に関する通則法」という法律があります。

のとして認めています。それ以外の国に帰国する可能性がある場合は、裁判所を通した離婚（調停・審判・判決）をする方がよいと思います。

## ❁日本の判決が外国でも認められるための四つの要件

日本人配偶者が日本に常居所を有する場合は、日本法が適用されるため家庭裁判所の調停離婚をすることもできます。ただ、調停制度も外国に同じ制度が必ずあるとは言いがたく、そのため調停で離婚するとしても調書に「これは確定判決と同じ効力を有する」という文章を入れる方がよいでしょう。

日本の裁判所における離婚判決を外国が認めるかどうかもその国の法律により定まります。逆に日本の法律が外国の離婚判決を有効と認める要件は、①日本の法令または条約でその外国の裁判権を否認していないこと、②日本人被告がその裁判に応訴したかあるいは訴訟開始に必要な呼出状を公示送達ではなく受け取っていること、③その判決が日本の公序良俗に反しないこと、④日本とその外国が相互に判決の効力を認めあっていること、が必要です。

〔渉外事件の管轄裁判所〕

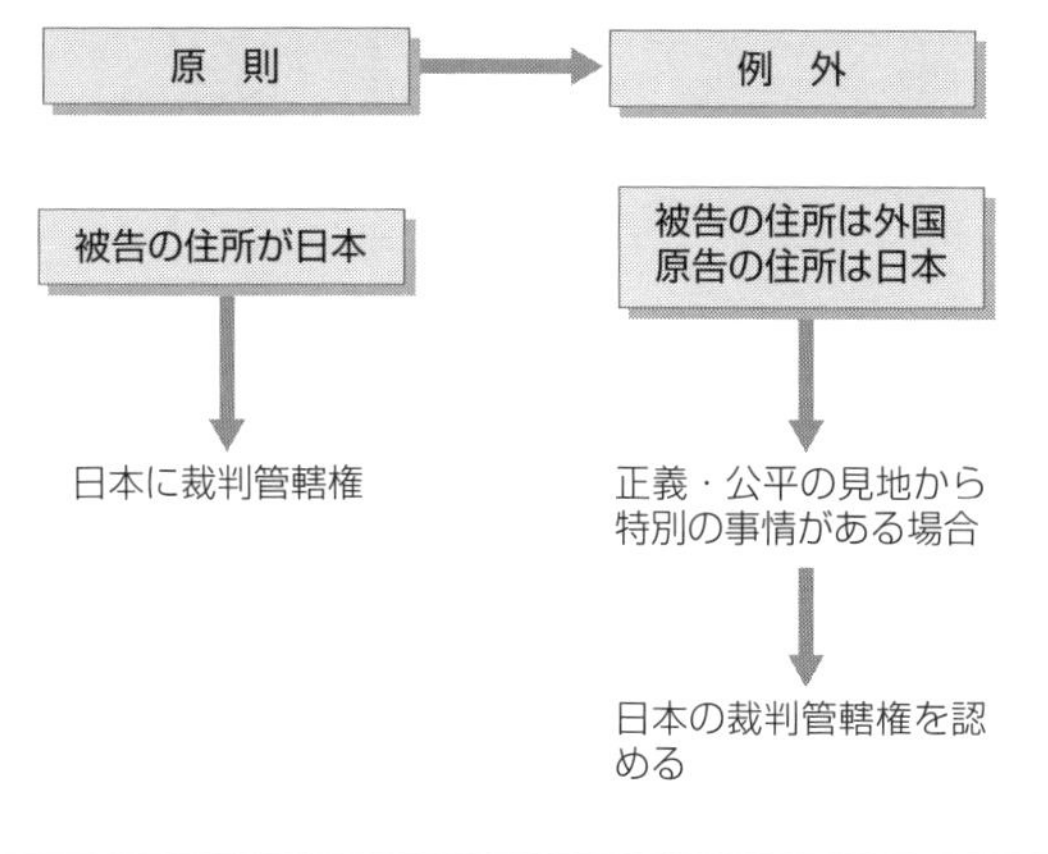


**ポイント**
離婚が有効かどうか、外国の法律も調べる。

**★外国で離婚する手続きは**
日本人夫婦が外国で離婚する場合、必ず日本の法律が適用されます。その国にある日本の大使・公使・領事に対して協議離婚届出をしても、日本の本籍地へ直接協議離婚届出書を郵送してもよいのです。

協議離婚ができなければ裁判所を通す離婚しかありません。しかし、外国の裁判所で離婚裁判を起こした場合、日本法が適用されるとは限らず、「法廷地法」を適用するとされていれば、その国の法律が適用されます。

外国で日本人と外国人の夫婦が離婚する場合、夫婦の常居所がその国にあればその国の法律が適用されます。韓国、中国等は、その国で協議離婚ができます。

10

離婚と戸籍❶

# 離婚で戸籍はこう変わる

## ❁離婚をすると戸籍筆頭者でない配偶者は抹消される

離婚すると戸籍はどうなるのでしょうか。

鈴木さん（夫）と田中さん（妻）が、夫の鈴木という氏を称する婚姻をした後、協議離婚した場合を考えてみましょう。

夫の戸籍には夫の欄に「○年○月○日妻○○子と協議離婚届出」と記載され、妻の欄に「○年○月○日夫××男と協議離婚届出同日戸籍法七七条の二の届出　○県○市…に新戸籍編成につき除籍」と記載され、妻の名前がバツ印により抹消されます。

この戸籍法七七条の二の届出というのは、「離婚の際に称していた氏を称する届出」のことです。そして妻については右に記載された本籍地に妻だけの単独の新戸籍が編成されます。

もし、「離婚の際に称していた氏を称する届出」（二一〇頁参照）をしていなければ、妻は婚姻前の父の戸籍などに戻るか、復氏した上での単独の新戸籍を作ることになります。

前者の場合には、妻の欄に、「○県○市…田中○○戸籍に入籍につき除籍」と記載され、後者の場合には「○県○市…に新戸籍編成につき除籍」と記載されます。このように離婚した後の夫の戸籍、妻の戸籍（新戸籍編成の場合も含む）には、それぞれ離婚した旨の身分事項が記載されます。

氏についてもう少し説明しましょう。婚姻

◆法律用語

戸籍

戸籍は、国民の個々人の出生から死亡までの各人についての親族関係を公証する制度で、戸籍を綴って帳簿としたものを戸籍簿といい、この全部の写しが戸籍謄本と呼ばれるものです。

また、最近はほとんどがコンピュータによる磁気データに調整されて記録化されています。この場合、戸籍謄本は戸籍記録の全部事項証明書となります。

によって氏を改めた配偶者は、離婚により婚姻前の氏に戻るのが原則ですが、離婚成立の日から三か月以内に「離婚の際に称していた氏を称する届出」をすれば、婚姻中の氏を称することができることは前にも触れたとおりです。

離婚届の用紙には、離婚により婚姻前の氏に戻る場合と、今後も離婚の際（つまり婚姻中の氏）に称していた氏を称する場合とに分けられており、後者は別の届書を提出する必要があることが記載してあります。

### ❁「離婚の際に称していた氏を称する届出」をするのに特別な理由はいらない

「離婚の際に称していた氏を称する届出」は、離婚の際の氏を称したいとする本人だけの署名押印で足ります。

離婚後も婚姻中の氏を称したいということについては、何ら理由は必要ありません。届出だけでよいのです。

離婚した相手配偶者が離婚したのに自分の氏を続けて称するのが気に入らないという人もいますが、だからといって阻止することはできません。

もし、離婚で復氏（旧姓に戻る）したのに離婚の時から三か月以内に右の手続きをしなかった場合には、たとえばこの制度を知らなかったとか、しばらく経ってから引き取った子どもの学校のことなどでやはり婚姻中の氏を称したいという場合には、家庭裁判所で「氏の変更の許可の家事審判」の申立てをしなければなりません。

この審判は、離婚の場合に復氏した場合に限らず、長年戸籍上と異なる氏を使用してきた場合であるとか珍奇な姓を変更したいなどという場合などに適用される制度であり、やむを得ない理由がないと簡単には許可されません。

**ポイント**

離婚後三か月を過ぎたあとの氏の変更は家庭裁判所の許可の審判が必要。

**★離婚後に姓を変えるかどうかで迷っているが…**

離婚に際しては、結婚前の旧姓に戻るか、結婚中の姓を名乗るか自由に決められます。後者の場合は、離婚後三か月以内に届出が必要です。平成三〇年の戸籍統計によると、旧姓に戻る人が六三%、その他は結婚中の姓を名乗る人です。

離婚後に選択した姓も絶対に変更できないわけではありませんが、家庭裁判所に審判を申立て「止むを得ない事由」があると認められないと変更はできません。

旧姓に戻ったが結婚中の姓が社会生活の面で定着している、子が姓の変更を嫌がるので親の方で変更したい等の理由で変更を申し立てるケースがあります。

離婚と戸籍❷

# 11 旧姓に戻っても子どもを同じ戸籍に入れよう

❁母親が親権者であっても同じ姓を名乗るには家庭裁判所の審判が必要

田中さん（女性）が婚姻して夫（鈴木さん）の戸籍に入り、子どもが一人生まれて三歳になったときに、離婚したとします。

離婚により、夫の戸籍には夫と子どもが残り、妻は婚姻前の戸籍（父親の戸籍など）に戻るか、別に新しい戸籍を作ることになります。

婚姻中鈴木と名乗っていた妻は離婚により田中に戻ることにしたのですが、子どもは夫の戸籍に残ったままであり、当然には母と一緒に母の戸籍に載ることはありません。

もし、田中に戻った母が子どもの氏を自分と同じにして自分の戸籍に入れたい場合は、母が親権者となっていれば家庭裁判所に「子の氏の変更許可の審判」の申立てをすることができます。この審判は、母が離婚後の自分の戸籍謄本（全部事項証明書）と元の夫の戸籍謄本を添え家庭裁判所に申立てをすれば、ほとんどその日のうちに迅速に処理されます。双方の戸籍謄本を見れば、離婚したこと、母が親権者になっていること、子が父の戸籍に残っていることが明白だからです。

しかし、母が親権者になっていない場合には母の側からこの審判申立てをすることはできません。親権者である父の側からこの審判申立てをしてもらうか、あるいは「親権者変更の審判申立」をしてその許可を得てから、さらに先と同じように「子の氏の変更許可の審判申立て」をすることになります。

◆法律用語

子の氏

子の出生の後に父母が離婚しても、子の氏は当然には変わりません。

父母が離婚して、父または母の氏と子の氏とが異なることになった場合には、家庭裁判所の許可を得て、父または母の氏を証することができます（民法七九一条）。なお、子が一五歳未満であるときには、子の法定代理人（親権者）が代わって行います。

もっとも、子が一五歳以上になれば、親権者でなく子自身が「氏の変更許可の審判申立て」をすることができますから、母が親権者でなくとも関係ありません。

### ❁離婚後も結婚中の姓を名乗る場合には子どもの籍はどうなるか

ところで、この「子の氏の変更許可の審判」は、もし田中さんが離婚によって復氏せず鈴木という婚姻中の氏を続けて用いる場合にも必要となります。つまり、田中さんが離婚し、鈴木という姓を続けて称することにした場合、新しく自分だけの戸籍となりますが、子は元の夫の戸籍に残っています。この場合にも、母は子の氏を「鈴木」から「鈴木」に変更してほしいという許可審判の申立てをしなければなりません。子は父の戸籍の上で「鈴木」であっても、母の戸籍の上での「鈴木」ではないので、家庭裁判所の許可を得て初めて母の戸籍に入ることができるのです。

また、このようにして母と同じ氏に改めた子が未成年であった時は、成年になった時から一年以内に市区町村役場に届出をすれば元の氏に戻ることができます。つまり田中に戻っていた子は鈴木に戻ることができ、あるいは母の戸籍の「鈴木」となっていた子は父の戸籍の「鈴木」に戻ることができます。

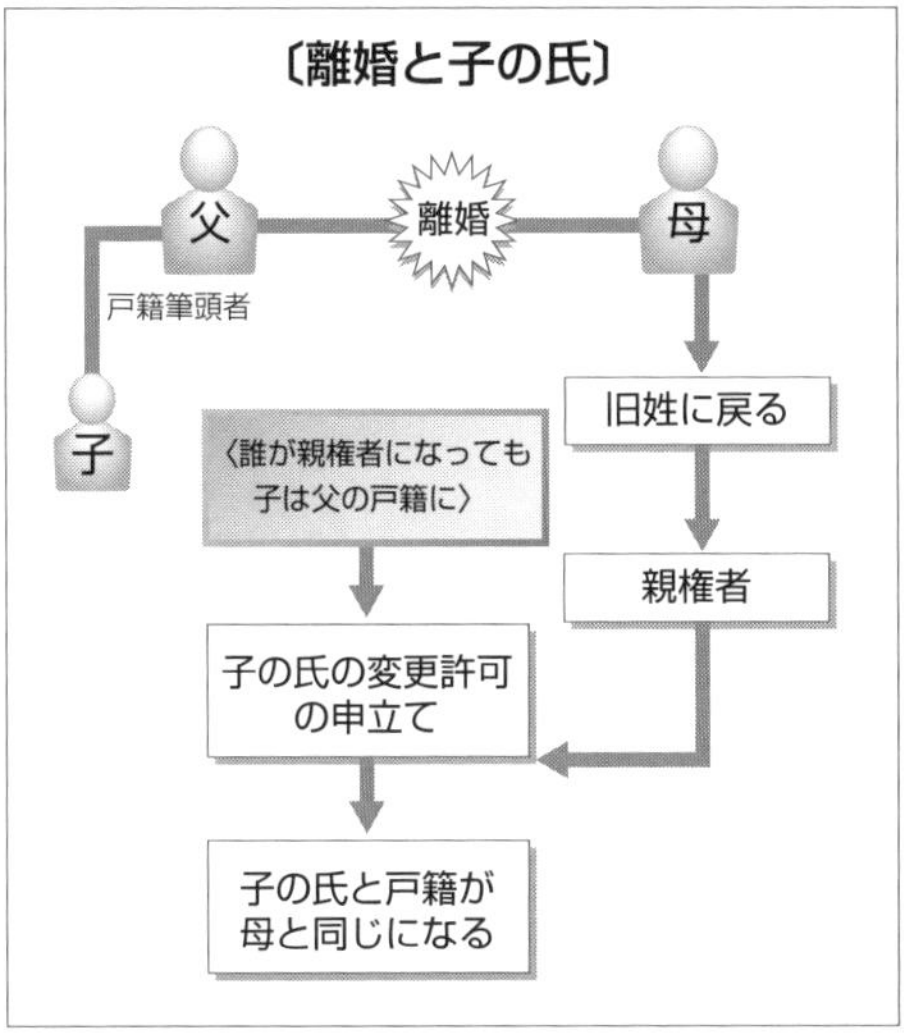


**ポイント**
就学中の子どもがいる場合には、変えたほうがいいかどうかの判断が必要。

**★内縁の子に父の姓を名乗らせたいが…**

内縁関係の間で生まれた子は、父が自分の子であることを認める「認知届」を市区町村役場の戸籍係に届けないと、法律上の親子関係は生じません。

認知届が出されないと、子は、母の親権に服し、母の姓を名乗り、母の戸籍に入ります。認知届が出されれば、父と子の法律上の親子関係は認められ、相続する権利や養育費の支払を求めることができるようになります。ただし、認知があったからといって、当然に父の姓が名乗れるようになるわけではなく、家庭裁判所に「氏変更の許可の申立て」を行い、許可を得てはじめて子は父の戸籍に入り、父の姓を名乗れます。

# 12 離婚と金銭①
# 離婚では財産分与の請求ができる

◈財産分与は共有財産の清算で、離婚の原因をつくった側からも請求できる

離婚する場合、離婚に伴う給付金には、財産分与、慰謝料、子がいる場合の養育費が考えられます。ここでは、財産分与について解説します。

財産分与とは、婚姻中に取得した財産は、たとえ名義は一方の配偶者となっていても他方の配偶者の協力があってのことであり、潜在的に夫婦共有財産と考えられます。離婚に際して夫婦共有財産を清算するというのが財産分与の考え方なのです。

財産分与額はケース・バイ・ケースです。しかし、一般的に言えば、婚姻期間が長くなれば夫婦で築いた財産も多くなることから高額化する傾向にあります（次頁表参照）。なお、現実の財産分与の支払いは、慰謝料と合算する場合もあるようです。普通のサラリーマンで、財産分与と慰謝料を合わせて一〇〇〜四〇〇万円が典型でしょう。

さて、税金ですが、財産分与の額が、その夫婦が協力して得た婚姻中の財産の額や社会的地位からして、夫婦共有財産の清算として相当な額であれば、贈与税は一切かかりません。ただ、不動産を財産分与した場合、贈与した側に譲渡所得税がかかる場合がありますので要注意です。

**ポイント**

財産分与額はケース・バイ・ケース。離婚時の年金分割もある（七四頁参照）。

**◆法律用語**

財産分与請求権

離婚した一方の者は、相手方に財産分与を請求することができます（民法七六八条一項、七七一条）。

財産分与の対象となる財産は、婚姻中に築いた財産で、持参金や相続で取得した財産については、固有の財産であり、財産分与の対象とはなりません。

話し合いがつけばそれによることになりますが、話し合いがつかなければ、家庭裁判所に調停（審判）の申立てをすることになります。

## 〔表1〕財産分与の支払額別、婚姻期間別一覧表

（平成30年度）

| 婚姻期間 | 総数 | うち財産分与の取決めあり | | | | | | | | |
|---|---|---|---|---|---|---|---|---|---|---|
| | | 総数 | 100万円以下 | 200万円以下 | 400万円以下 | 600万円以下 | 1000万円以下 | 2000万円以下 | 2000万円を超える | 算定不能・総額が決まらず |
| 総数 | 26,135 | 7,467 | 1,786 | 894 | 941 | 574 | 751 | 586 | 301 | 1,663 |
| 6月未満 | 216 | 21 | 12 | 6 | 3 | － | － | － | － | － |
| 6月以上 | 776 | 58 | 29 | 17 | 4 | － | － | － | － | 8 |
| 1年以上 | 1,942 | 205 | 137 | 32 | 13 | 6 | 1 | 3 | 3 | 10 |
| 2年以上 | 1,942 | 301 | 157 | 54 | 27 | 8 | 4 | 2 | 2 | 47 |
| 3年以上 | 1,629 | 315 | 141 | 39 | 48 | 15 | 16 | 6 | 1 | 49 |
| 4年以上 | 1,476 | 289 | 115 | 51 | 42 | 16 | 7 | 3 | 4 | 51 |
| 5年以上 | 1,234 | 244 | 106 | 26 | 41 | 8 | 15 | 2 | 5 | 41 |
| 6年以上 | 1,213 | 290 | 114 | 43 | 40 | 19 | 25 | 15 | 1 | 33 |
| 7年以上 | 983 | 252 | 93 | 37 | 29 | 12 | 12 | 2 | 4 | 63 |
| 8年以上 | 979 | 246 | 73 | 37 | 36 | 24 | 12 | 8 | － | 56 |
| 9年以上 | 1,037 | 313 | 99 | 46 | 39 | 15 | 22 | 16 | 10 | 66 |
| 10年以上 | 906 | 294 | 87 | 44 | 31 | 14 | 22 | 17 | 5 | 74 |
| 11年以上 | 850 | 262 | 75 | 27 | 32 | 20 | 22 | 18 | 8 | 60 |
| 12年以上 | 783 | 235 | 46 | 22 | 38 | 19 | 19 | 18 | 3 | 70 |
| 13年以上 | 766 | 279 | 49 | 39 | 38 | 25 | 20 | 28 | 6 | 74 |
| 14年以上 | 727 | 256 | 42 | 35 | 32 | 23 | 26 | 23 | 10 | 65 |
| 15年以上 | 778 | 293 | 61 | 31 | 31 | 31 | 31 | 29 | 9 | 70 |
| 16年以上 | 679 | 221 | 34 | 25 | 31 | 11 | 40 | 18 | 4 | 58 |
| 17年以上 | 656 | 248 | 44 | 30 | 34 | 24 | 29 | 16 | 11 | 60 |
| 18年以上 | 597 | 228 | 39 | 30 | 26 | 27 | 22 | 11 | 11 | 62 |
| 19年以上 | 541 | 202 | 31 | 23 | 27 | 14 | 24 | 19 | 3 | 61 |
| 20年以上 | 2,290 | 925 | 117 | 81 | 118 | 102 | 140 | 94 | 55 | 218 |
| 25年以上 | 3,130 | 1,490 | 85 | 119 | 181 | 141 | 242 | 238 | 146 | 338 |
| 不詳 | 5 | － | － | － | － | － | － | － | － | － |

☆調停離婚、協議離婚届出の調停成立または調停に代わる審判離婚の事件を含む。
☆本表は平成30年度の『司法統計年報・家事編』をもとに作成したもので、数字は全国の家庭裁判所で取り扱った事件を分類したものです。

13

離婚と金銭②

# 財産分与を決めずに離婚するのは危険

## ❁離婚後二年を経過すると財産分与の請求はできなくなるので注意が必要

離婚をした者の一方は相手方に対して財産分与を請求できるということは、民法で規定されています（七六八条、七七一条）。財産分与というのは、基本的には、結婚生活中に夫婦が協力して蓄積した財産を清算する意味合いを持つものですし、さらには離婚によって生活の不安をきたす側の配偶者を扶養するという意味合いも持っています。

もちろん、夫なり妻なりが、結婚前に蓄えていた財産、結婚前に実家からもらってきた財産、結婚前あるいは結婚中に自分の親や兄弟から相続した財産などは、これは固有財産ですので財産分与の対象となる財産に含まれません。

いずれにせよ、協議離婚、裁判離婚の場合でも、財産分与の額を決めなければならないのですが、モメてもう顔を見るのもいやだ、取りあえず離婚し財産分与は後で決めようというケースも結構あるようです。

しかし、注意しなければならないことは、離婚の財産分与請求権には権利を行使できる期間（除斥期間）があるということです。すなわち、離婚の時から二年です（民法七六八条）。なお、慰謝料については、これは損害賠償請求権ですから三年で消滅時効にかかります。

## ❁財産分与の対象となる財産が散逸するおそれもある

◆法律用語

保全処分

離婚をめぐる紛争で、相手方の配偶者が財産を浪費・隠匿するおそれがあり、調停や審判の結果を待っていたのでは実際上財産的給付が受けられなくなるという場合には、その配偶者の財産に対して、保全処分の申立てをすることができます。

財産分与をするのに時間がたってしまうと、請求時にその財産を所有ないし管理していた側が転売したり消費してしまうこともないとは言えません。離婚時に時価五〇〇〇万円の不動産を夫名義で所有していたのに、離婚後、夫が第三者に売却してしまうと、その第三者に対する請求はできません。

また、当事者の気持としても離婚後ずいぶんとたってから財産分与請求をされると、要求しないのかと思っていたのにまた波風を立たせるのかということにもなりかねず、早く解決する方が望ましいと言えます。

離婚後しばらくたってから元の配偶者に相続財産がころがりこんできたなどの場合、これは財産分与の対象にはなりません。離婚後に相手が増やした財産についても同様です。

とにかく離婚の時までに協力して築いた財産が財産分与の対象であり、実際問題として、相手が消費したりすると権利としては請求できても実現できなくなる恐れがあります。

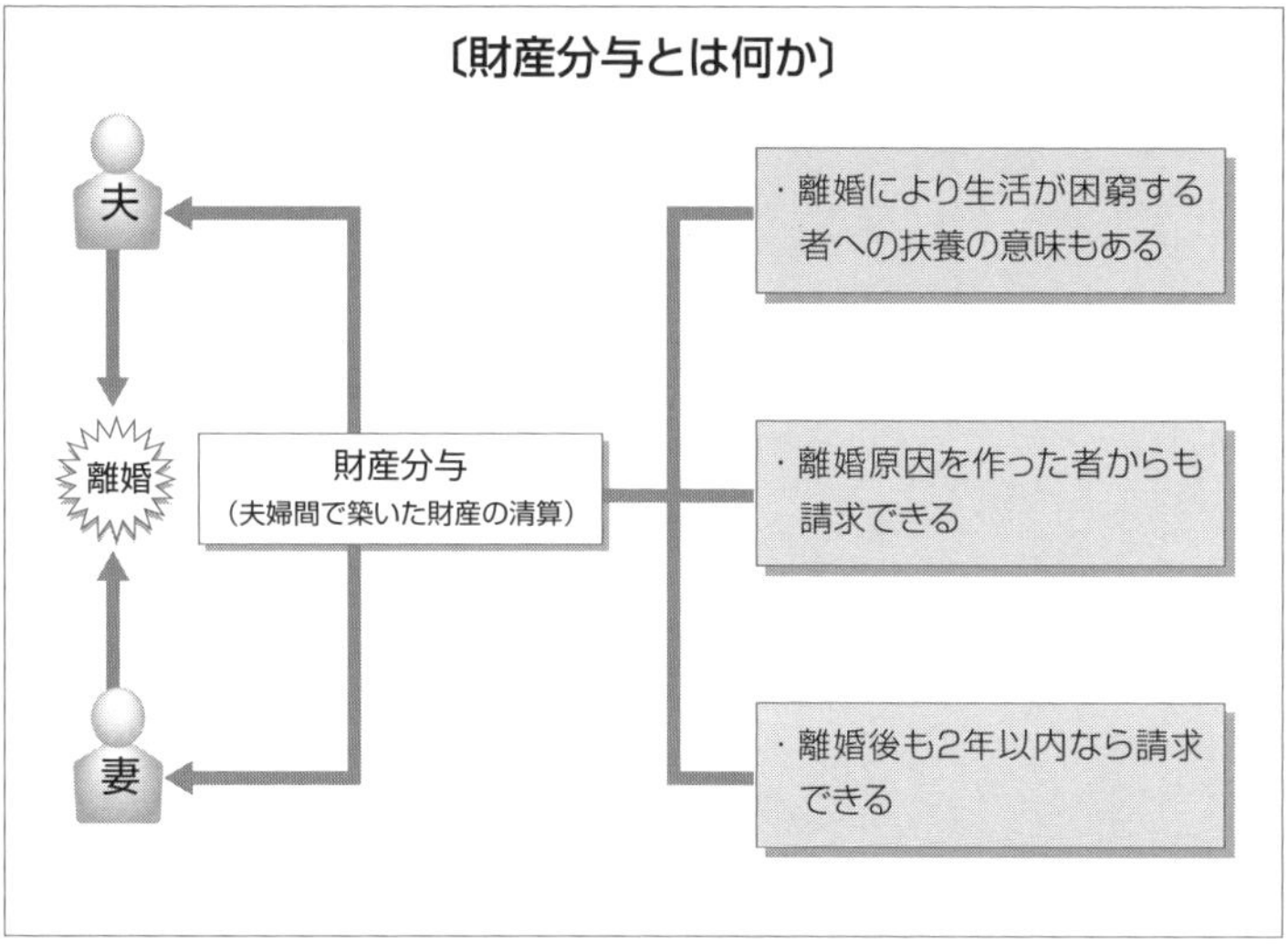


**ポイント**

財産分与請求の調停申立て（二一四頁参照）をする。

**★不動産の財産分与と登記**

妻が離婚による財産分与を請求するという場合、夫婦間の主な財産としては住宅ローンつきの住宅という場合があります。

夫婦で話し合って、財産分与として住宅を渡すという場合には、残りのローンをどうするか、あるいは財産分与額よりも住宅の評価額のほうが高い場合、妻が現金で財産分与額を越える分を渡すといったことなどを、決めることになります。

話合いで合意が得られれば、所有権移転登記に必要な権利証、印鑑証明書、実印を押した委任状を渡してくれるでしょうから、それらの書類を持って司法書士事務所へ行けば、その建物の所有権移転登記をしてもらえます。

離婚と金銭③

# 14 不貞が原因の離婚なら慰謝料を請求できる

❁離婚の慰謝料は常に夫が支払うものとは限らない

離婚するからといって、夫が妻に必ず慰謝料を払うわけではありません。慰謝料というのは、精神的損害に対する損害賠償のことであり、加害者つまり損害を与えた者が被害者に対して支払うお詫び料だからです。

妻の不貞により婚姻が破壊されたのならば、妻が不貞という違法行為をしたため離婚という結果を招いたのであり、夫に精神的損害を与えた妻が慰謝料を払うべきです。

ただし、こんな例もあります。夫が暴力を振るう人物で、しかも無神経な性質で仕事についても気まぐれ、生活費も入れたり入れなかったりでした。事実上すでに婚姻は破綻していました。妻はパートに働きに出て、同情してくれる男性に出会い、夫に対してはすでに（夫の態度が原因で）愛情を失っていたので不貞の関係になったのでした。その不貞が表面化して離婚事件となったのです。

夫から申し立てられた離婚訴訟の離婚原因は妻の不貞です。しかしこの訴訟では妻に慰謝料を支払わせる判決は出ませんでした。離婚訴訟では法定の離婚原因があっても婚姻生活の一切の事情を斟酌して離婚判決を出さないことがあります。しかしこの事件では離婚判決は出ました。婚姻が破綻していることが明らかであったからです。

この訴訟の審理で、離婚原因の出発点はむしろ夫の側にあり、妻の不貞の前に夫の行為

◆法律用語

慰謝料

離婚の場合には、有責配偶者（不貞などの離婚原因がある側）に対して、相手方は被った精神的苦痛に対する慰謝料を請求できます。この精神的苦痛に対する償いを慰謝料といいます。

また、配偶者の不貞の相手に対しては、離婚原因の有無に係わらず、損害賠償の請求ができます。

により婚姻が破綻していたことが明らかになったため、妻の不貞は婚姻破綻の原因にはなっていないとされ、つまり妻の行為により婚姻が破壊され夫に精神的損害を与えたのではないという理由で、妻の慰謝料支払義務はなしとされたのです（妻の側は夫に対して慰謝料は請求しませんでしたが、請求していればどうなったかわかりません）。

### ❁慰謝料は明らかに婚姻を破綻させた原因を作った側に支払責任がある

〔離婚の慰謝料〕

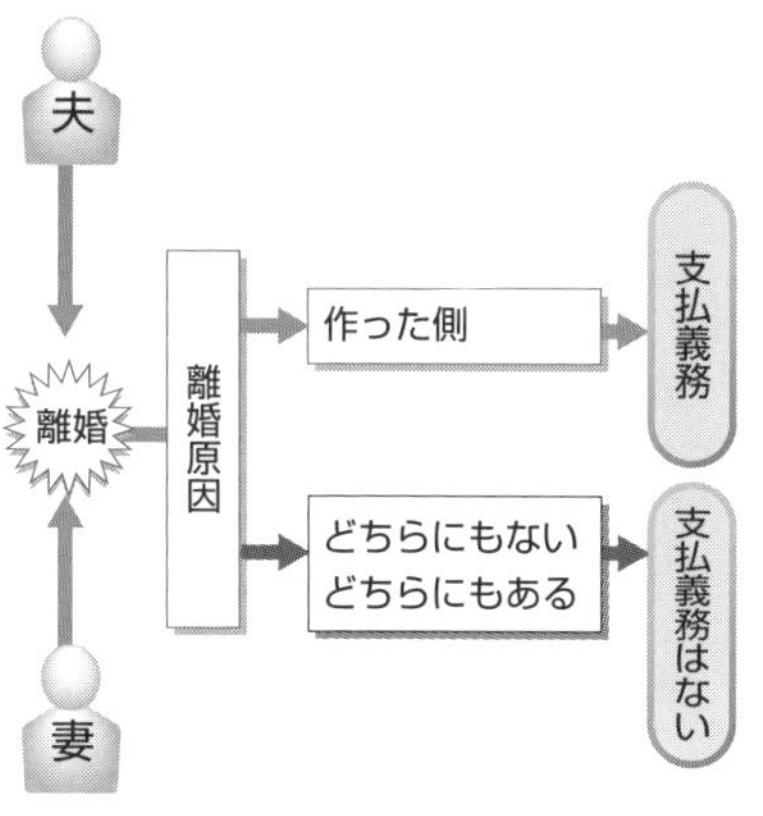


※離婚後も３年間（時効）は請求できる

　このようにどちらが悪いかということは、事件ごとに異なるのであり、一概に断定することはできないのです。

　夫には婚姻の破綻にいたる落ち度はなく、もっぱら妻の不貞が原因で離婚となったのであれば、妻の行為により離婚が生じたのであり、その結果、夫に対し精神的損害を与えたのですから、夫は妻に対し慰謝料を請求することができます。

　ただし、このことは財産分与については影響しません。離婚による財産分与は、名義がどちらになっているにせよ、婚姻中の夫婦の協力により作られた実質的な共有財産を離婚に伴い分割するものです。したがって共有の割合を考慮して分与されるもので、離婚原因により左右されるものではないからです。

**ポイント**

離婚当事者に責められる事由がなければ慰謝料の問題は発生しないこともある。

**★財産分与が行われると慰謝料は請求できないか**

　裁判所は財産分与は「夫婦が結婚中に築いた財産の清算」であり、慰謝料は「離婚について有責配偶者に対する損害賠償」として、別々のものとしています。

　昭和四六年の判例ですが、夫の暴力や精神的虐待が原因で裁判離婚が認められ、財産分与として衣装ダンスと食器棚のみを貰った妻が、離婚判決後七か月が経って精神的な苦痛に対する慰謝料を求めたケースで、最高裁判所は「財産分与が低額であり、損害賠償＝慰謝料の要素を含めた趣旨とは認められず、精神的苦痛を慰謝するには足りないと認められるとき」に、別途、慰謝料を請求できるとの見解を示しています。

15

離婚と金銭④

# 子どもの養育費や学費の決め方

## ❁養育費や学費の請求は子どもの親に対する扶養請求権の行使

離婚に伴い親権者または監護者になって子を養育する側、特に妻（母親）が相手に対して子の養育費を要求することは実務では定着しています。しかし、これについて特に規定があるわけではありません。民法に一般的な扶養の規定があり、かつ「監護について必要な事項」を協議で定め、協議が調わないか、できないときは家庭裁判所がこれを定める、という規定があるだけです。家事事件手続法の規定もこれを受けています。したがって、養育費を決める法律上の特別の基準はありません。また学費の付与も扶養の一部であり、通常は養育費として定められます。

離婚すれば一方だけが親権者や監護者になるのですが、他方が親でなくなる訳ではありません。離婚する相手が憎いからといって子に対する扶養の義務を免れるものではなく、また扶養のレベルも恣意的に決定ができるものではありません。養育費の実体は扶養であり、養育費の要求は親権者または監護者が子に代わってする扶養請求権の行使です。

## ❁子どもは親と同じレベルの扶養を請求

扶養には二種類あると言われます。一つは、夫婦の婚姻費用分担とこれに準じる子の扶養で、扶養者と同レベルの生活保証を内容とします。もう一つは、それ以外の親族の扶養で、ひとまず生活ができるよう援助するだけで、扶養者と同レベルの必要はないのです。子の

**◆法律用語**

面会等交流権

離婚後、子の親権者あるいは監護権者にならなかった親が、子に会うことができる権利で、これを面会等交流権と言います。

面会等交流権については、民法七六六条（離婚後の子の監護に関する事項の定め等）の条文の中に規定があります（平成二四年四月一日施行）。

なお、面会等交流権は、別居中の親についても認められています。

## 〔表2〕夫から妻への養育費・扶養料支払額（母を監護者と定めた場合）

（平成30年度：全家庭裁判所）

| 子の年齢 | 総数 | 支払 | | | | | | | | | |
|---|---|---|---|---|---|---|---|---|---|---|---|
| | | 総数 | 月額 | | | | | | | | 一時金 |
| | | | 総数 | 1万円以下 | 2万円以下 | 4万円以下 | 6万円以下 | 8万円以下 | 10万円以下 | 10万円を超える | |
| 総　数 | 12,007 | 11,459 | 11,111 | 1,616 | 3,620 | 4,317 | 981 | 264 | 136 | 172 | 3,203 |
| 0　歳 | 648 | 645 | 641 | 48 | 195 | 328 | 49 | 11 | 3 | 7 | 243 |
| 1　歳 | 610 | 604 | 601 | 66 | 197 | 267 | 50 | 11 | 2 | 8 | 217 |
| 2　歳 | 564 | 540 | 536 | 57 | 200 | 223 | 40 | 9 | 2 | 5 | 157 |
| 3　歳 | 611 | 590 | 585 | 85 | 218 | 236 | 32 | 5 | 5 | 4 | 140 |
| 4　歳 | 652 | 625 | 616 | 72 | 265 | 226 | 39 | 8 | 3 | 3 | 154 |
| 5　歳 | 646 | 611 | 600 | 89 | 232 | 234 | 34 | 5 | 4 | 2 | 153 |
| 6～9歳 | 2,748 | 2,599 | 2,554 | 440 | 931 | 936 | 167 | 40 | 20 | 18 | 606 |
| 10～14歳 | 3,056 | 2,897 | 2,808 | 483 | 902 | 1,034 | 259 | 58 | 25 | 46 | 795 |
| 15～19歳 | 2,360 | 2,240 | 2,085 | 269 | 469 | 805 | 299 | 104 | 66 | 71 | 698 |
| 20歳以上 | 112 | 108 | 85 | 7 | 11 | 28 | 12 | 13 | 6 | 8 | 40 |

（注）一時金で支払われるケース（2,681件）もあります。この場合は30万円以下が最も多くなっています。

扶養は前者で、両親は同じく扶養義務を負います。

この扶養料は、母親に経済力が無ければ父親が全額を負担します。養育費の額は親のレベルを標準にして定められますが、同居する親の生活水準とも関連しますから、一方の収入や生活だけから断定もできません（下欄記事参照）。また、養育費は変更が可能です。変更も協議、または家庭裁判所が審判で定めます。

普通の家庭では子ども一人に二～四万円が多いようです。養育する側は子育ての労力を提供するので、金銭面は相手が負担しますが、双方に収入があれば、それも考慮されます。

養育費の支払期間は、親の資力や学歴等の家庭環境を考慮して決めますが、一般的には成年に達するまで、あるいは大学卒業までとするケースが多いようです。

**ポイント**

これまでは子一人で月額二～四万円の養育費の例が多かった。

**★養育費算定表とは**

養育費は父母の話合いで決めるのが原則ですが、決まらなかったり決められない場合には、家庭裁判所に調停の申立てをし、調停か審判で決めます。

調停では、平成一五年の東京・大阪養育費等研究会（裁判官等で構成）の「養育費・婚姻費用の算定方式と算定表の提案」の基準が実務でも用いられ、令和二年に一六年ぶりに改定したものが公表されています（二二〇頁参照）。

養育費算定表とその使い方は、東京家庭裁判所のホームページに掲載されています。「東京家庭裁判所」「養育費」のキーワードでアクセスできます。

16

離婚と金銭⑤

## 約束した養育費の支払いを確保する方法

### ❁養育費の取立ては金額も少額なだけに困難な面がある

約束した養育費は債権です。どう支払わせるかは債権一般の取立てと共通になります。ただし前述したように養育費は扶養請求ですから将来にわたって、額が変わることがあり得ます。多く変わることが多いでしょうが、少なくなる事例もありましょう。ただし変更には協議または家庭裁判所の審判（または調停）が必要です。

養育費の支払いは毎月払いとして定められることが多く、それが長期にわたる性質のものですから途中で滞ることが少なくありません。また離婚は貧困が大きい原因となって起きることが多く、支払う側に経済力が乏しい事例が多いので、不払いが起こりがちです。

その取立ては債権の取立てと同じとはいえ、ビジネスに不慣れな一般の人、特に離婚したばかりの母親にとっては困難です。毎月の支払額は少額で、大げさな手続きも事実上困難であり、しかもそれに生活を頼る場合が多いのですから、滞りがちになると困ってしまいます。

### ❁家庭裁判所に申し立てて養育費の履行を確保する方法

そこで家事審判法と家事審判規則には特別の規定が定めてあります。

㋑ **履行勧告**　審判や家事調停で定められた義務の履行について、家庭裁判所は履行状況を調査し義務の履行を勧告することが

◆法律用語

**給料の差押え**

給与については、通常は四分の三に相当する部分（この額が三三万円を超えるときは三三万円）は差押え禁止ですが、扶養義務等に係る定期金債権（定期的に長期に支払われる養育費など）については、前記「四分の三」が「二分の一」となります（民事執行法一五二条）。

また、扶養義務等に係る定期金債権について、その一部に債務不履行があった場合には、確定期限が到来していない（将来支払われる予定になっている）ものについても執行ができます（同法一五一条の二）。

できます。裁判所の勧告ですからかなり効き目があります。

ロ **履行命令**　義務の履行に怠りがあるときは、家庭裁判所は義務者の陳述を聞き、履行の命令をします。正当な理由がなく命令に従わないときは過料の制裁があります。

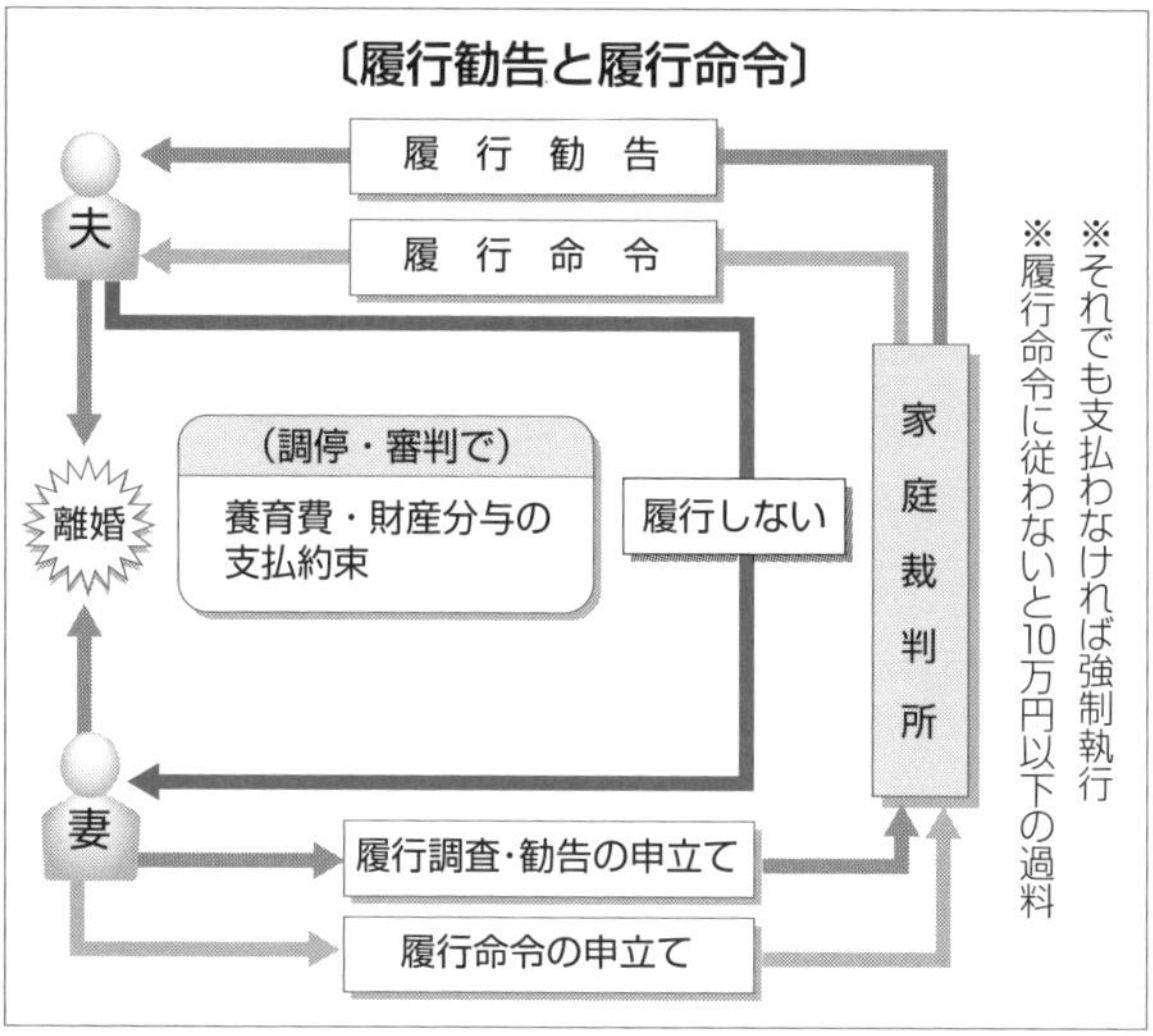


ハ **家庭裁判所への寄託**　義務者の申し出があれば、権利者に代わって金銭の寄託を受けることができます。つまり、当事者同士の交信を避ける方法もあるのです。

ニ **家庭裁判所の寄託命令・調停**　寄託を命じる審判があり、または寄託する調停が成立したときも同様です。

ホ **強制執行**　審判や調停調書は判決と同様の効力を有しますから養育費の請求権により強制執行ができます。

差し押さえる財産もなく、支払義務者が行方不明になる事件では、住民票の追跡や仕事関係の調査により、まず所在や勤務先を探すことが必要になります。勤務先が判明すれば給料等について継続的な強制執行ができます（二二六頁参照）。

**ポイント**
滞納を防止する改正がなされた（一六六頁参照）。

**★慰謝料・養育費と税金**
慰謝料には贈与税がかかりそうですが、「損害の回復として支払いをうける損害賠償金」にあたり課税されません。これは金銭に限らず、不動産、有価証券であっても同じです。ただ、慰謝料という名目で支払われた金銭や不動産が本当に慰謝料かどうかは、実質で判断されます。

養育費も「生活費・教育費として通常必要と認められるもの」には贈与税はかかりません。毎月支払われる養育費は非課税です。一括して支払った場合は、本来は課税されることになっていますが、税務実務においては「その額が子の年齢その他の事情を考慮して相当なもの」であるときは贈与税は非課税です。

17

離婚と金銭⑥

# 内縁の場合も財産分与や慰謝料を請求できる

## ❁結婚と内縁と同棲はどこがどう違うか

法律上は、夫婦同然の生活をしていても、お互いに結婚するという意思がなければ、これは単なる同棲です。内縁というのは、結婚の意思が双方にあり、実質的に夫婦同然の生活をしている状態にある夫婦を言い、単に婚姻届を出していないカップルのことを言います。ですから、戸籍上の妻あるいは夫がいるのに、他の異性と結婚の意思をもって同棲生活を送るのも内縁関係です。この場合を、重婚的内縁関係と言っています。

いずれにせよ、内縁は法律の期待する婚姻届を出していないわけですから、原則として、法律の保護を受けることはできません。すなわち、子どもが生まれても同じ姓を名乗ることはできませんし、夫婦のどちらか一方が死亡しても財産を相続する権利はありません。

しかし、婚姻届を出していないという一事をもって、夫婦共同生活を送っている内縁関係にある者に対して何らの法的保護を与えないというのは、公平さを欠き、酷だといえます。

## ❁内縁関係の破棄の場合、離婚に準じるものは

今日では、内縁関係を婚姻に準じる関係（準婚関係）として、婚姻に関する民法の規定が準用されています。もちろん、婚姻に関する規定がすべて適用されるわけではありません。

夫婦の同居義務、協力義務、扶助義務の規定は適用されます（民法七五二条）。給料を家に入れない場合には、協力扶助義務違反と

◆法律用語

**内縁の不当破棄**

内縁は何らかの事情で婚姻届がなされていない事実婚で、この内縁に関しての法律の規定はありません。したがって、内縁解消（破棄）に伴う規定も存在しません。

こうした中で、裁判所は判例を積み重ね、古くは内縁の不当破棄は婚姻予約としていましたが、その後、内縁は準婚（婚姻に準ずるもの）として認めるべきだとしました。

## 〔表3〕離婚での婚姻と内縁の違い

| | 婚姻（法律婚） | 内縁（事実婚） |
|---|---|---|
| 意味 | 「合意」による婚姻届 | 婚姻届はしない。社会通念上夫婦と認められる関係と認められる関係成立の「合意」および共同生活の「事実」） |
| 夫婦関係の解消 | 「離婚届」 | いつでもできる。別居などで共同生活をやめたとき |
| 財産分与 | 離婚に伴い財産分与の請求ができる | 内縁関係解消に伴い財産分与の請求ができる |
| 慰謝料 | 浮気・暴力などの違法（不法）行為があれば請求できる | 不法行為があれば請求できる。ただか、内縁関係かどうかが問題となる場合がある |
| 婚姻費用分担 | 別居などでは離婚までの生活費を請求できる。 | 内縁解消後の生活費の請求はできない |
| 養育費・扶養料 | 請求できる | 請求できる |

なるわけです。

また、婚姻費用分担の規定も適用されます。これは家庭内の生活費をいかに負担するかという問題ですが、実質は扶助義務と重なる部分が多く、一般に生活費の請求は婚姻費用分担請求で行われています。

もちろん、貞操の義務も認められています。さらに、内縁関係に干渉して、これを破綻させた第三者は、損害賠償の義務を負うことが認められています。

内縁は法律の期待するところではありませんので、これを解消することは、いつでも、自由にできます。そして、内縁解消による損害を補填するために、内縁についても財産分与の請求が認められています。同様に、内縁を解消するについて、責任が一方のみにある場合には、相手方に慰謝料の請求ができます。

**ポイント**

泣き寝入りは不要。請求すべきものは請求。

**★内縁の相手が一方的に別れてくれと言ってきたが**

結婚する意思があって同棲生活を送っているが、婚姻届を出していない場合を内縁と言います。

内縁の場合には婚姻届が出されていないため離婚ということはなく、夫婦のどちらからでも一方的に解消できます。これでは不利益を被る配偶者の救済に欠けることから、判例では内縁を婚姻に準ずる関係（準婚関係）として、夫婦で作り上げた財産がある場合には財産分与を、相手方の一方的な責任で内縁関係が破綻した場合には慰謝料の請求を認めています。

また、年金法、健康保険法などの社会保障関係法などの分野でも内縁に受給資格を認めています。

離婚後の問題❶

# 18 再婚は離婚後100日を経過するまではできない

❁特定の場合を除いては女性は離婚後六か月経たないと再婚はできない

欧米では、離婚した夫や妻が再婚、三婚することは、珍しいことではありません。それに比べて、わが国では離婚した女性が再婚するケースは少ないものでした。しかし、最近になり、欧米の風潮にならされたのか、新しい統計はありませんが、再婚率は上昇傾向にあるようです。

離婚する場合もそうですが、再婚する場合にも、いろいろな問題が出てきます。連れ子の問題、社会的な問題、親族間の問題などがそうですが、ここでは再婚に至るまでの法律問題を取り上げてみました。

本来、離婚すれば恋愛も結婚も自由にできるように思われます。男性の場合には、今日離婚し、明日結婚することも法律上は可能ですが、女性の場合には、離婚してから一〇〇日を経過する間は再婚できません（民法七三三条）。

これでは男女差別ではないかという向きもあるかもしれませんが、そうではないのです。離婚した妻がすぐに再婚して子どもが生まれた場合、前の夫の子か再婚した夫の子かわからなくなるからです。

民法の条文では、婚姻成立の日から二〇〇日後または婚姻解消の日から三〇〇日以内に生まれた子は、婚姻中に懐胎したものと推定（たとえ夫の子ではなくとも）し、妻が婚姻中に懐胎した子は夫の子と推定すると規定し

◆参照条文

（再婚禁止期間）

民法七三三条① 女は、前婚の解消又は取消しの日から起算して百日を経過した後でなければ、再婚をすることができない。

② 前項の規定は、次に掲げる場合には、適用しない。

一 女が前婚の解消又は取消しの時に懐胎していなかった場合

二 女が前婚の解消又は取消しの後に出産した場合

ています（七二二条）。

### 一〇〇日待たなくとも再婚ができる例外もある

いずれにせよ、女性の再婚の場合には、離婚成立後一〇〇日を経過していないと、婚姻届は受理されず、間違って受理されたとしても取り消されることがあります（民法七四四条）。

〔妻の再婚〕

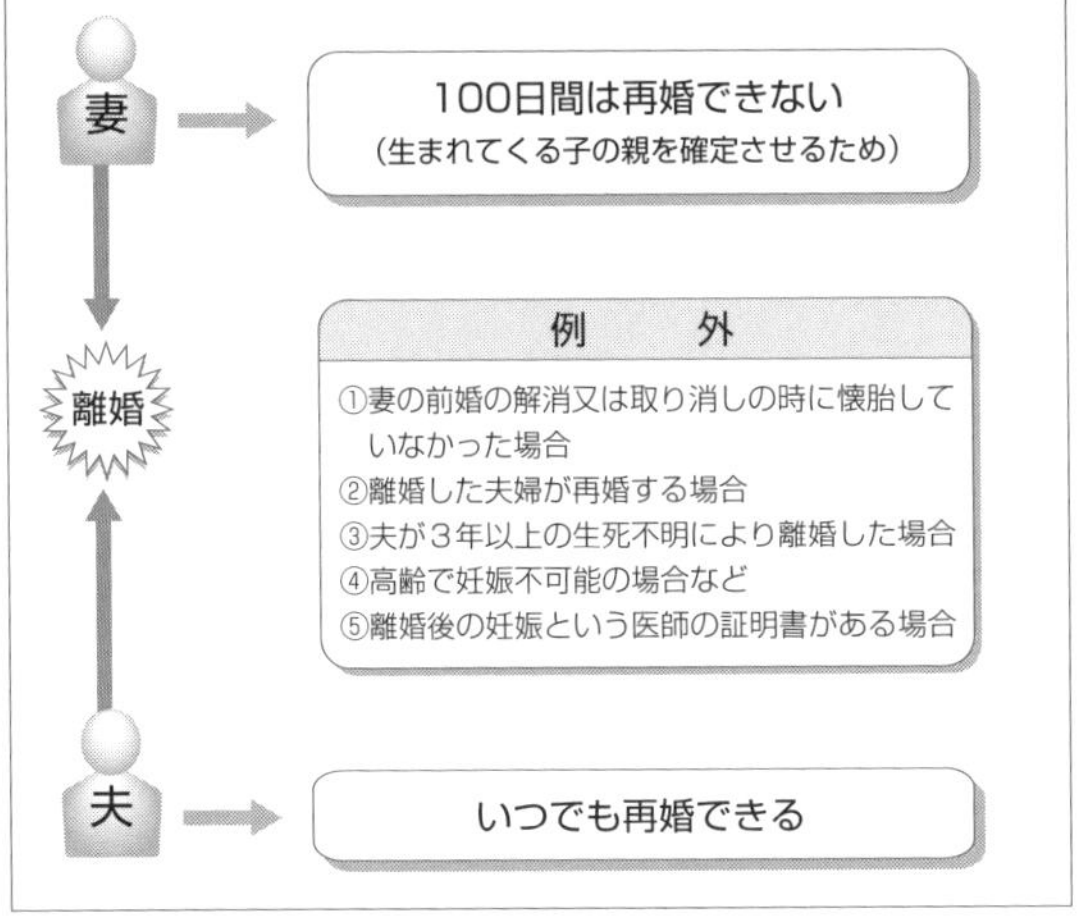


だから、客観的にどちらの夫の子かわからなくなる心配がない場合には、なにも一〇〇日再婚するのを待つ必要はありません。すなわち、離婚が成立する前に懐胎していた場合、離婚した夫とよりが戻って再婚する場合、法定の離婚原因である夫の三年以上の生死不明を理由とする離婚判決により離婚する場合、その他、離婚後の妊娠という医師の証明書がある場合（平成一九年法務省通達）、です。

もう一つの法律上の制約は、離婚によって他人同士になったとしても、離婚前に直系姻族関係にあった者とは再婚できません。これは夫にとっても妻にとっても適用されます。

すなわち、夫または妻の連れ子との結婚はできませんし、夫または妻の親（義父母）との再婚も禁止されています。この禁止は道徳的な理由によるものです。

**ポイント**

高齢、性的不能などの理由では例外とならない。

**★離婚による祭祀財産の承継**

離婚の場合に、祭祀財産（お墓、仏壇など）の承継が問題になるのは、たとえば婿養子であった夫が妻の実家の祭祀財産を承継した後に離婚するような場合です。この場合、祭祀財産を返還し承継者を定めないと、祭祀を行うのに支障があります。

そこで養子縁組している場合の離婚などでは、離婚する場合に祭祀財産の承継者を関係者が協議で定める必要があります。

もし、協議で決められない場合は家庭裁判所に調停申立てをすることができます。また、もし調停でも合意できない場合は、家庭裁判所の審判で祭祀財産の承継者を決め、かつ引渡しを命ずることができます

19

離婚後の問題❷

# 離婚直後の出産は前夫の子と推定される

### ❁離婚後三〇〇日以内に生まれた子は前夫の子と推定される

離婚後に子が生まれる場合でも、離婚成立後三〇〇日以内に生まれた子は前夫の子と推定されます。したがって現在の夫の子を妊娠した後に離婚しても、ほとんどの場合に前夫の子と推定されることになりますから、この子の出生届は「令和〇年〇月〇日〇〇県…で出生母届出入籍」と記載されます。そして前夫の戸籍に入籍されます。

離婚後に生まれた子の親権者は母になります。戸籍には「親権者母」と記載されます。ただ子が生まれた後に父と母の協議により父を親権者と定めることができ、父が親権を望むのに母が応じないような場合は家庭裁判所で調停をし、それでも不調の時は審判で決めます。

前夫の子が離婚後三〇〇日を過ぎて生まれた場合は嫡出推定がありませんので、認知を受けることになります。認知されるまでは非嫡出子として母の戸籍に入り親権者は母となります。

### ❁離婚後に生まれた子が夫以外の別の男性の子であった場合

離婚成立後三〇〇日以内に生まれた子は前夫の子と推定される結果、真実の父である別の男性からは認知できません。真実の父が自分の子として認知を望んでいても、前夫の子として入籍されることになります。

そこでいったん前夫を父として入籍した後

**◆参照条文**

（嫡出の推定）

民法七七二条① 妻が婚姻中に懐胎した子は、夫の子と推定する。

② 婚姻の成立の日から二〇〇日を経過した後又は婚姻の解消若しくは取消しの日から三〇〇日以内に生まれた子は、婚姻中に懐胎してものと推定する。

に親子関係のないことを訴訟で確定することになります。

この手続きは推定を受ける父（前夫）が地方裁判所に対して「嫡出子否認の訴」を提起するのが原則で、家庭裁判所の調停申立てはできません。

ただ、子（およびその親権者母）と推定を受ける父との間で父子関係のないことについて争いがなければ家庭裁判所の審判（家事事件手続法二七七条によるもの）申立てをすることができます。

この嫡出推定を受ける場合に父子関係がないことを確定する手続きは父の側からする嫡出否認の手続きだけです。推定を受ける父が手続きをしないと真に父子関係がないのにこれを確定する手続きがありません。そのため離婚成立前から事実上別居していたので推定を受ける父によってその子が懐胎されるはずがないという場合では、離婚成立後三〇〇日以内であっても嫡出推定が及ばないという判例が積み重ねられてきました。

婚姻期間中に前夫が刑務所に服役していた、離婚理由が長期間の所在不明であるなど、外観的にその父による妊娠は不可能という事例から、血液型が不一致の場合にも推定が及ばないというように拡大されてきました。

離婚成立後三〇〇日以内に生まれた子はいったん前夫の子として戸籍に入るので、それがいやだという場合のウルトラCは、出生届を提出する前に父子関係のないことを確定することです。出生届を出す前に、早期に審判あるいは判決で確定できれば、前夫の戸籍に入籍しないで出生届をすることができます。

自分の生んだ子が憎い元夫の戸籍に入るのが嫌だという理由から出生届を出さず、その結果、無戸籍児が増え、社会問題となっています。

**ポイント**

前夫は自分の子でないと思う場合は「嫡出子否認の訴」を提起できる。

**★離婚後三〇〇日以内に生まれた子の戸籍は**

民法では婚姻の解消もしくは取消しの日から三〇〇日以内に生まれた子は婚姻中の夫の子とされ、実際は新たな夫の子であっても、戸籍上は前夫の戸籍に入ります。実際の父親の名前で出生届を出しても受け付けてもらえず、「無戸籍児」の状態が発生しています。

この問題について、総務省は以下の通知を出しています。

(1)出生証明書や母親の戸籍謄・抄本などで日本国籍であることが明らか
(2)民法の三〇〇日規定や夫が離婚に応じないため出生届が出せない
(3)裁判所の強制認知の手続き中などで、近い将来戸籍が作成される可能性が高い

以上の3条件のいずれにも合致する場合は、市区町村長の判断で住民票を作成できるとしています。

離婚後の問題③

# 20 親権者の変更ができる場合もある

## ❁親権者の変更は家庭裁判所の調停または審判によらなければできない

離婚する際には、子の親権者を夫婦のうちどちらにするかを決めて、離婚届に記載しないと、市区町村役場に離婚届を提出しても、受け付けてもらえません。

しかし、親権者を決めたからといって、永久に変えられないわけではなく、事情が変われば変えることも可能です。

たとえば、妻を親権者としたところ、離婚後水商売に入り、そのうち他の男性と同棲を始め、子どもをほったらかしにしているなどというような場合には、親権者の変更の申立てができます。

この親権者変更の手続きは、親権者である親と、もう一方の親との間の協議ができたとしても、それだけで変更することはできず、必ず家庭裁判所で変更の調停または審判をしてもらわなければなりません。親権者変更の申立ては、夫婦のどちらからでもできますが、子どもの親族であれば、たとえば祖父や祖母からでも申立てはできます。

## ❁親権者の変更が認められるのは「子どもの利益のため必要があるとき」

親権者を変更できるのは、家庭裁判所が「子の利益のために必要あるときと認めるとき」ですが、具体的には、現に子を養育している親と変更を申し立てる側の親の双方について、養育の熱意・経済力、新たな配偶者の熱意・経済力などを比較し、子の意思などをも

**◆参照条文**

（離婚又は認知の場合の親権者）

民法第八一九条① 父母が協議上の離婚をするときは、その協議で、その一方を親権者と定めなければならない。

（②～⑤略）

⑥ 子の利益のため必要があると認めるときは、家庭裁判所は、子の親族の請求によって、親権者を他の一方に変更することができる。

考慮して決められることになります。

親権者変更の例ではありませんが、親権者である父が子どもに暴力をふるったり、父の内縁の妻が子どもに対して「出ていけ」といったことのため、子どもが自己の意思で父方を去り、母方で暮らすようになり、親権者である父は母に子の引渡しを求めました。

裁判所は、子どもの引渡しを認めるかどうかは、親権者をいずれとするかの結論に合致するよう処置すべきであり、家庭裁判所の後見的機能からすると、親権者変更の申立てを母に促して併せて審理すべきであるとし、父からの引渡しの申立てを却下した原審を差し戻しました。

親権者の変更の場合には、子どもの意思を優先的な基準としたほうが、子どもの福祉によりかなうと思われます。実際に、子どもがある程度の判断力のある年齢に達している場合には、子どもの意思・希望を尊重する例もあります。

なお、親権者の変更と同様、家庭裁判所は、子どもの利益のため必要があると認めたときには監護者の変更も認めます。

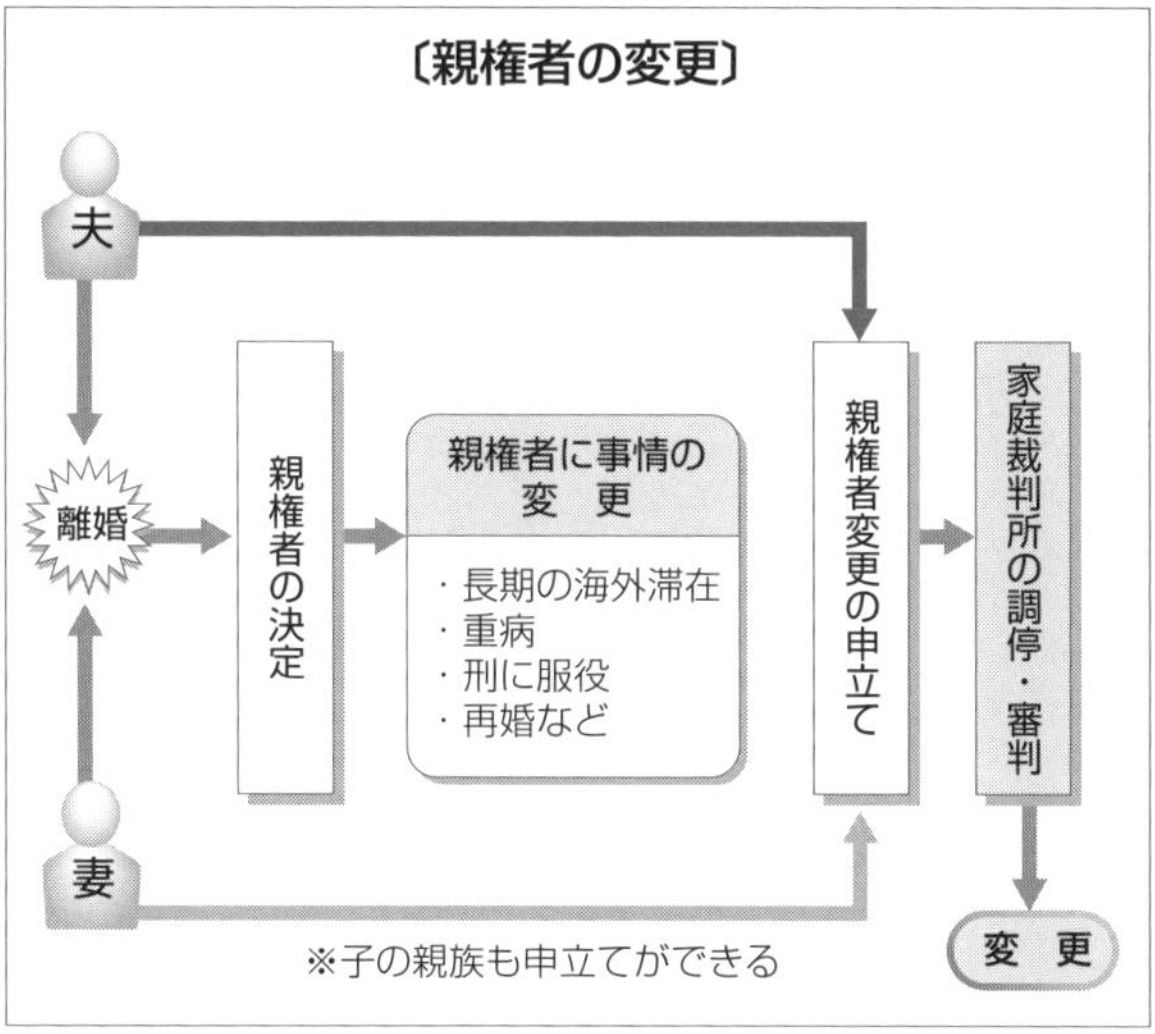


**ポイント**

親権者変更には、家裁の調停または審判が必要。

**★婿養子の離婚と離縁手続き**

離婚と離縁は関連しませんので、娘夫婦は離婚したけれど、養子縁組みはそのままでもかまいません。しかし、娘が離婚してしまえば、親の方で離縁手続きもするのが普通でしょう。

離縁した者は縁組前の氏に復氏しますが、養子縁組みが七年以上経った後に離縁する時は離縁の日から三か月以内に戸籍法の定める届出をすれば離縁の際に称していた氏を続けて称することができます。ただ、離婚の際に婚姻中の氏を称する届出をしておれば、両方の届出を要するわけではありません。

なお、離縁の方法は、協議離縁、調停離縁・審判離縁、裁判離縁があります

21 離婚後の問題④

# 生活に困ったら国の援助を利用しよう

## ◆金銭面では子どもに対するものと母親に対するものとがある

どうしても離婚したいのだけれど、離婚したあとの経済的なことを考えると二の足を踏んでしまう人もいます。国も離婚して困っている女性に対して、いろいろな援助策を用意しています。

金銭面では、子どもをかかえた低所得の女性には児童扶養手当があります。扶養する子ども（一八歳に達する日以降、最初の三月三一日まで）が一人で母の前年の所得（各種の所得控除後）が八七万円未満の場合、一月につき全部支給で四万二九一〇円、所得に応じ一部支給は四万二九〇〇円から一万一二〇円（所得二三〇万円）まで一〇円刻みで逓減します（令和元年八月以降）。子どもが二人の場合は五万三〇五〇円、三人目以降は六〇八〇円が加算されます。支払いは奇数月の六期にそれぞれ前月分が支払われます。手当を受けたい人は、都道府県知事の受給資格の認定を受けなければなりません。

もし、その子どもが精神あるいは身体に障害を持っているという場合には、特別児童扶養手当が支給されます。特別児童扶養手当等の支給に関する法律で定める一級の障害児に対しては月額五万二二〇〇円、二級の障害児には月額三万四九七〇円が支給されます（所得制限あり、令和二年四月一日から）。

また、児童手当（母子家庭だけでなく、児童の養育者すべてが対象）、ひとり親家庭等

### ◆法律用語

**面会交流権の調停・審判**

離婚の当事者間で、面会交流権についての話合いがまとまらない場合には、家庭裁判所の調停・審判で、面会の適否や方法について、具体的に決めてもらうことができます。

裁判所で決まった面会交流を守らないときは、家庭裁判所に履行の勧告してもらいます。それでも守らない場合は、履行命令を家庭裁判所に申し立てます。従わないと一〇万円以下の過料が命じられます。また、間接強制を申し立てる方法もあります。間接強制は、「一か月に一回は面会させよ。違反した場合はその都度一〇万円を支払え」というような内容になります。

**医療費助成**もあります。

以上の手当の詳細については、市区町村役場、社会福祉事務所に問い合わせてください。

### ❁生活に困ったときに低利の融資が受けられる

離婚後何か仕事を始めたいが資金がない、子どもを上の学校にやりたいけれど金の都合がつかない、あるいは自分（または子ども）が就職に必要な知識技能を習得するために金が必要な場合には、**母子福祉資金の貸付**が受けられます。いずれも低利の融資で（いずれも年三％、ただし修学資金や修業資金は無利子）、一定の据え置き期間を経過後に返済をすることになっています。融資を受けられる金額、その他詳細については、福祉事務所で相談してください。

離婚して家を出ることになれば、生活や住まいの問題が起こってきます。未成年者の子どもがいる母子家庭である母については、東京都の場合、生活資金として最高で月額一〇万五〇〇〇円（無利息）が母子福祉資金として貸し付けられます（令和二年二月一日現在）。その他にも転宅資金、修学資金などの貸付けがあり、住むところもなく困っている人には、母子生活支援施設があります。

右に述べたような手当てだけではとても生活できないという人のためには、**生活保護**の制度があります。これは母子家庭のための制度ではありませんが、生活に困窮している人に適用される制度です。

これには、生活扶助、教育扶助、住宅扶助、医療扶助、生業扶助などがあります。保護を受けられる金額は、年齢、世帯構成、居住地域、それに困窮の程度に応じて決められることになっています。これも民生委員、または社会福祉事務所で相談してください。

**ポイント**

平成22年8月1日から、子どもと生計を同じくしている父にも児童扶養手当が支給されます。

**★父子家庭に対する援助にはどんなものがあるか**

妻が子の親権や養育を放棄して離婚する、残された家族は、いわゆる父子家庭ですが、父子家庭にも次のような保護があります。

①　父子家庭で一番困るのは子どもへの食事の世話や育児です。小学六年生までの児童を抱えている場合にはヘルパーが面倒をみてくれる制度があります。所得により一定の費用負担があります。

②　住まいについては、公営住宅の供給を行う地方公共団体は、父子家庭に対して優遇措置をとることを義務づけています。

③　義務教育終了前の子がいる父子家庭に対して児童育成手当てが支給されます。

# ●慰謝料・財産分与に関する裁判例

（平成元年以降）

〔凡例〕判タ＝判例クイムズ、判時＝判例時報　判タ639 - 208は、判例タイムズ639号の208ページを示す。

| 離婚原因 | 慰謝料額 | 財産分与額 | 婚姻期間 | 当事者の状況 | 判決年月日他 |
|---|---|---|---|---|---|
| ・夫が性交渉を持とうとしなかった | 500万円 | 協議離婚成立 | 同居期間約１月 | 夫44歳・妻35歳、見合い結婚で共に初婚 | 京都地裁・平2·6·14<br>判時1372 - 123 |
| ・夫の不貞 | 600万円 | 協議離婚成立 | 婚姻期間約25年 | 夫婦共日本に永住権を持つ韓国人<br>子4人 | 神戸地裁・平2·6·19<br>判時1383 - 154 |
| ・妻が婚姻以来一度も性交渉に応じず・など | 150万円 | 協議離婚成立 | 同居期間約５か月<br>別居期間約４か月 | 夫31歳<br>妻27歳 | 岡山地裁津山支部・平3·3·29<br>判時1410 - 100 |
| ・内縁関係の不当破棄 | 1000万円 | 0円 | 内縁期間約30年 | 男はタクシー会社を経営<br>子1人 | 東京地裁・平3·7·18<br>判時1414 - 81 |
| ・夫の非妥協的な性格・など | 150万円 | 150万円 | 同居期間約16年<br>別居期間約２年 | 夫婦共米国に帰化・米国籍取得・夫は米軍陸軍軍属 | 横浜地裁・平3·10·31<br>判時1418 - 113 |
| ・内縁関係の一方的破棄 | 300万円 | 0円 | 同居期間約２か月 | 内縁の夫は父経営の菓子店勤務・月収20万円・夫26歳・妻19歳 | 京都地裁・平4·10·27<br>判タ849 - 2353 |
| ・夫が性交渉拒否しポルノビデオを見て自慰に浸る・など | 120万円 | 不明 | 同居期間約３年<br>別居期間約２年 | 昭和63年に結婚・子１人 | 福岡高裁・平5·3·18<br>判時827 - 1232 |
| ・夫の暴力行為<br>窃盗行為 | 20万円 | 協議離婚成立 | 同居期間約１年<br>別居期間約１年半 | 夫38歳・農業。妻28歳・秋田で夫の家族と同居生活 | 秋田地裁大曲支部・平5·12·14<br>判時1532 - 116 |
| ・妻が植物人間となったこと | 0円 | 一時金300万円、毎月5万円の終身定期金 | 婚姻期間約17年 | 夫は公務員、妻は平成3年頃から発病、平成5年禁治産宣告 | 横浜地裁横須賀支部・平5·12·21<br>判タ842 - 193 |
| ・双方に離婚原因あり | 0万円 | 1500万円 | 婚姻期間９年 | 夫72歳、会社を経営・妻58歳・共に再婚で連れ子あり | 京都地裁・平5·12·22<br>判時1511 - 131 |
| ・別居が13年に及ぶため婚姻関係の破綻（夫に有責） | 不明 | 審判後の昭和63年より毎月15万円、賞与時は40万円 | 同居期間約15年<br>別居期間約13年 | 夫58歳・妻56歳・子4人（1人は未成年） | 最高裁・平6·2·8<br>判時1505 - 59 |
| ・夫の暴力行為<br>自己中心的な性格 | 200万円 | 400万円 | 同居期間約５年<br>別居期間約３年 | 夫43歳・妻28歳、中国国籍昭和61年結婚、子１人 | 神戸地裁・平6·2·22<br>判タ851 - 282 |
| ・夫の不貞行為<br>暴力行為・など | 500万円 | 審判で決定すべし | 不明 | 夫の特有財産についての財産分与請求を審判に委ねた | 東京高裁・平7·3·13<br>判タ891 - 233 |
| ・夫の暴力行為<br>婚姻を継続し難い重大事由 | 100万円 | 800万円 | 同居期間約15年 | 長女・二女に対して養育費として各7万円（成人まで） | 神戸地裁・平13·11·5<br>下級裁主要判決情報 |

# 第2章

## 話し合いで決める——

# 協議離婚の仕方

♠離婚の大半は話し合いによる協議離婚で決まります。この章では、協議離婚の仕方から、協議離婚で起きるさまざまな問題について、わかりやすく解説しました。

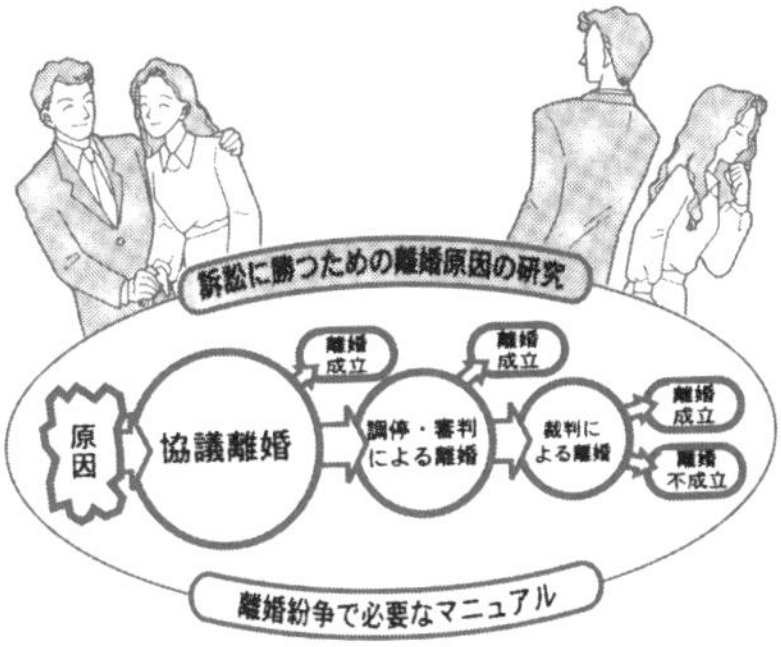

# ●協議離婚はお互いの合意だけで成立する

### ■離婚するには離婚する意思と離婚届の提出が必要条件

協議離婚の問題について事例で説明しましょう。

美智子さんは極めて有能な主婦です。しかし、結婚の際仕事を辞めたことを後悔しています。いまから考えると結婚退職をする必要がなかったのです。主婦の仕事は際限がなく、特に子どもが生まれてからは戦いでした。その子もやや成長したので少し楽にはなっていますが、家事の量はかえって増えているのです。しかし、夫の俊夫は理解がありません。

「おれの働きで食べさせてやってるんだ」まるで遊んでいるように言うではありませんか。

「では、あたしの家での仕事をどう思ってるのよ」「だけど金を稼ぐわけじゃないだろ」などと言い合いになり、ゴチャゴチャしたあげく、ついに離婚という結論になりました。離婚ということになったものの、話し合いの最初は、財産分与、慰謝料、子どもの親権者（籍）、養育費などについて話がまとまらず、美智子さんも離婚訴訟をする他ないかと思いました。しかし、訴訟となると離婚理由が必要です。夫は浮気をしたわけでもなく、生活費は家に入れているし世間並にはよい夫ということで、裁判所に出すほどの離婚理由はないのです。

調停なら理由はいらないのですが、相手の同意（合意）がないと成立しません。

### ■協議離婚なら法定離婚事由がなくても離婚できる

冷静に話しあって見ると、夫も離婚は仕方がないと納得したらしく、親権者は夫にするが、事実上の養育者つまり監護者は美智子さんにしてもよい、養育費も父親として必要な金額は送る、というのです。財産も半分に分ける（ただし、いくらもないのですが）、ただし、慰謝料は自分に落ち度のある離婚でないから払わないと言っています。

美智子さんも訴訟で頑張っても有利にはならないと思い、夫の言う線で同意し協議離婚をすることにしましたが、果たしてこんな夫婦間の話し合いだけで離婚の届ができるか心配です。
しかし、心配はいりません。協議離婚の場合、双方に離婚の意思があればよく、離婚届は受け付けられ、離婚届に離婚理由の記載は必要ありません。

ただし、未成年の子がいる場合には、親権者を決めて離婚届の所定の欄に記載しないと、離婚届は受け付けられません。

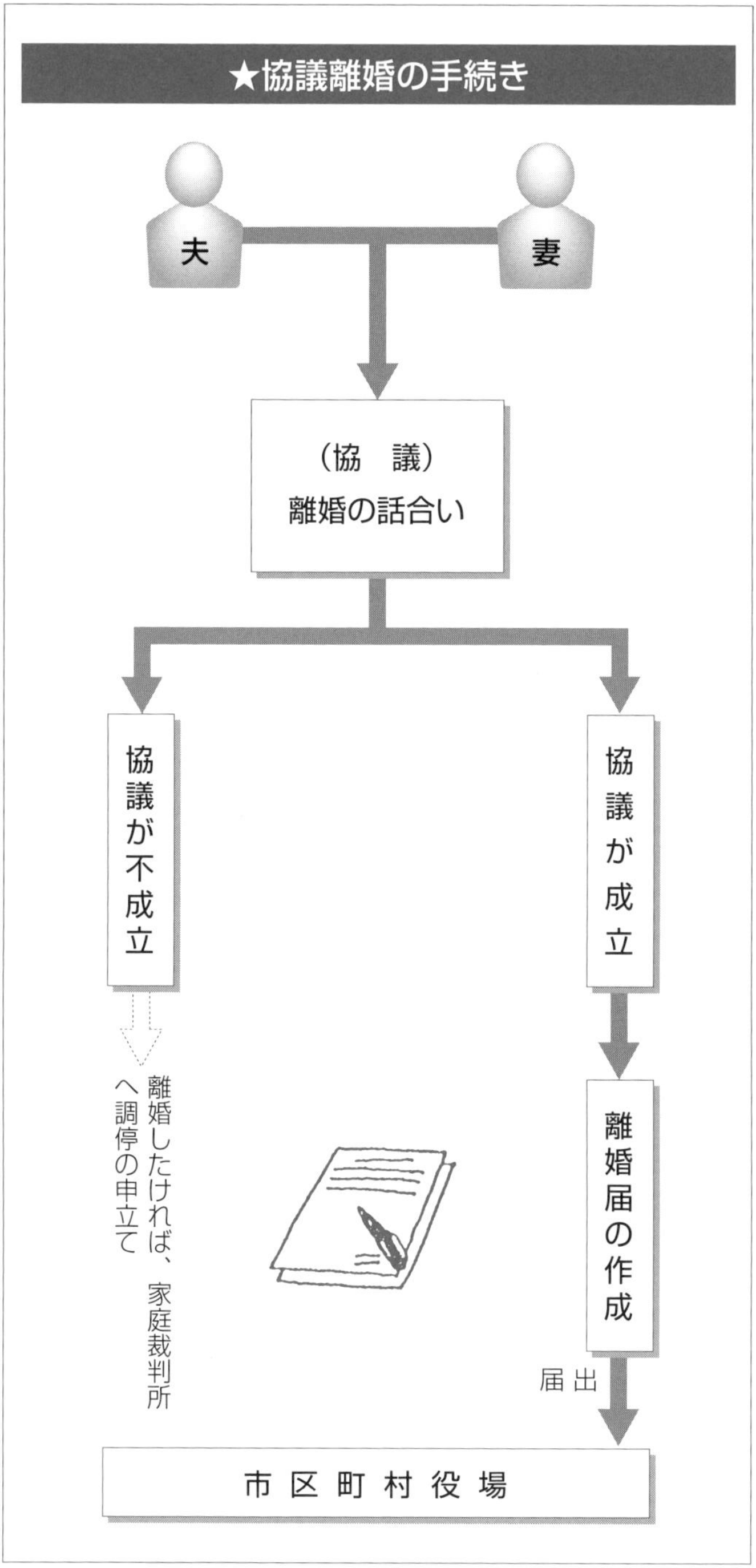

協議離婚入門❶

# 協議離婚で決めなければならないことは

◆参照条文

（協議上の離婚）

民法第七六三条　夫婦は、その協議で、離婚をすることができる。

## ❁離婚届を出すときに双方の離婚する意思が必要

協議離婚でまず必要なことは、夫婦双方が協議離婚することを決めることです。つまり双方の離婚の意思が必要です。一方だけが勝手に離婚を決めることはできません。一方の離婚要求に親兄弟が荷担してもダメです。

離婚の意思は離婚届のときになければなりません。離婚届はその時の離婚の意思に基づかなければならず、以前に離婚を言い出したことがあったとしても、気が変われば離婚は成立しません。

いったん、離婚届に判を押し、離婚届を作成した後であっても、離婚は止めたと言うことができます。相手にそれを通告すれば、相手がその通告を無視してその離婚届を無理に出しても離婚は無効となります。かりに相手が離婚届を出して受理され、形式上は離婚が成立した形になっていても、離婚が無効である以上、離婚無効の訴えを地方裁判所に起こすことができます。

ただし、通告をしたことが立証できなければ敗訴になります。通告は立証できる形ですべきです。

また事前に市区町村役場に離婚届の不受理申出書（二一一頁参照）を一方的に出しておけば離婚届の受理を防ぐことができます。

## ❁離婚に際して決めておかなければならないことがある

では、届を出すだけのときは何を決めるべきでしょうか。

未成年の子がいれば親権者を決め、離婚届に記載しなければ受理されません。離婚届には戸籍謄本（電子化されている役所では全部事項証明書）を添付しなければなりませんから、子がいることは役所にわかります。

協議離婚の届出について必ず決めなければならないのは、それだけです。

しかし離婚届を出す前に、取り決めて置く方がよい事項があります。離婚成立後に合意を得ることは困難で、裁判所の手続きが必要になりがちだからです。

財産関係としては、慰謝料と財産分与、それに子どもの養育費があります。

子どもについては、監護者（親権者でない方が事実上育てる場合）それに面会交流（子どもに会う権利）の内容、方法を決めて置くべきでしょう。

離婚して親権者でなくなった方も親でなくなるわけではなく、したがって子に会う権利が認められるのです。面接といっても数日一緒に暮らすことも入ります。子どもの受け渡し方法も現実的に決めて置かないと、取り決めが有名無実になりがちです。なお、面会交流では子どもの意思を無視することはできません。

これらは離婚の時に決めておかなくても、離婚の成立とは関係ありません。後でも要求できるものではありますが、すでに離婚が成立した時点では話し合いが付きにくく、この場合は、慰謝料については訴訟により、財産分与、養育費、面会交流については家庭裁判所での審判によることになります（どれも調停手続きができますが調停成立には合意が必要です）。

**ポイント**

財産分与や慰謝料など離婚の際に決め離婚協議書（二〇四頁参照）を作っておく。

**★離婚協議の内容を確実に守らせるには**

協議離婚では親権者の取り決め以外は、お互いの話合いにより離婚条件などは自由に決められます。

しかし、離婚届が出され、それぞれ別の生活が始まると、離婚時の約束は忘れがちで守られないケースがよく起こります。これを相手に守らせる有効な手段が、協議で決まった内容を書面にし、夫婦で公証役場へ行って公正証書にしておくことです。公正証書にしておけば、財産分与、慰謝料、養育費など金銭に関することでしたら、相手が約束を守らない場合には、裁判を起こさず強制執行をすることが可能です（公正証書に「履行しないときは執行を認める」旨の文言を入れる）。

# 2 協議離婚の手続きを教えてください

## ❁双方の署名押印があればどちらか一方が届けてもよい

協議離婚は市区町村の役場（役所）へ届をし、受理されることによって成立します。離婚届は婚姻届と同様、口頭でできる規定もありますが、実際には書面でするのが普通です。戸籍法による届（離婚届はこの届）は、法務大臣が定める様式に従う届をしなければなりません。

そこで、まず離婚届（二〇九頁参照）の用紙を手にいれます。どこの市区町村役場（役所）でも無料でもらえますから簡単です。

届書の通数は、以前は二通以上必要な場合がありましたが、現在一通を提出すればよいことになっています。

戸籍法上の届については記載事項が決まっています。離婚届について特に記載しなければならない事項も加わります。また離婚届の届出人は離婚する夫婦双方ですから、二人の署名押印（認め印でもよい）が必要です。

子どもがいる場合は夫婦のうち離婚後の親権者になる者を決め、その氏名およびその親権に服する子の氏名を記載しなくてはなりません。その他、命令で定める事項があります。それらは届書に記載欄がありますから、これに書き込めばよいのです。

届出には成年の証人が二人必要で、これも選ぶ必要があります。証人についても生年月日、住所、本籍の記載と署名押印が必要です。

届出用紙に指定された事項を書き入れ、夫

**◆参照条文**

戸籍法第七六条（離婚届）　離婚をしようとする者は、左の事項を届書に記載して、その旨を届け出なければならない。

一　親権者と定められる当事者の氏名及びその親権に服する子の氏名

二　その他法務省令で定める事項

第七七条①　第六三条の規定は、離婚又は離婚取消の裁判が確定した場合にこれを準用する。

②　前項に規定する離婚の届書には、左の事項をも記載しなければならない。

一　親権者と定められた当事者の氏名及びその親権に服する子の氏名

二　その他法務省令で定める事項

婦双方と証人二人が署名押印をします。一方が用紙を入手し、相手の印をもらえば、後は自分が記載して署名押印をするだけで、双方が届出人となった届書ができあがります。

## ❁離婚届の窓口では形式的なチェックしか行われない

後はできあがった離婚届を役場（役所）へ提出して受理してもらうだけです。届書は形式が調っていれば、実質の審査はなしで受理されます。

〔協議離婚と届出〕

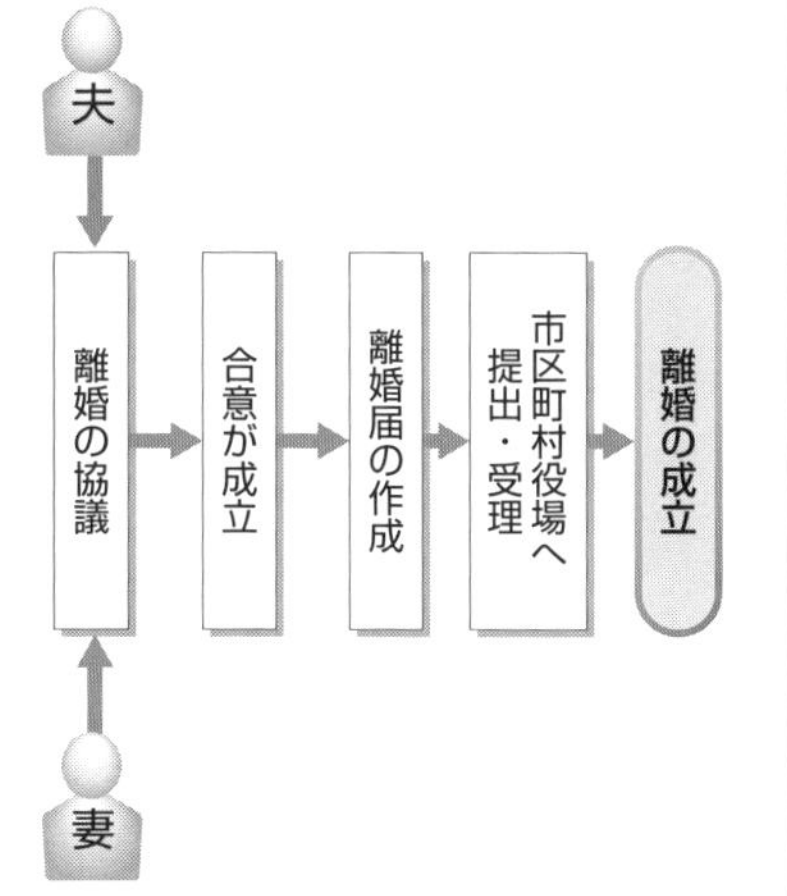


なお、届書は郵送により送付することができます。届出人の生存中に郵送した届書は死亡後に届いても受理されます。この場合は死亡の時に届出があったものとみなされます。

口頭の届出をするには、届出人（離婚の場合は夫婦二人）が役場（役所）に出頭して、届書に記載すべき事項を陳述しなければなりません。

届が本籍地でない市区町村役場の場合には戸籍謄本（全部事項証明書）の添付が必要ですから、あらかじめ取り寄せます。郵便で請求することもできます。この場合は役場の電話番号を調べて要領を聞くのがよいでしょう。ただし戸籍謄本は他人が入手するのは困難です。自分の名義で請求します。在外の日本人は、その国に駐在する日本の大使、公使、領事に届出ができます。

**ポイント**

双方に離婚の意思があれば、離婚届を作ればよい。署名押印や証入が必要。

**★離婚後に金銭問題を解決したいが…**

離婚することについては話合いがまとまったが、財産分与や養育費についての協議が難航している場合でも離婚届を提出し受理されれば、離婚は成立します。金銭問題は離婚届に記載の必要はないからです。

問題は、離婚後に相手が誠実に金銭問題の解決に応じてくれるかどうかです。慰謝料は離婚後三年間（時効期間）、財産分与は二年間（除斥期間）は裁判でも請求が認められています。

その間に話合いが決着すればいいのですが、離婚してお互い別々の生活が始まると次第に疎遠になります。離婚条件がまとまらなければ、離婚届にハンを押さない方がよいでしょう。

協議と金銭問題❶

# 3 財産分与額はケース・バイ・ケース

## ❁財産分与は夫婦の共有財産を分け合うというのが基本的考え方

財産分与としていくら請求できるかは、決まっているわけではありません。夫婦で築いた財産を離婚に際し分けようというのが財産分与の制度ですから、分与額はどれだけ財産があるかによります。

例を引いて説明しましょう。

良夫君と百合子さんは結婚五年で離婚することになりました。結婚していた間、百合子さんも会社で働きました。仕事ぶりを評価されていたので、かなりいい給料を取っていました。給料は互いの預金にもしましたが、何となく生活費にも出し、それに自分の衣類や小遣いは自分が出していました。

まさか離婚になるとは思いもしませんでしたから、家庭の金銭にはケジメをつけていませんでした。

ただし、最後の二年は子どもができたため会社を辞め、主婦としてだけの生活でした。

その頃一戸建ての住宅を買ったのですが、頭金は二人の貯金を崩して工面しました。百合子さんの出した分もかなりの額でした。ただしローンの関係で土地建物の名義は良夫君となっています。

主な財産として他には銀行預金が数百万円とゴルフ会員権、車、といったありふれた内容です。

このような場合、一千万円の要求は妥当でしょうか。

◆参照条文

（財産分与）

民法第七六八条① 協議上の離婚をした者の一方は、相手方に対して財産の分与を請求することができる。

② 前項の規定による財産の分与について、当事者間に協議が調わないとき、又は協議をすることができないときは、当事者は、家庭裁判所に対して協議に代わる処分を請求することができる。ただし、離婚の時から二年を経過したときは、この限りでない。

（③八四ページ参照）

### ❁固有財産（結婚前からの財産、結婚中に相続した財産）は財産分与の対象外

財産分与は基本的には結婚生活中、夫婦二人で作った財産を離婚に際して分けることです。財産の名義は夫になっていることが多いのですが、実質は夫婦の共有財産だと考え、その持ち分を分けるという意味です。

結婚以前からの一方の財産（または一方だけの相続財産）は二人で築いた財産とは言えませんが、相手を無財産で放り出すことは酷でもあり社会の迷惑でもあるので、これも考慮に加えます。

財産分与には、離婚後の相手方の扶養という意味合いもあるからです。

したがって、結婚五年だから一千万円は多い、とは断定できません。

今日ではマンション一戸でも数千万円するのですから、一千万円は不思議な額ではありません。もっとも結婚五年というのであれば、さほどの財産はできていないのが普通でしょうから、その意味では多額です。要は夫婦で持っている財産しだいで考えることになります。

妻は家庭にいて病気で寝ていただけだ、むしろ負担だったという場合でも、夫婦としての存在じたいが貢献でもあり、その意味で財産分与の対象になります。

ただし、キッチリと二分の一という意味ではありません。財産分与額は事情により異なります。

良夫君たちの場合は、二人が結婚していた間に増加した財産リストを作ってみたらよいでしょう。百合子さんが主婦として過ごした間に増えた財産も財産分与の対象となります。

なお、離婚に伴う年金分割については、次項以下を参照してください。

**ポイント**

財産分与は結婚二〇年で二〇〇〜四〇〇万円が最も多い（四五頁参照）。

**★離婚話が出たとたん、夫が財産隠しを始めたが…**

世の中には別れる妻に財産を渡したくないと考え、預金を別の銀行に移しかえたり、不動産を第三者に売却してしまうケースがあります。

妻が取りうる手段は、裁判所に仮差押命令の申立て、または仮処分の申立てをする方法です。銀行預金を仮差押すると夫は銀行預金を引き出せなくなりますし、不動産の仮差押えをすると、売却が困難となります。また不動産の処分禁止の仮処分が認められると、夫は不動産の売却や抵当権の設定等ができなくなります。この申立後に、財産分与について協議したり、家庭裁判所で分与額を決めてもらうとよいでしょう。

4 協議と金銭問題❷

# 厚生年金は分割してもらえる

## ❁熟年離婚と財産分与

令和元年中の離婚件数は約二一万組（推計）で、また平成二八年中の同居三五年以上の「熟年離婚」は五九六〇組と高い数字で推移しています。

熟年離婚で問題になるのは、財産分与（相手に離婚原因がある場合には慰謝料も問題になるでしょうが）、特に年金と退職金です。年金も退職金も、夫婦のお互いの協力があったからという考え方が導入されはじめ、従来の判例では、すでに退職したケース、あるいは退職間近のケースで退職金や年金を妻にも認める例が出されていました。

こうした状況を背景に、平成一九年の四月一日以降の離婚について離婚時年金分割制度が導入されました。

## ❁離婚時年金分割制度の内容は

離婚時年金分割とよく言われますが、正式には離婚時の厚生（共済）年金の分割です。したがって、国民年金（基礎年金）や厚生年金基金の上乗せ部分、確定給付企業年金の分が分割されることはありません。

さて、離婚時の厚生年金の分割制度ですが、こは平成一九年四月と平成二〇年四月の二段階に別れて施行され、少々複雑な内容です。

**〔平成二〇年三月までの分の年金分割〕**

①平成二〇年三月までの厚生年金の分割については、婚姻期間中の厚生年金の保険料納付記録（夫婦の合計）を当事者間で協議により分割します。なお、平成二〇年四月以

**◆法律用語**

**年金の被保険者**

年金の被保険者には、第一号被保険者から、第三号被保険者まであり、以下の分類になっています。

①第一号被保険者…自営業者や農業従事者など、以下の第二号被保険者および第三号被保険者以外の人

②第二号被保険者…民間会社または公務員として勤務している人

③第三号被保険者…夫が第二号被保険者の妻（専業主婦など）

〔厚生年金（共済も同様）の離婚時分割〕

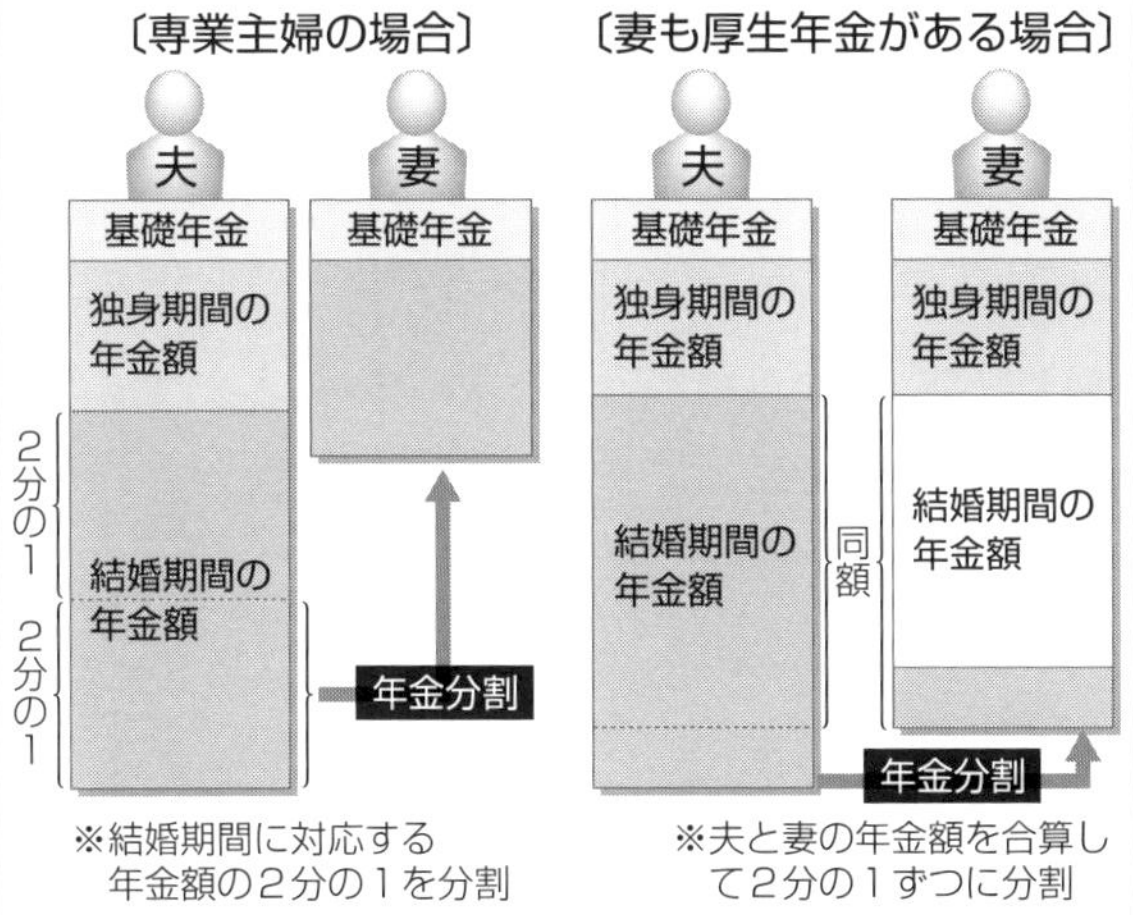


降の分については自動的に二分の一ずつとなっています（後述）。

②離婚当事者は協議により按分割合について合意した上で、年金事務所に厚生年金の分割請求をします。当事者間で合意ができない場合には、家庭裁判所での調停または審判により按分割合が決まります。

③按分割合の上限は五〇％、下限は分割を受ける側の分割前の持分にあたる割合です。

**〔平成二〇年四月以降の分の年金分割〕**

平成二〇年四月一日以降の第三号被保険者（前頁下欄参照）期間については、当事者のうち、その第三号被保険者期間を有していたほうからの年金分割の請求により、第二号被保険者の厚生年金の保険料納付記録は自動的に二分の一に分割されます。

たとえば、令和二年の二月に離婚した場合、平成二〇年三月三一日までの婚姻期間については、当事者の同意または裁判所の決定で保険料納付記録が分割され、平成二〇年四月以降離婚までの期間については、第三号被保険者期間に対応した厚生年金の保険料納付記録が自動的に二分一に分割されます。

**ポイント**

離婚時年金分割には二種類がある。

**★内縁（事実婚）は年金分割の対象となるか**

内縁（事実婚）関係にある人も、年金分割の対象となります。ただし、分割の対象になるのは、当事者の一方が被扶養配偶者として国民年金法上の第三号被保険者と認定されている期間に限られます。

**★離婚で夫の加給年金はなくなる**

離婚すると妻等がいる場合に支給される加給年金（家族手当とも言うべきもの）は支給されなくなります。また、この加給年金は妻が六五歳になり自分の年金が受給できるようになると夫の加給年金はなくなり妻自身の年金に振替加算されますが、六五歳前の離婚では振替加算はありません。詳細については、市区町村役場の年金係等で事前に確認しておきましょう。

協議と金銭問題③

# 5 年金分割の方法と手続きはこうなる

## ❁離婚時年金分割の方法

平成二〇年三月三一日までの婚姻期間に対応した分割の比率については、夫婦で話し合って決め、合意できたら公正証書などの書面にします。

もし、合意できなかった場合には、家庭裁判所に調停または審判を申し立てて決めてもらいますが、家庭裁判所の離婚調停の中で話し合いをすることができます。申立てに当っては、各自の戸籍謄本（全部事項証明書）の他に、年金事務所発行の「年金分割のための情報通知書」が必要です。まず、家庭裁判所の家事相談室で相談してください。

また、平成二〇年四月一日以降の婚姻期間に対応した分は自動的に二分の一に分割されます。

専業主婦であれば、夫婦であった期間に対応する夫の年金の最大限二分の一を受け取れます。また、妻も働いていた期間がある（または現在も働いている）場合には、通常、夫婦の厚生年金を合算した額の二分の一を妻が受け取れることになります（前頁図を参照）。

合意ができていても離婚すればすぐに妻が分割年金を受け取れるわけではなく、妻が年金を受給できる年齢になってからです。

## ❁分割の請求手続き

当事者間の合意あるいは調停・審判により按分割合が決まったとしても、年金事務所で「標準報酬の分割改定の請求」（年金分割の請求）をしないと、厚生年金の分割は行われません。

分割の請求は、所定の請求書（用紙は年金

**◆法律用語**

保険料納付記録

保険料納付記録とは、これまで支払ってきた厚生年金保険料の算定の基礎となった標準報酬月額および標準報酬額（標準賞与額）のことで、年金算定の基礎となるものです。なお、婚姻期間中の標準報酬額は、今の水準に合うように再評価して見直した額の総額となります。

事務所あるいはインターネットでも入手できます）に必要事項を記載し、請求する人の現住所を管轄する年金事務所に提出します。請求では、以下の添付書類が必要です。

①　年金手帳、国民年金手帳または基礎年金番号通知書

②　戸籍謄本もしくは抄本または住民票

③　公正証書等の按分割合を定めた書類

分割の請求は、原則として、離婚をしたときから二年を経過するまでですので、注意してください。

**ポイント**

分割請求は、原則として離婚から二年内にしなければならない。

■年金分割のための情報提供請求書

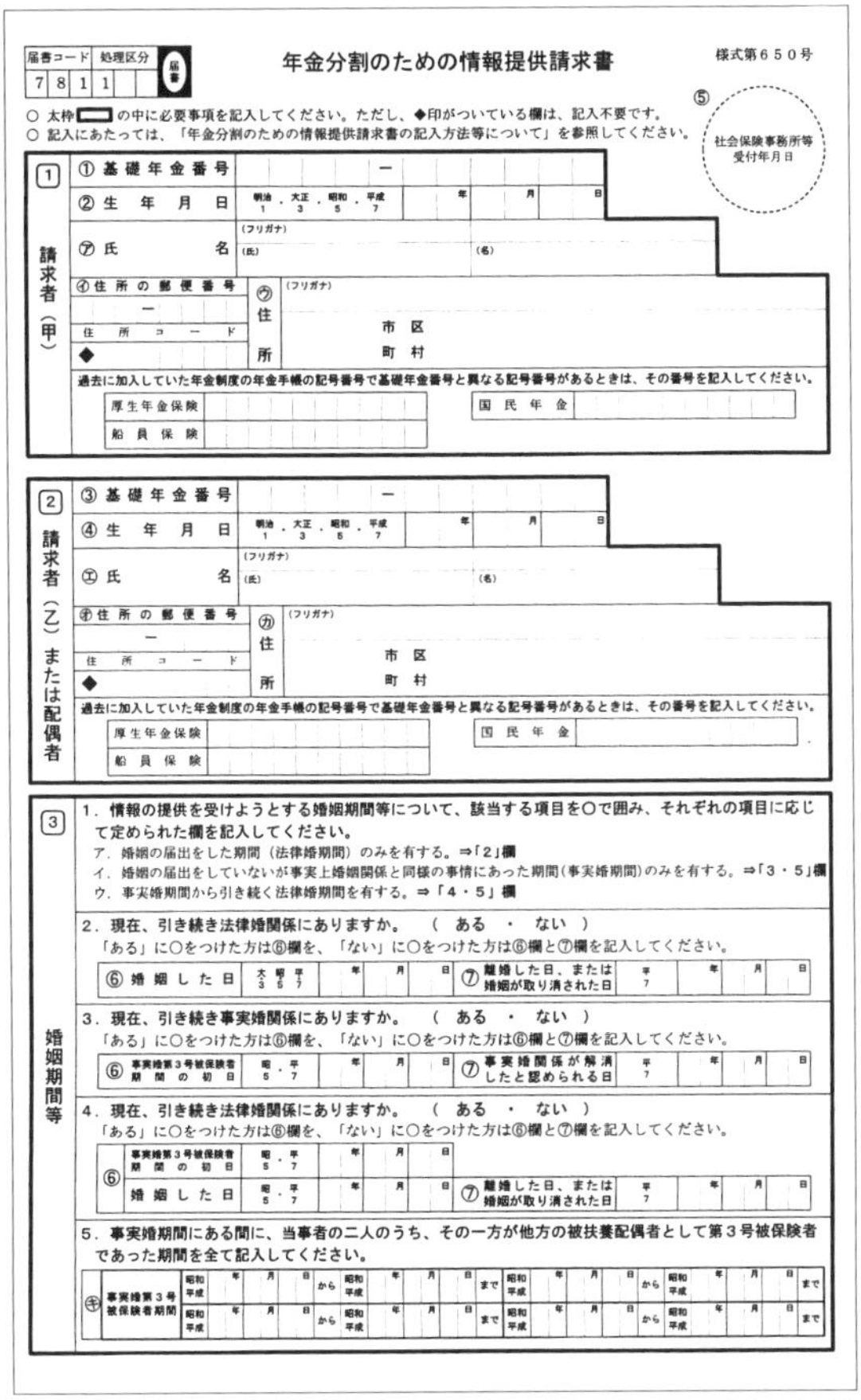

届書コード　処理区分　7 8 1 1　届書

**年金分割のための情報提供請求書**

様式第６５０号

○ 太枠▭の中に必要事項を記入してください。ただし、◆印がついている欄は、記入不要です。
○ 記入にあたっては、「年金分割のための情報提供請求書の記入方法等について」を参照してください。

⑤ 社会保険事務所等受付年月日

1 請求者（甲）
① 基礎年金番号　－
② 生年月日　明治1・大正3・昭和5・平成7　年　月　日
㋐ 氏名　（フリガナ）（氏）（名）
㋑ 住所の郵便番号　－
住所コード　◆
㋒ 住所　（フリガナ）市区　町村
過去に加入していた年金制度の年金手帳の記号番号で基礎年金番号と異なる記号番号があるときは、その番号を記入してください。
厚生年金保険　船員保険　国民年金

2 請求者（乙）または配偶者
③ 基礎年金番号　－
④ 生年月日　明治1・大正3・昭和5・平成7　年　月　日
㋓ 氏名　（フリガナ）（氏）（名）
㋔ 住所の郵便番号　－
住所コード　◆
㋕ 住所　（フリガナ）市区　町村
過去に加入していた年金制度の年金手帳の記号番号で基礎年金番号と異なる記号番号があるときは、その番号を記入してください。
厚生年金保険　船員保険　国民年金

3 婚姻期間等
1．情報の提供を受けようとする婚姻期間等について、該当する項目を○で囲み、それぞれの項目に応じて定められた欄を記入してください。
ア．婚姻の届出をした期間（法律婚期間）のみを有する。⇒「2」欄
イ．婚姻の届出をしていないが事実上婚姻関係と同様の事情にあった期間（事実婚期間）のみを有する。⇒「3・5」欄
ウ．事実婚期間から引き続く法律婚期間を有する。⇒「4・5」欄
2．現在、引き続き法律婚関係にありますか。（ある・ない）
「ある」に○をつけた方は⑥欄を、「ない」に○をつけた方は⑥欄と⑦欄を記入してください。
⑥ 婚姻した日　大3 昭5 平7　年　月　日　⑦ 離婚した日、または婚姻が取り消された日　平7　年　月　日
3．現在、引き続き事実婚関係にありますか。（ある・ない）
「ある」に○をつけた方は⑥欄を、「ない」に○をつけた方は⑥欄と⑦欄を記入してください。
⑥ 事実婚第3号被保険者期間の初日　昭5・平7　年　月　日　⑦ 事実婚関係が解消したと認められる日　平7　年　月　日
4．現在、引き続き法律婚関係にありますか。（ある・ない）
「ある」に○をつけた方は⑥欄を、「ない」に○をつけた方は⑥欄と⑦欄を記入してください。
⑥ 事実婚第3号被保険者期間の初日　昭5・平7　年　月　日
婚姻した日　昭5・平7　年　月　日　⑦ 離婚した日、または婚姻が取り消された日　平7　年　月　日
5．事実婚期間にある間に、当事者の二人のうち、その一方が他方の被扶養配偶者として第3号被保険者であった期間を全て記入してください。
㋖ 事実婚第3号被保険者期間　昭和・平成　年　月　日から　昭和・平成　年　月　日まで　昭和・平成　年　月　日から　昭和・平成　年　月　日まで

（4～11は省略）

※1．資料の請求は夫婦共同でも単独でもできます。
※2．50歳以上の人は年金見込額を試算してもらえます。
※3．この請求書は社会保険事務所の窓口にあります。

**★離婚時年金分割がされるとどうなるか**

離婚時年金分割が行われると、分割を受けた当事者は、自分の受給資格に応じて、改定された保険料納付記録に応じた老齢厚生年金を受給することができます。

したがって、自分が受給年齢になるまでは受給できません。また分割された保険料納付記録は厚生老齢年金額の計算の基礎となりますが、受給資格要件（加入期間）には算入されません。

年金分割が行なわれるようになった後に、元夫が死亡しても、分割後の年金に影響はありません。

なお、家庭裁判所における年金分割の按分割合は、ほとんどが半分となっています。

協議と金銭問題④

# 6 ローン付きマンションでも分与してもらえる

### ❁財産分与を決める前に財産の見極めをすることが先決

夫婦で子どももいない場合に、双方で離婚することが決まると、後は財産をどう分けるか、つまり財産分与の問題となります。

以下では、ある夫婦の会話から、財産分与について解説します。

野田君は平均的なサラリーマンです。財産はありません。唯一の宝は愛妻の花子さんでしたが、残念ながらケンカして離婚となりました。

財産はないと言いましたが、会社の社宅制度が貧弱なためローンを組んでマンションを買ったのが一〇年前です。以後の一〇年間、野田君夫婦は家賃のつもりでセッセとローンの支払いをしてきましたが、最初の内は利息の割合が大きくローン額はまだ大半が残っています。ただ、マンションの他にも家具や自動車もあります。しかし財産価値は小さいものです。

離婚となれば財産分与ということが起きます。そしてサラリーマンであれば、たいてい財産と言えばこんなものでしょう。

「ねえ。財産分与をするつもりはあるの」と花子さんが言いました。

「うん。いまさら卑怯なことはしないよ」というのが野田君の答でした。

野田君としては財産分けを不当に逃げるつもりはありません。何と言っても長年一緒に暮らしてきた相手です。とはいえ自分の将来

**◆参照条文**

家事審判法第九条（審判事項）

① 家庭裁判所は、次に掲げる事項について審判を行う。

甲類（略）

乙類（※審判でも調停の申立てでもよい事件）（一～四略）

五 民法第七六八条第二項（同法第七四九条及び第七七一条において準用する場合を含む。）の規定による財産の分与に関する処分

（六以下、②以下略）

もあり、全くの無一文になってしまうのも不安です。

それに花子さんも元気であり働くこともでき、また再婚も可能です。だとしても離婚したからといって悲惨な生活をするわけではありません。

### ❁いくらぐらいが妥当な財産分与額かは当事者で決めるしかない

だから野田君としては法律的にみて至当な財産分与をしたいのです。至当な財産分与額はどのくらいでしょうか。

「いくら出すつもり」

「いくらったって、財産なんてほとんどないからなあ。マンションも売るに売れないし」

「あら、売ったらいいじゃない。どうせ別れるんだもの」

「今売ったら安いぜ、ローンの始末もある」

「それが未練よ。サッパリと売って、お金を二つに分けてよ」

と、二人の主張は食い違います。

しかし売る売らないよりも、財産の額を見きわめるのが先です。

財産にはプラスとマイナスがあります。野田君の財産の主な物はマンションの時価からローンの残額を引いた額と言ってよいでしょう。これによりいくら分配するのか、金額の見当がつきます。

家具や自動車は大体の見積りとし、現物で分けてもよいでしょう。

マンションは現物では分割できませんから、花子さんの主張のように処分して現金にするか、野田君が別途、花子さんに対する支払分を工面して支払ってもよいのです。

この話は、マンションが資産となっているケースですが、不動産の値下げによりマイナスになっている場合もあります。この場合、マイナスを分割することも考えられます。

**ポイント**

マンションを売る、売らないは離婚届前に当事者の話し合いで決めること。

**★主な財産がローン付きの住宅しかないが…**

妻の希望としては、離婚後の住まいを確保するためマンションの名義を要求します。その際、問題になるのはローンの支払いをどうするかです。名義変更にはローンを扱っている金融機関の了解が必要ですが、金融機関等ではいったんローン全額を返済し、新たに借り換えを行うように言われます。妻の収入が低い場合には借り換えが認められないこともあります。ローンの名義は夫のままにし、妻がローンを払っていく方法も考えられます。また、引き続き夫にローンを払ってもらう方法もあります。

いずれの方法を取るにせよ、約束の内容を文書にしておくことが不可欠です。

7 協議と金銭問題⑤

# 財産分与を少しでも多く取りたい

## ❖離婚原因が相手にあったとしても財産分与には反映しない

離婚原因は、財産分与に影響を与えるのでしょうか。前項からの例の続きで解説します。

離婚になったのは、野田君は一方的に悪いのです。愛妻の花子さんとケンカになり、離婚のハメになったのは野田君のせいでした（何をしたかは他聞をはばかるのでここには書きません）。

さてそうなると、マンションとローンの残額で財産が構成されていて大した財産の無い野田君でも、離婚に際してはより多くの財産分与をしなければならないでしょうか。

花子さんの親は「ローンは夫が背負ったまままンション全部をくれても悔しさは癒えない」と怒っています。

その怒りはもっともですが、法理論はちょっと違います。野田君の怪しからん部分を補うのは慰謝料です。野田君は財産分与のほか慰謝料を支払わなければなりません。

野田君が全く悪いという事情であれば、野田君が婚姻を破壊したのであり、加害者です。花子さんの精神的損害は多大でしょう。精神的損害といっても花子さんにとっての将来が不利になりそうな見込みも加わります。慰謝料も大きくなるでしょう。

しかし財産分与は慰謝料とは別であり、野田君の怪しかる怪しからんとは関係ないのです。あくまで現にある財産を分けることです。だから財産が少なければ分与額も少ないこと

### ◆参照条文

扶養義務の準拠法に関する法律

（離婚した当事者の扶養義務の準拠法についての特則）

第四条① 離婚した当事者の扶養義務は、第二条の規定にかかわらず、その離婚について適用される法によって定める。

② 前項の規定は、法律上の別居した夫婦間及び婚姻が無効とされ、又は取り消された当事者間の扶養義務について準用する。

になります。また分与の割合はキッチリ二分の一と決まっているわけではなく、財産形成の事情によるのが本来です。

### ❁最近の家庭裁判所は夫婦が築いてきた財産につき妻の貢献度を大きく見る傾向

これまでの家庭裁判所の傾向としては、働き手であった夫に多く、主婦であって財産形成に直接関与していない妻に少なく認める傾向が強かったのですが、最近の家庭裁判所の審判では、主婦の貢献を大きく見て、結婚後に築いてきた財産を調べ、これについては分与額も大きくする傾向になっています。しかしそれは財産形成についての妻の貢献を評価するものであって、離婚自体についての夫の責任を問うというものではありません。

慰謝料はあくまで別です。そして慰謝料の額は、財産の有無や大小とは（理論上は）関係がないのです。この例では支払義務はもっぱら野田君にあり、花子さんの精神的被害の大小によって額が決まるのです。

ただし、精神的打撃を癒す額は、その人の生活レベルによって異なりますから、野田夫婦の財産状態は慰謝料の額に反映します。

そこで現実の解決としては、財産分与と慰謝料の額を強いて分ける必要はなく、両者を兼ねて全体額を定めてもよいのです。

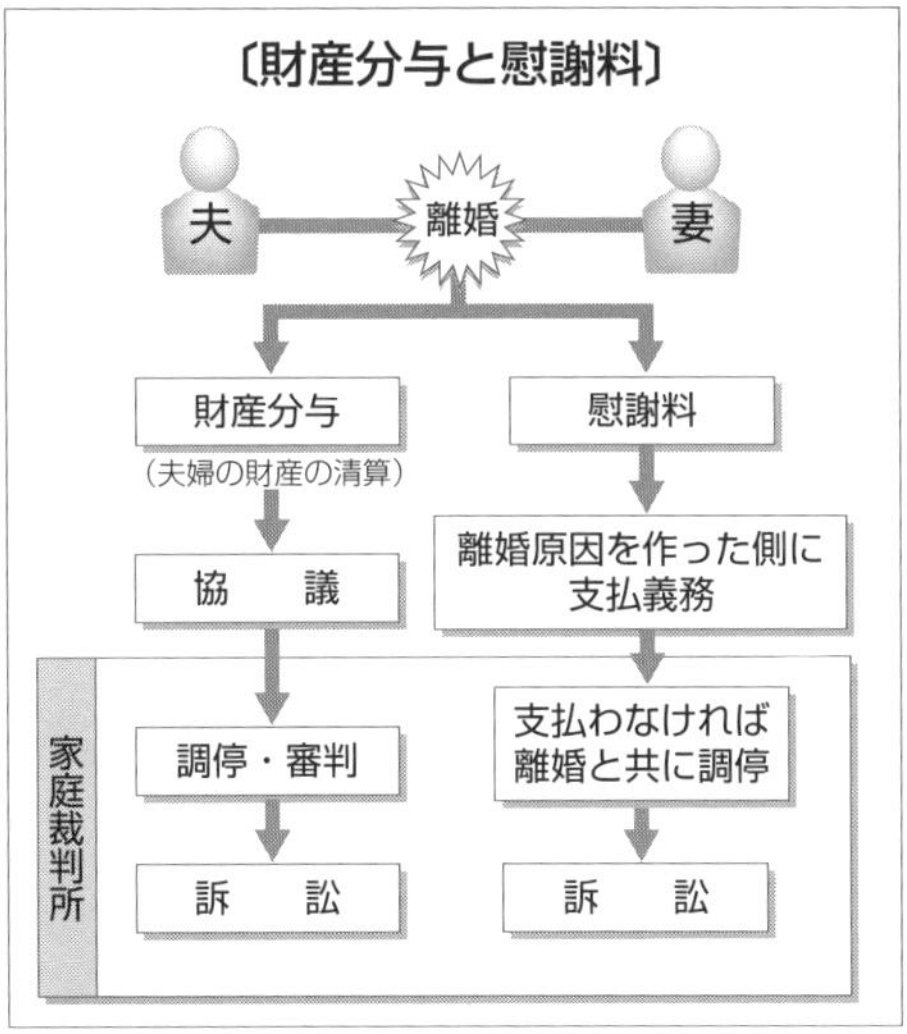


**ポイント**

財産分与と慰謝料を明確に区別しないでトータルで決めるケースも多い。

**★不動産を財産分与で受け取ると税金はかかるのか**

離婚に際して、金銭や不動産を財産分与として受け取っても、贈与税や所得税は課せられません。

ただ、その額が「一切の事情を考慮してもなお過当である」と判断された場合には、過当な超過部分に対し贈与税がかかることが稀にあります。慰謝料は精神的な損害賠償ですから所得税はかかりません。

不動産を財産分与として受け取る場合には、不動産取得税はかかりませんが、慰謝料等の目的で分与する場合は課税されます（課税標準額の三％）。

意外と知られていないのが不動産を財産分与として譲渡した側に譲渡所得税がかかってくることです。

8 協議と金銭問題⑥

# 慰謝料が不要のケースもある

## ❁慰謝料を払うのは離婚原因を作った責任のある者がいる場合

理由のない離婚が増加しています。結婚生活にはある程度の我慢が必要ですが、我慢したくないというのであれば離婚するしかないでしょう。

この場合、たいていは相手の非を主張します。「あなたが悪いのよ。前みたいに打ち解けた話しってないんだもん。一緒にいられないわよ」

「君こそなんだ。料理もロクにしないで。こんな結婚生活ってあるかヨ」

「あら、あたし奴隷しに結婚したんじゃないわよ。その態度が嫌いなのよ」と、相手に婚姻の破綻原因があるという主張です。そこまではいいとして、

「別れる以上慰謝料を要求するわ。つまらない結婚して傷モノになっちゃった。被害甚大よ」

「今どき女が傷モノになるなんて、考え古いぞ。こっちこそ被害甚大だ。オレの信用がタ落ちだ」と別の問題も出てきます。

## ❁双方に離婚原因がある場合はお互いの過失を考慮して減額もあり得る

互いに嫌になった場合も、離婚原因が一方にだけある場合もあります。両方にある場合もあります。さらに程度が異なる場合もあります。離婚原因というものは微妙なもので、協議離婚をするにしても慰謝料の請求し合いはよくあることです。

◆参照条文

（不法行為による損害賠償）

民法七〇九条　故意又は過失によって他人の権利又は法律上保護される利益を侵害した者は、これによって生じた損害を賠償する責任を負う。

（財産以外の損害の賠償）

民法七一〇条　他人の身体、自由若しくは名誉を侵害した場合又は他人の財産権を侵害した場合のいずれであるかを問わず、前条の規定により損害賠償の責任を負う者は、財産以外の損害に対しても、その賠償をしなければならない。

慰謝料は違法行為（不法行為または契約違反）をした者が精神的損害を受けた者に対し支払う損害賠償です。離婚の直接の原因（最新のキッカケとは限らない）を作った者が支払義務者になるのですが、相手にも悪い点（過失）がある場合は過失相殺ということがあります。両方の過失を考量して違法行為者の負う損害賠償額を縮小するのです。理論的には、まずどちらが本来の違法行為者かを定め、これによる相手の損害額を調べ、さらに相互の過失を認定考量して慰謝料（損害賠償額）を決定という思考の順序になります。

離婚原因が両方に同程度にある、被害者もせいせいし慰謝すべき精神的損害がない場合は、慰謝料請求は成り立ちません。かつては男性が女性に慰謝料を払うべきだとされた例が多かったし、今日でもその傾向にありますが、これからは違うでしょう。現実には早く離婚をしたい方、たとえば再婚をしたい方が慰謝料を支払わざるを得なくなります。

**◆慰謝料――いくらもらえるか**

・夫の根拠のない嫉妬、夫の姑からの嫌がらせで妻は実家に戻り出産。夫と姑は自宅に戻ることを拒否。その後も嫌がらせを続け、夫は愛人を作った――夫に五〇〇万円の慰謝料

（東京高裁・昭和五四年一月二九日判決）

・結婚生活一五年。最後の二年は別居。夫は愛人を作り別宅に囲う。妻は再三愛人に別れるよう頼むと夫は暴力を振るうようになった――夫に二〇〇万円、愛人に一〇〇万円の慰謝料

（水戸地裁・昭和五一年七月一九日判決）

・結婚期間が五五年の熟年夫婦。銀婚式を過ぎた後に愛人を作り別居。子まで設けた。夫は会社経営者――夫に一〇〇〇万円の慰謝料

（東京高裁・昭和六三年六月七日判決）

**ポイント**

別れたい側が慰謝料を払うのが最近の風潮。

**★慰謝料はいくらもらえるのか**

離婚の慰謝料は結婚生活を破綻させた側が相手方に支払うもので、妻の不貞が原因で離婚に至った場合には妻に慰謝料の支払義務があります。

交通事故の慰謝料は、入院期間等により一定の基準がありますが、離婚の慰謝料には基準がありません。一般的には、婚姻期間が長いほど、支払義務者の収入が多いほど多く、離婚原因が暴力や不貞の場合が多いという傾向は見られます。

判例を見ると、離婚原因が不貞や暴力の場合は三〇〇～五〇〇万円、それ以外の場合は一〇〇～二〇〇万円の範囲内で認定される例が多いようです（六四頁参照）。

協議と金銭問題⑦

# 9 婚姻期間が長いと一般的には給付金は多い

## ❁結婚期間の長短と慰謝料額とは全く関係がない

結婚期間の長短と慰謝料や財産分与額が比例するとは限りません。

そのどちらも結婚期間の長短とは関わりなく別に生じるものであり、個々の実状によることです。ただ結婚期間が長く安定していたのに突然の離婚となるのであれば、相応に離婚の打撃、損害も大きいでしょうし、慰謝料の金額を考える上での生活水準も高いことが多いでしょう。

また、分与する財産も大きくなっているでしょうから、慰謝料や財産分与額が大きい事例は多いと言えますが、それは結果論です（四五頁表参照）。

慰謝料について言えば、まだ若い花嫁が夫の一方的な責任で離婚する場合と、長年連れ添った夫婦が互いに心がさめて離婚する場合と、離婚の責任や相手の精神的損害はどちらが大きいでしょうか。

昔は花嫁が傷モノになる（と当時は言われました）のは、大打撃とされました。しかし今日ではウエイトが異なるでしょう。離婚歴が次の結婚の障害にならないことは少なくありません。老いた妻の方が打撃が大きいかもしれません。

反面、中年女性でもパートなどして働くのが普通の今日です。中年女性は明日から途方にくれるに相違無いから打撃が大きいとも断定できません。

◆参照条文

（財産分与）

民法第七六八条

（①～②七二ページ参照）

③　前項の場合には、家庭裁判所は、当事者双方がその協力によって得た財産の額その他一切の事情を考慮して、分与をさせるべきかどうか並びに分与の額及び方法を定める。

また、離婚原因は一方だけが作るものでなく他方にも責任があるという点も、結婚期間の長短では決められないでしょう。

やはりケースごとに具体的に責任や打撃の大きさを考える他ありません。したがって結婚期間の長短により慰謝料の大きさが決められるとはいえないでしょう。

### ❁結婚期間が長くなれば財産分与の対象となる財産は多いのが普通

財産分与は、離婚の責任や精神的損害の大きさにより左右されるものではありません。むしろ結婚期間に応じることが多いと言えましょう。と言っても、それは期間というよりも分与の対象になる財産が大きくなるからです。

財産分与は結婚生活により夫婦で築き上げた財産を離婚に際し分けるのが中心です。主婦の働きは誰も同じで財産形成の大小とは関係がないと言うわけにはいきません。夫の働きの大きいのは妻の働きでもあるとされ、結婚期間中に形成された財産は離婚の際の分与の対象として計算されます。

ただし、必ず二分の一になるというわけではなく、財産額が一般より巨額な場合は、働き手の個性が特殊と見られ、分与額が小さくなることが多いようです。

また、結婚前の長年の投資や努力、あるいは研究や修学が実って、たまたま結婚後に財産ができたのであり、必ずしも夫婦の協力によってできた財産とは言えないという場合もあるでしょう。

いろんなケースがあるわけで、したがって財産分与額は「協力によって得た財産の額その他一切の事情」を考慮して決めることになります。ただし、結婚期間もその大きい要素です。

**ポイント**

統計では結婚期間が長いほど増加しているが、ケース・バイ・ケースで判断。

**★約束した財産分与や慰謝料を支払わない場合は**

一度に支払えないからといって分割で支払う約束をすることはよくあります。ところが、離婚してしまうと一～二回で支払いが滞納するケースもあります。

分割払いの約束をするときは、前述したように文書にして公正証書にしておくか、調停を申し立てて調停調書にしておくことです。

これらの文書があれば、支払いが滞った場合には、裁判所に申し立てて差押えをすることができます。主な収入が給料しかない場合には、いきなり給料の差押えをすると会社にいづらくなることもありますので、家庭裁判から「履行の勧告」や「履行命令」を出してもらうとよいでしょう。

協議と子ども問題❶

# 10 子どもの親権者が決まらなければ離婚できない

❁どんな離婚の方法を取る場合でも子どもの親権者を決めることは不可欠

山田さん夫婦はついに離婚することになりました。二人の合意ですから協議離婚をするのが順当です。幸い両者とも冷静で離婚条件についての穏やかな結論が出ました。山田さん夫婦にはたいした財産はないのですが、夫の山田氏名義の一戸建ての家があり、少しの貯金もありました。

そこで、慰謝料兼財産分与として、山田氏が現金を工面して奥さんに支払いをすることにし、まずまずの金額も決めることができました。

ところが一人息子の太郎君の親権者をどちらにするかの問題についてだけは残念ながら協議が成立しませんでした。双方とも子どもが可愛くて手放せない心境だったからなのです。

両方の両親もそれぞれ健在で、つまり太郎君のお爺さんお婆さんも必死で自分達の側に置いて育てたいと言うのです。両方とも裕福で、太郎君を育てる余裕があるだけに話し合いが決まらないのです。

かわいい太郎君を自分たちの手で育てたいということは、冷静とか穏やかとかの問題ではないのでした。

さて困りました。協議離婚の届には親権者となる者を記載しなければならず、したがってその点の協議ができないと離婚届が出せず離婚することができません。どうすればよい

◆参照条文

（離婚又は認知の場合の親権者）

民法第八一九条① 父母が協議上の離婚をするときは、その協議で、その一方を親権者と定めなければならない。

② 裁判上の離婚の場合には、裁判所は、父母の一方を親権者と定める。

③ 子の出生前に父母が離婚した場合には、親権は、母が行う。ただし、子の出生後に、父母の協議で、父を親権者と定めることができる。

（④略、⑤〜⑥八八ページ参照）

でしょうか。

### ◎親権者が決まらない場合には家庭裁判所に調停または審判を申し立てる

離婚の協議ができて親権者の協議ができない場合には、その点について家庭裁判所の審判を求めるか、または調停を申し立てる方法（二二二頁参照）があります。調停を申し立てても、それが不成立であれば、手続きは移行して審判となります。

なお、審判、については調停前置主義はありませんから、いきなり審判申立てをしてもかまいません。

もっともこの審判は協議で離婚することは決まったが、親権についての協議だけができない場合のことです。もし一方が、自分が親権者にならないのは不本意だから離婚にも応じないというのであれば、審判で定めることはできません。離婚そのものは調停・訴訟事項であって審判による事項ではないからです。

この場合は、家庭裁判所への調停・訴訟によることになります。

ただし、家庭裁判所も（本来は審判事項でない離婚についても）「調停に代わる審判」としての審判を下すことができるのですが、これは当事者から二週間以内に異議申立てがあれば効力はなくなり、訴訟をするほかはなくなります。

養育費や監護者（親権者でない方が事実上育てる場合）の指定または監護に関する処分についても同様で、審判または調停で定めることができるのですが、これは離婚届への記載が必要な事項ではありません。

したがって、後日の解決に譲ることにして取りあえず協議離婚の届を出すことはできます（ただし、いったん離婚が成立すると解決が困難になりがちです）。

**ポイント**

子どもの親権者が決まらなければ、協議離婚はできない。

**★離婚調停で子どもを預ける約束なのに守らない**

六歳と四歳の子どもを連れて別居中の妻が離婚調停を申し立て、夫が冬休みの間だけ二児を預かりたいというので、調停の円満な進行に配慮した調停委員の勧めもあり、子どもを夫に預けたところ、約束に反し子どもを返しません。調停委員の説得にも応じず、二児の住民票まで勝手に夫の方に移しました。

妻はやむなく人身保護法による子の引渡しの請求をし、最高裁まで争いとなり、最高裁では、夫の拘束に顕著な違法性があると判断して妻の請求を認めました（平成六年七月八日判決）。

なお、別居中でも子に会う権利（面会交流権）はあります。

11

協議と子ども問題❷

# 親権者になれなくても子育ての方法がある

## ❁離婚する際に夫婦の一方を親権者として決めなければならない訳

山田さん夫妻の場合は、離婚の合意はできたのですが太郎君の親権者についての合意ができませんでした。離婚については話し合いがついたのですから、親権者と監護者を分けて考え、かつ合理的な面会交流権の取り決めをすれば、初めから協議は成立したかもしれません。

親権は子どもが未成年者である間、財産上の管理、監護・教育、つまり養育指導をする権限です。これは子どものための制度で、親の満足のための権利ではありません。したがって親の感情で決めるべきことではなく、また子どもの感情だけで決めるべきでもありません。

父母が婚姻している間は父母（夫婦）が共同して親権を行使しますから、どちらが親権者になるかを決める必要はありません。

父母が婚姻していなければ（子が生まれる前に離婚した場合を含め）親権者は母です。ただし父母の協議で父を親権者にすることができます。認知された婚外子の場合も同じです。これらの場合は親権者を父に変える協議が調わなければ元のまま、母が親権者ですから、やはり問題は生じません。

離婚する場合、つまり共同して親権を行使していた者が別れて、共同を止める場合だけ、親権者をどちらかに決める必要が出てきます。協議離婚の際もこれを決めて離婚届に記

◆参照条文

（離婚又は認知の場合の親権者）

⑤　第一項、第三項又は前項の協議が調わないとき、又は協議をすることができないときは、家庭裁判所は、父又は母の請求によって、協議に代わる審判をすることができる。

⑥　子の利益のため必要があると認めるときは、家庭裁判所は、子の親族の請求によって、親権者を他の一方に変更することができる。

（①～③八六ページ参照）

載しなければならないのです（裁判上の離婚の場合は裁判所が決めます）。

### ❁監護権とは、親権の中身のうち子どもを監護・教育する権利のこと

親権は、監護・教育をする権利（権限）と、法定代理人として財産管理をする権利（権限）の二つに分かれます。

このうち、財産管理をする権利は後見作用が主ですから管理能力や理性が必要です。これに反し、監護は実際の子育てですから現実の面倒見の能力、適切さが必要となります。この二つを分けて考えることは合理的なことですが、特に定めをしないかぎり監護も親権者がすることになります。もともと親権には監護の面も含められているからです。

しかし離婚の際には協議で親権者と別に監護者を定めることができますし、離婚後は家庭裁判所の審判で、親権者とは別に監護者を決めてもらうことも、また調停を申し立て、調停で決めることもできます。

離婚の際に親権者にならなかった場合も、この手続きで監護者になれば、親権のうちの監護・教育に関する権利（権限）により、子どもを手元に置いて自分の手で育て、教育をすることができます。なお、養育費の負担とは別ですから、親権や監護権に特別の負担がかかるわけではありません。

〔親権者と監護権者〕

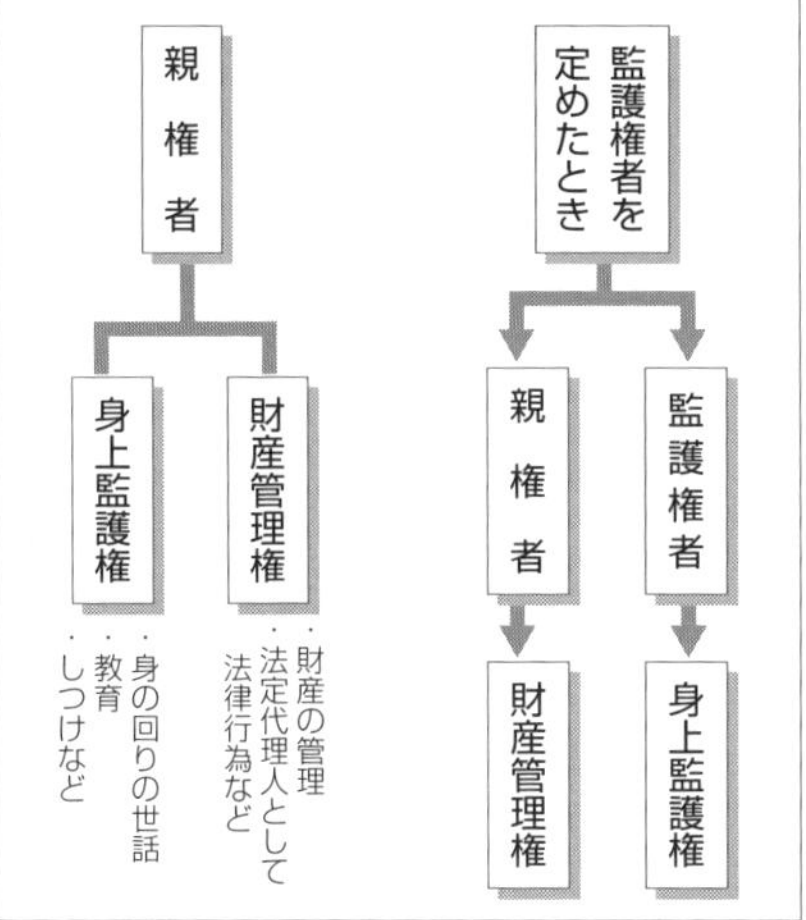


**ポイント**

離婚に際し、話し合いで親権と監護権を別々に持つ方法もある。

**★親権のない離婚した夫が子どもにつきまとうが…**

離婚して親権がなくなっても、元夫にも子どもに会う権利はあります。ただし、親権者としては、子どもの利益や福祉を害するおそれがあれば、会うことを制限することはできます。

子どもの登下校を待ち伏せしたり、あるいはつきまとうことで、母親と子どもとの安定した生活が乱されるようでは制限もやむを得ません。そのためには、元夫と話し合って子どもとの面接についてルールを決めるようにしてください。

話し合いができない場合には、家庭裁判所に「子の監護に関する調停」を申し立てれば、最終的には審判により適切な面会の方法を決めてもらえます。

12

協議と子ども問題③

# 離婚後も子どもに会う面会交流がある

## ❁子どもに会う権利は認められている

協議離婚を申し入れる際に、離婚後も子どもに会わせることというような条件を出すこともあるでしょう。これは面会交流権の問題です。離婚後、親権者（または監護者）にならなかった方が、子に面会したり一緒に時間を過ごしたりすることを面会交流と言い、その権利を面会交流権と言います。

この面会交流権は、従来、学説や判例で認められたもので、家庭裁判所の実務でも定着していました。

こうした経緯から、民法改正（平成二三年四月一日施行）により、民法七六六条（離婚後の子の監護に関する事項等）において、面会交流権についての規定が追加され明文化されました。

この面会交流とは、親子が会って一定の時間、生活を共にするという意味です。

会うといっても数時間に限るのではなく、数日宿泊をする取決めになることも少なくありません。

離婚の際に親権者にならなかった方も親でなくなるわけではなく、扶養の義務も残ります（養育費はこの扶養に当たります）。親である以上、親権者にならなかったとしても子に会う権利はあるのです。また子どもの情操上も別れた親に会うことは必要でしょう。

つまり親である以上、子どもと会い一緒に過ごす必要も権利もあるのであり、これが面会交流権です。ただし、面会交流権について

◆参照条文

（離婚後の子の監護に関する事項の定め等）

民法第七六六条①　父母が協議上の離婚をするときは、子の監護をすべき者その他監護について必要な事項は、その協議で定める。協議が調わないとき、又は協議をすることができないときは、家庭裁判所が、これを定める。

②　子の利益のため必要があると認めるときは、家庭裁判所は、子の監護をすべき者を変更し、その他監護について相当な処分を命ずることができる。

③　前二項の規定によっては、監護の範囲外では、父母の権利義務に変更を生じない。

取決めは子の利益を優先してなすべきです。

### ◎面会交流の内容については可能な限り具体的に細かく取決めをしておくこと

親権者や監護者にならなくても〝離婚後一月に一度子どもに会わせれば離婚に同意する〟という申し出があれば、協議離婚に応じるというケースもあります。親権者にも監護者にもならず離婚すれば面会交流権があるのですから、この場合その権利を意識しているのかどうかは別として、要求内容はその主張になっていると言えましょう。

離婚後も子どもに会わせることは、特に定めなくても家庭裁判所に審判を申し立てれば特別の理由がないかぎり、どうせ認められることですし、前述のように実質的にも妥当なことですから、この申し出を受けたら容認し、離婚に応じてもらう方がよいでしょう。

ただし一月に一回会わせる、というだけでは内容が不明確です。一回とは何時間、何日を言うのか、日時は誰が決めるのか。場所はどうするのか。会わせるとはどんな会わせ方か。子どもの受け渡しの方法は。子どもの意思をどうするか。変更せざるを得ないときはどうするか。それに連絡方法など、いろいろあります。それらについての具体的な詰めが必要で、それをしておかないと将来の紛争の種となります。元より書面にしておくべきです（二〇四頁参照）。

◆民法改正（平成二四年四月一日施行）

七六六条（離婚後の子の監護に関する事項の定め等）

① 父母が協議上の離婚をするときは、子の監護をすべき者、父又は母と子との面会及びその他の交流、子の監護に要する費用の分担その他の子の監護についての必要な事項は、その協議でこれを定めるものとする。この場合においては、子の利益を最も優先して考慮しなければならない。

**ポイント**

相手が面会交流権を否定してきた場合には家裁の審判を申し立てればよい。

**★元妻が約束に反し面会を認めない場合の対策は**

離婚の当事者間で、面会交流権についての話合いがまとまらない場合には、家庭裁判所の調停・審判で、面会の適否や方法について、具体的に決めてもらうことができます。この面会交流を守らない場合、簡単にできることは、家庭裁判所に調停や審判の内容を履行するように勧告してもらう方法です。それでも守らない場合は、履行命令を家庭裁判所に申し立てます。従わない場合は一〇万円以下の過料が命じられます。また、間接強制を申し立てる方法もあります。間接強制は、「一か月に一回は面会させよ。違反した場合はその都度一〇万円を支払え」というような内容です。

# 13 妻が勝手に離婚届を出した

協議中の紛争❶

### ❁勝手に離婚届を作成して受理されたとしても無効になる

婚姻や離婚は当事者双方が届出をしなければなりません。そのことは民法で規定されています。したがって、届出人には双方がなり、届出書には当事者双方の署名押印が必要です。

「離婚してもいいと確かに言った。娘の春子の親権者はお前でいいとも確かに言った」

「いいじゃないの。同じことでしょう」

「そうはいかん。春子とは時々会いたいとか、小学校はどうするとか、養育費はいくらにするとか、細かな話がまだすんでないじゃないか。なのに勝手に離婚届を作り、俺の認印を無断で押して区役所へ出してしまったとはなんだ」

こういう事件は意外と多く、離婚の合意ができていた場合は、たいていは泣き寝入りで離婚になるようです。

しかし、法的にはこんな離婚届は無効です。話し合いができていないから無効なのではなく、本人が印を押した離婚届ではない偽造の届だからなのです。

「あの判はあなたも承知で私に預けていて、勝手に押しても文句言わなかったでしょう」

と言っても、このような場合の勝手な押印は無効です。

### ❁離婚したくなければ協議離婚の無効・取消しをする

これは文書偽造にもなります。犯罪として

**◆参照条文**

（離婚の届出の受理）

民法第七六五条① 離婚の届出は、その離婚が前条において準用する第七三九条第二項の規定〈婚姻の届出方法〉及び第八一九条第一項の規定〈離婚又は認知の場合の親権者〉その他の法令の規定に違反しないことを認めた後でなければ、受理することができない。

② 離婚の届出が前項の規定に違反して受理されたときであっても、離婚は、そのためにその効力を妨げられない。

〔離婚の無効訴訟〕

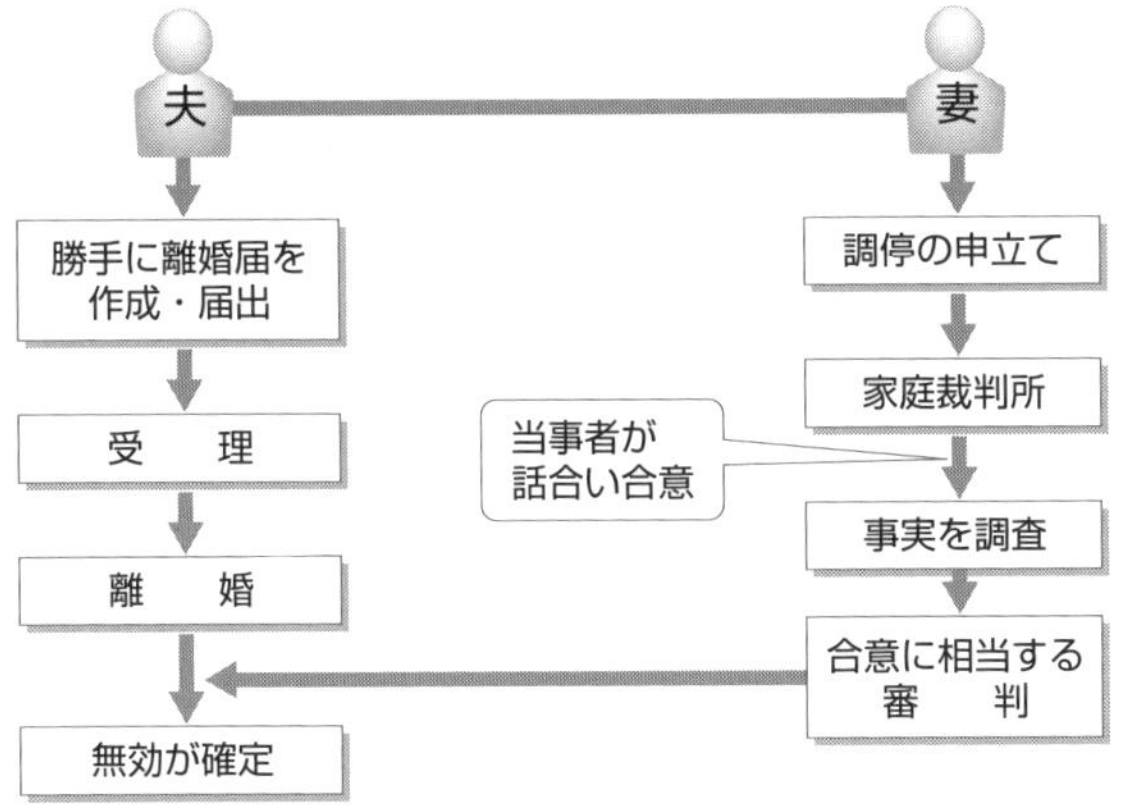


※刑法上の私文書偽造・行使罪にもなる

の追及まではしないとしても、離婚無効・取消しの調停の申立て、訴えの提起ができます。

まず、調停を申立てるのですが、離婚無効・取消しをするには「双方の合意」のほかに「合意に相当する審判」が必要になります。

この離婚無効・取消しの訴えと同時に、こちらから離婚調停の申立て、訴訟を別に提起し、親権者や慰謝料その他の事項についての判決等を求めることもできます（届書の偽造による離婚の無効を主張することと、新しい離婚請求をすることは別のものです）。

調停が不成立であれば、離婚無効・取消しの訴訟に進むことになります。新しい離婚は前の離婚無効が前提となります。

ただし、勝手に出された離婚届であっても、事実上その不備を黙認し、子どもとの面会交流や養育費などだけを協議によって定めたり、家庭裁判所の審判や調停により定めることもできます。また、一方的な財産分与や慰謝料の要求が起きるかもしれませんから、そのことは黙認する前に確認する方がよいでしょう。

**ポイント**

偽造の届出は無効。犯罪に問われる場合もある。

**★離婚後の再婚禁止期間**

女性は離婚から一〇〇日を経過した後でなければ婚姻届は受理されません。もちろん事実上の同居をすることや内縁関係をつくることはできますが、法的な婚姻ができないのです（民法七三三条）。

女性だけの制限なんて差別だ、と怒る気持もわかりますが、とにかく現行法にあることで、役所は婚姻届を受理しません。

このような規定があるのは、再婚後の子が前夫の子か後夫の子か、わからなくなるのを防ぐためです（五八頁参照）。

見方を変えれば婚姻届が受け付けられないだけで結婚式も夫婦生活も禁止はされてはいないのです。

14

協議中の紛争❷

# 離婚届に判を押した後に気が変わった

❋離婚する意思は離婚届を提出する時点での意思である

たとえ夫婦の仲とはいっても、言ってはならない言葉、我慢ならない言葉というのがあります。

夫婦ゲンカの末、売り言葉に買い言葉、「よし、別れてやろう」「私こそ、前から別れたいと思っていたのよ」ということで、頭に血が上ったまま、山田さん夫婦は離婚することになってしまいました。

離婚するには、結婚する以上に、冷静に考え、またエネルギーも必要とするものです。それなのに、激情にかられ、あるいは気持ちが定まらないままに、離婚届にハンコを押すべきではありません。

また、これまで縷々述べてきたように、離婚をするには、子どもの問題、財産の問題など、いろいろ話し合って決めなければならないことが数多くあります。これらのことを何ら考慮せず、離婚を決めても、後で後悔するのは目に見えています。

山田花子さんも、翌日離婚届を市役所からもらってきて、署名押印して夫の山田太郎さんに渡したのです。昨夜の頭に上った血が、冷めていなかったのです。

しかし、その翌日になり、冷静さを取り戻した花子さんは、自分に本当に離婚する意思があるのかどうかわからなくなりました。

離婚するにしろ、止めるにしろ、夫の太郎さんと冷静に話し合ってからだと思ったので

◆参照条文

戸籍法第一一四条（無効な行為の記載の訂正）届出によって効力を生ずべき行為について戸籍の記載をした後に、その行為が無効であることを発見したときは、届出人又は届出事件の本人は、家庭裁判所の許可を得て、戸籍の訂正を申請することができる。

同第一一五条(訂正の申請)前二条の許可の裁判があつたときは、一箇月以内に、その謄本を添附して、戸籍の訂正を申請しなければならない。

す。

### ❁ハンコを押した後でも事前に離婚を阻止する方法がある

協議離婚は離婚届が提出され、受理されることによって成立するものです。一度は離婚しようと考えていたとしても、離婚届を提出する時点で離婚の意思がなくなっていれば、有効な離婚は成立しないのです。

このようにいったんは離婚に同意したけれども、届をする前の段階で翻意したという人のための制度が、「離婚届の不受理申出」（二一一頁参照）です。

これは、離婚届に署名押印をしたが、その後、離婚の意思が変わったので、相手が離婚届を提出しても受理しないでほしいという書面を、届の出されるべき市区町村役場に出しておき、受理されるのをストップしてもらう方法です。前項の勝手に離婚届を出されそうなときも同様です。

ハンコを押した離婚届を相手に渡しているわけですから、急ぐケースが多いと思いますが、電話では受け付けてはくれません。必ず書面で申し出ます。

離婚届の不受理申出書の用紙は、市区町村役場に備えつけてあります。もし、備えつけていないようでしたら、係の人に尋ねて書いてください。

この不受理の申し出をしておきますと、その後に届けられた離婚届は受け付けられず、係のミスで離婚届が受け付けられ戸籍に記載された場合には、職権で離婚の事実を抹消してもらえます。

「離婚届の不受理申出書」は一度出しておけば、申立ての取下げがない限り不受理の効力は続きます。

したがって、話し合いがつき離婚届を出す場合には、不受理申立ての取下げが必要です。

**ポイント**

離婚不受理申出の有効期間は平成20年5月以降は無期限となった。

**★夫にだまされて離婚届にハンコを押してしまった**

例えば、夫から借金の請求を避けるために、方便として形式的に離婚届を出すだけだからと言われ、ハンコを押し、離婚届が受理されてしまうと、後でたとえ本心からの離婚ではなかったと主張しても、離婚は有効に成立するというのが判例です（最高裁・昭和五七年三月一六日判決）。

しかし、夫が妻には債務者からの借金請求を免れるためだからと離婚届にハンコを押させて別居をし、一月後に目的の別の女性との婚姻届を出したというケースでは、このような協議離婚は妻に対する詐欺であるとして、協議離婚の取消を認めています（長野地裁・昭和四六年二月二六日判決）。

## ●協議離婚の場合の証人

ただでさえ離婚交渉は骨が折れるものです。そして、最後の離婚届、これがまた意外と面倒なのです。離婚の届書を取り寄せて作成し、しかも届には証人二人が必要なのです。

戸籍法の定めでは、離婚届には成年の証人二人が必要で、証人は生年月日、住所、本籍地を記載して署名押印をすると定められていますので風来坊と言うわけにもいきません。

「証人なんて誰にでも頼めばいい」と思うのですが、すすんで証人になる人はないでしょう。離婚の証人になってくれと友人に頼むにはバツが悪すぎます。

では、離婚当事者がなればいいじゃないか、と考えるのですが、証人は当事者以外でなければダメです。

しかし、証人と言っても格別のことを立証や保証するわけではなく、立会人に近いものです。

強いて言えば本人達が離婚意思によって離婚届を出すことの証人ですので、証人には特に確認義務があるわけでも責任が生じるわけでもありません。したがって、誰に頼んでもかまいません。特に資格が必要でもありません。離婚届の証人が格別の義務を負うものではないのです。

とにかく、バツが悪くても頼んで証人になってもらうことです。証人になるについて謝礼を出してもかまいません。

面倒くさいからといって、本人の了承もないのに証人にしたりすると、虚偽の届出となり、一年以下の懲役、または二〇万円以下の罰金に処せられますので、ご用心！（戸籍法一三二条）。

### ◆参照条文

**戸籍法第七六条（離婚届）**　離婚をしようとする者は、次の事項を届出書に記載して、その旨を届出なければならない。

一　親権者と定められる当事者の氏及びその親権に服する子の氏名

二　その他法務省令で定める事項

**同法第一三二条（虚偽の届出に対する罰則）**　戸籍の記載又は記録を要しない事項について虚偽の届出をしたものは、一年以下の懲役又は二〇万円以下の罰金に処する。外国人に関する事項について虚偽の届出をした者も、同様とする。

# 第3章

## 家庭裁判所での——
# 調停離婚・審判離婚の仕方

◆話し合いによる協議離婚が成立しない場合に、どうしても別れるには家庭裁判所に調停の申立てをしなければなりません。
この章では、調停・審判の手続きや問題点について解説しました。

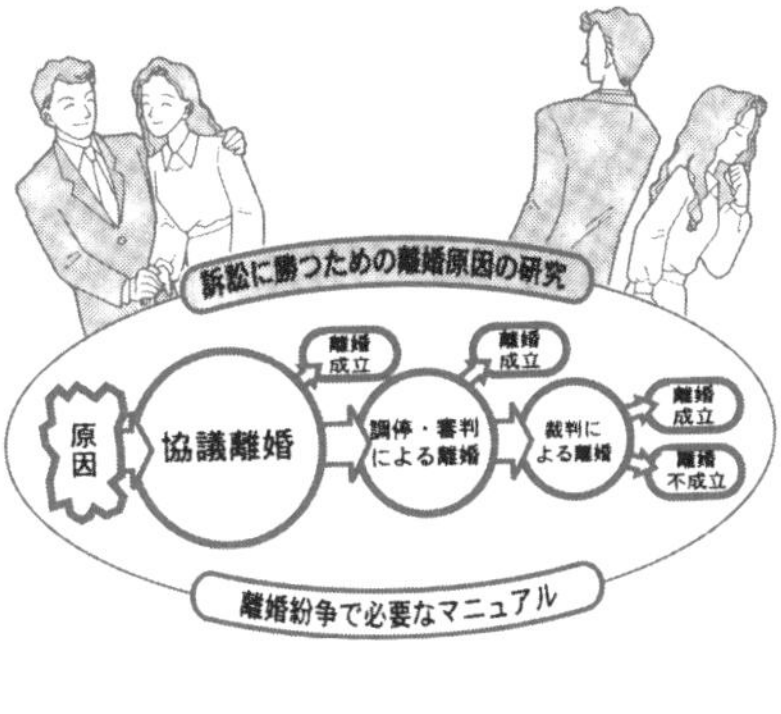

## ●調停や審判前に家庭裁判所の相談室を利用しよう

### ■家庭裁判所の相談室を大いに利用しよう

裁判所は言うまでもなく裁判をするための機関ですから、当事者双方の言い分を公平に聞き、公平な判決等を下す任務を負っています。

したがって、最初から中立であるべき国の機関であり、事前に当事者一方の味方をするというようなことはしません。

しかし、たいていの家庭裁判所には相談室があり、一応の手続きについて相談を受けています。

普通の民事事件（これは地方裁判所で扱います）と異なり、家庭裁判所の事件では、法律に慣れていない家庭の婦人などが、差し迫った問題を抱え途方にくれることが多いと考えられるため、解決のための手続きの道を教える趣旨からできたものです。

したがって、この相談は裁判所が一方の当事者に味方して法律を教え、相手方の不利をはかるというものではありません。相談に来た者とは一歩距離を置き、冷静に、中立的に手続きだけを教えるというのが家庭裁判所での相談なのです。また、担当する相談員は裁判官や弁護士ではありませんから、その意味でも相談する内容については限界があります。

### ■法律的紛争を含む内容の相談には向いていない

そもそも法律は、制定された条文があるとは言え、その解釈や適用が最初から明確に定まっているものではありません。法律の解釈は学説が分かれており、判例（過去の裁判例）もいろいろで、同じ条文について正反対の解釈があることも少なくありません。

また、判例の傾向が時代の変化にともなって変わることもしばしばです。

つまり、裁判官といえども現実に訴訟や審判手続きの中で、審理の末、考えたり調べたりして法律の解釈を決めるのです。

それなのに、当の裁判所の窓口の相談員が、事前に法律はこうだなどと断定して教えることはできません。た

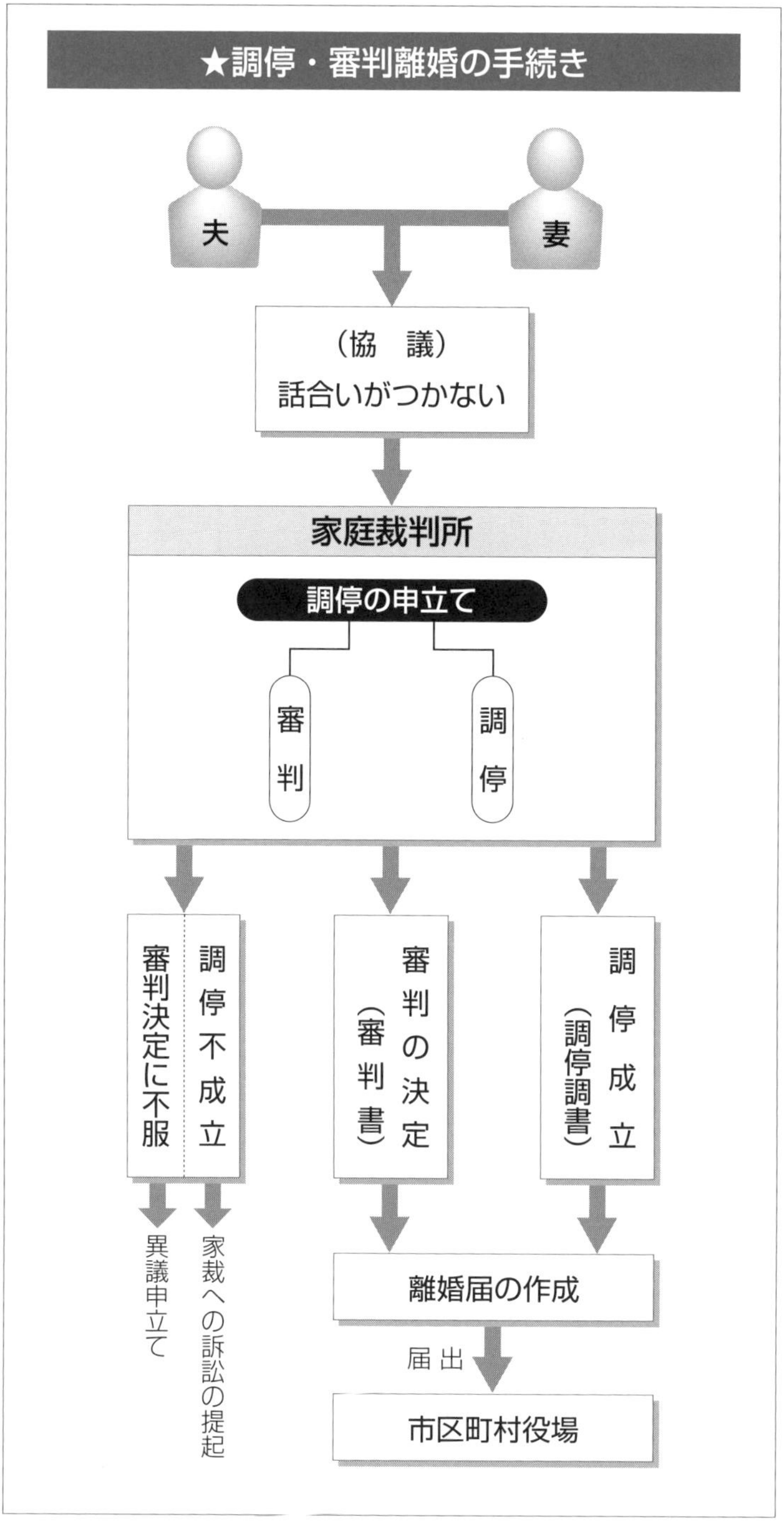


だ、ありふれた事件であれば大体の傾向はわかりますから、そのことは教えてくれるかも知れません。

一方の当事者の相談を受け、その当事者の立場に立って事件の内容に立ち入り、事実関係を整理し、証拠を整え、法律の解釈を考えることは弁護士がすることになります。

調停・審判入門①

# 1 親権の争いは調停から審判に移行する

◈一方が親権について合意しないかぎり調停では親権者を決められない

妻に親権を渡したくないということで、離婚については合意ができているのに、争いになった事件がありました。妻はホステスをしており、もともと夫は、妻がホステスをしていることに不満をもっていました。

いずれにせよホステスだから不真面目とは限らず、したがって親権者になれないとか、ふさわしくないとは言えません。

しかし、そのような言い分が調停で通るのだろうか、ということでしたら、調停手続きは当事者双方の合意があって始めて調停が成立するものですから、これに双方が同意しないかぎりは、調停は成立しませんし、いちおうは親権者をどちらにするかの取決めは生じないことになります。

ただし、親権者の指定は家事事件手続法による審判事項です。調停が不成立に終われば、調停申立ての取下げがないかぎり、手続きは自動的に審判に移行します。夫が調停を申し立てたのであれば夫の方からは取り下げることができますが、妻の方からも審判の申立てはできますから、審判になることを妨げることはできません。

審判では家庭裁判所が職権で手続きを進めます。

まず、家庭裁判所調査官の事実調査があり、子どもをめぐる家庭環境が調べられます。当事者に対する審理も行われます。

◆参照条文

家事事件手続法第一条

（趣旨）

家事審判及び家事調停に関する事件（以下「家事事件」という。）の手続については、他の法令に定めるもののほか、この法律の定めるところによる。

こうして審理があった後、審判が下されます。家庭裁判所の職権で親権者となる者の指定が行われますから、双方の思惑とは関係なく、事案によっては水商売の妻に親権を渡すことになるかもしれません。

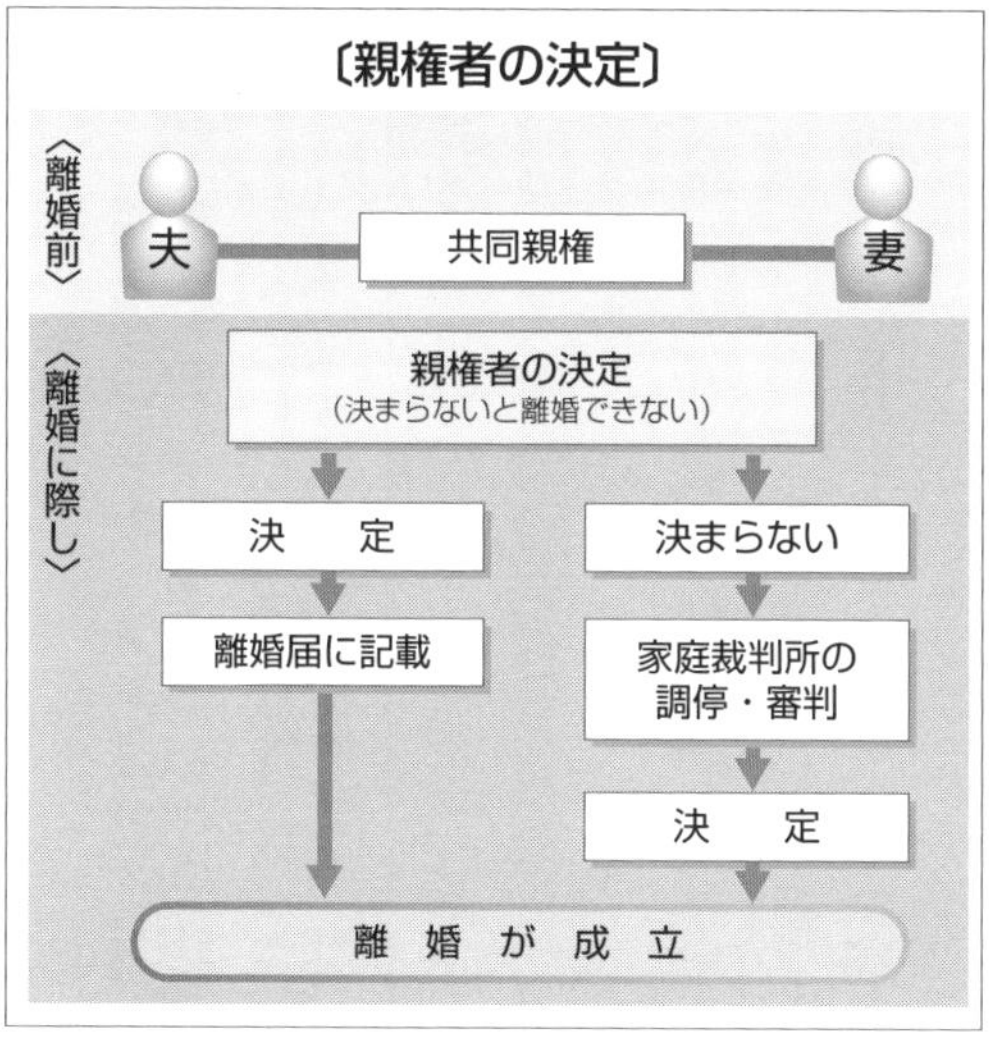


## ❁親権は子どもの利益、子どもの福祉を中心に決められる

親権は、親の気持ちを満足させるための権利ではありません。子どもを保護するための制度であり、親権者は子どものためを考慮して定められるものです。親権者を定める審判では、その観点からの調査があり、その観点から一切の事情が斟酌されます。

一般的には子どもが幼い場合は母親が育てる方がよいとされることが少なくありません。相手がホステスであっても子どもの養育ができる環境にあり、反面、夫の方は人手その他で子どもの養育に支障があるというような場合には、妻が親権者（または監護者）に指定されることもあるでしょう。

ただし、親権者の指定は離婚が前提となります。離婚がなければ親権者の指定もありません。心配なら離婚を止めればよいことになります。ただし、その場合は妻もまた親権者です。

**ポイント**

子どもを引き取りたいだけならば監護者になってもらうことも要検討。

**★離婚後も共同して親権を行使したいが**

民法は、離婚に際して、夫婦のどちらか一方を親権者として決めなければ、離婚届は受け付けないとしています。すなわち、離婚後は共同して親権を行使することを認めていません。

喧嘩別れではないので、離婚後も子どもの養育や教育に積極的にかかわっていきたいという場合、夫婦の一方が親権者になり、監護は共同して行う「共同監護」をとることは可能です。

アメリカでは、離婚後の子どもの養育について、子どもの利益を最優先に考え、共同監護を原則とする方向で立法化が進められてきています。わが国でも離婚後も共同監護をしようとする人も出てきています。

# 2 調停なしに審判申立てができる場合もある

❋審判事項のうち家事事件手続法別表第二に該当するものであれば直接審判の申立てが可能

審判事項は家事事件手続法別表第一と第二の二つに分けられています。

別表第一とされるものは審判申立てだけができ、調停申立てはできない種類のものです。したがって、当然、調停を経ないで審判の申立てができ、審判だけが行われます。別表第一は、失踪宣告、成年後見人の選任、子の氏の変更など当事者の合意にゆだねることが適切でなく、もっぱら家庭裁判所の判断によるべきものとされる事件だからです。

別表第二とされるものは、当事者の合意にゆだねて差し支えない性質のもので、これは審判と調停の両方の手続きができるものです。夫婦の協力扶助、子の監護、婚姻費用の分担、離婚に際しての財産分与などがあります。

このように、別表第二に属するものは、審判の対象にもなり、調停の対象にもなるのですが、調停を経ないで、いきなり審判の申立てをすることもできます。つまり「調停前置主義」の制度は、審判については定められていないのです。

離婚や相続に関する事件が、すべて審判事項になるのではありません。たとえば、離婚や離婚に伴う慰謝料請求などは、審判事項ではなく、家庭裁判所等の調停・訴訟手続きによることになっています。したがって、家庭裁判所へ審判申立てをすることはできません。

◆参照条文

（審判事項）

家事事件手続法第三九条

家庭裁判所は、この編に定めるところにより、別表第一及び別表第二に掲げる事項並びに同編に定める事項について、審判をする。

■**離婚関係で主なもの**

〔別表第一〕審判による事件

・失踪の宣告(56)

・氏又は名の変更の許可(122)

〔別表第二〕審判又は調停

・夫婦の協力扶助の処分(1)

・婚姻費用の分担の処分(2)

・子の監護に関する処分(3)

・財産分与の処分(4)

・離婚等の場合における祭具等の承継者の指定(5)

・親権者の指定又は変更(8)

・厚生年金等の請求すべき按分割合に関する処分(15)

( )内は別表の番号

### ❁離婚や慰謝料請求については事前に調停をすることが必要

離婚や離婚に伴う慰謝料などの事件は、家庭に関する事件として家事調停が行われます（一般調停事件）。

これらの争いについては家庭裁判所で当事者の話し合いの機会を与えるため、調停前置主義がとられています。原則として、まず家庭裁判所へ調停申立てをしなければなりません。

離婚のほか、扶養（養育費など）、相続の遺留分減殺請求、その他の人事、家庭に関する紛争もこれに入ります。

ところが別表第一の審判事項は、当事者の話し合いによる解決になじまない事件ですから、わざわざ話し合いの機会を作る必要はなく、したがって調停前置主義がなく、いきなり審判の申立てが許されるのです。

ただし、別表第二の審判事項については、申立てを受けた家庭裁判所は、その事件を（調停の申立てがなくても）職権で、いつでも調停手続きに回すことができます。

これを調停に付する「付調停」といいます。

調停に付されれば、一応は普通の調停手続きとなります。合意があれば調停成立となり調停調書が作成され、事件は終了します。

調停が不成立となれば事件は審判手続きに戻ります。

**◆調停前置主義**

離婚などの身分に関する事件は、初めから傍聴人たちが見ている公開の法廷で、当事者を原告と被告として対立させて争わせると、かえって紛争が激化したりする畏れがあるので非公開の家庭裁判所の調停室で調停委員を交え話し合うかたちで調停を進め、まとまらない場合に初めて訴訟で解決すべきものとしています。この制度を、「調停前置主義」といいます。

**ポイント**

審判を申し立てても裁判所の職権で調停に回されることもある。

**★調停が難航しているので審判を出してもらいたい**

離婚調停が申し立てられ、何度か調停を重ねたにもかかわらず、当事者のどちらかが一方的な意見に固執したり、調停の詰めの段階で出頭しないため調停が成立する見込みがないとき、家庭裁判所は、相当と認めるときには、調停委員の意見を聞いて、当事者の意思に反しない限度で、職権によって離婚やその他の処分（財産分与、慰謝料、親権の決定など）を行うことができます。これが調停に代わる審判です。ただ、この制度の弱点は審判を受けた当事者または利害関係者が二週間以内に異議申立てをすると、理由の如何を問わず、即座に審判の効力がなくなってしまうことです。

調停・審判入門③

# ③ 調停でも審判でも効力に違いはない

## ◈調停の効力も審判の効力も、効力は同じ

まず、事例を紹介します。

花子さんは離婚の際、愛児一郎君の親権を夫の太郎氏に渡しました。自分は離婚後働かなければならないし、太郎氏の母親が手が空いており一郎君を育てるのに不自由がなく、人柄も悪くなかったからです。その代わり、面会交流権として一郎君が月に三日こちらに宿泊することを認めてもらいました。

ところが最近、花子さんの母も仕事を辞め、手が空いたのです。こうなると花子さんはこちらを監護者にしてもらうか、少なくとも宿泊の日数を増やしたい、と思っています。そこで、大学の法学部にいる親戚の子どもに調べてもらったところ、親権者の変更という制度があり、また親権者の変更はしなくても、子の監護をする者を変更したり、監護についての処分の命令の制度があることを知りました。

申立てには調停と審判の二つがあるということです。調停と審判とどちらを申し立てた方がいいか迷っています。

## ◈話し合いで合意に達する見込みが薄ければ審判を考えてみる

調停も審判も、効力に違いはありません。手続きに相違があるだけです。ただし、離婚そのものについては一般調停事件ですので、審判対象となりませんが、調停に代わる審判というものがあります。子の親権については、調停でも審判でもよい事件です。

審判は家庭裁判所が職権で審理をし、これ

**◆参照条文**

（調停事項等）

家事事件手続法第二四四条　家庭裁判所は、人事に関する訴訟事件その他家庭に関する事件（別表第一に掲げる事項についての事件を除く。）について調停を行うほか、この編の定めるところにより審判をする。

に基づいて審判を出します。当事者の意向は斜酌されますが、当事者の意思によって内容が決まるのではなく、裁判所の一方的な裁断によるのです。

調停は当事者の合意ができるように調停委員による調停期日が重ねられ、最終的に当事者双方の合意によって内容が定まり、家事審判官（裁判官）が関与して調停調書が作成されることにより成立します。

このように調停は当事者の合意によるため、より微妙な取り決めができますし、かつ法律的でない精神的な取り決め（たとえば「相手の立場を尊重する」とか「子どもに相手の悪口を言わない」とかの文言など）を記載することもできます（これを嫌がる家事審判官もいますが）。これも相手の人柄次第では意味を持ってきます。

これに反し、審判は一種の裁判ですから法律的な事項をキッパリと定めるだけです。

調停調書も審判も判決と同じ効力を有すると定められています。したがって金銭などの給付命令を定めた部分は強制執行ができます。調停調書もこの部分は法律的にキッパリと記載してもらわなければなりません。

〔調停と審判の効力〕

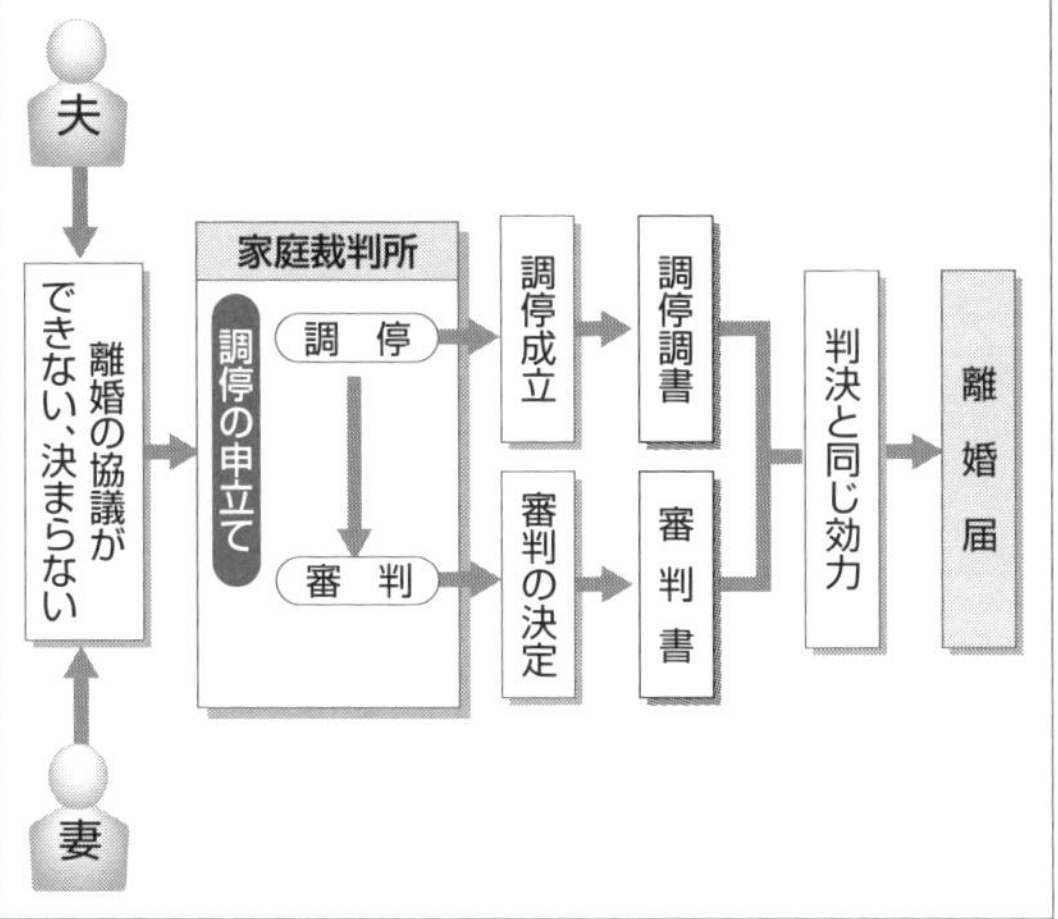


**ポイント**

調停調書でも審判書でも金銭に関する部分については強制執行ができる。

**★調停の呼出しの期日に入院中で出頭できないが**

家庭裁判所への離婚調停を申立てると、申立てを受理した家庭裁判所は、その後、当事者に対して、「平成○○年○月○日の○時に○○家庭裁判所へ出頭してください」という調停期日の指定と呼出状を送ります。

もちろん、事前に相談はなく、また都合も聞かないので、どうしてもその日に出頭できないというケースも出てきます。その場合には、できるだけ早く家庭裁判所の家事事件受付の窓口へ行って、「期日変更の申請書」を提出してください。

裁判の場合には、期日に出席しないと欠席裁判として不利に扱われることもありますが、調停ではそのような扱いはありません。

調停・審判入門④

# 4 争うときの財産の保全と決まったことを実行させる法

## ◈相手が財産を処分してしまうのをストップする対策

離婚当事者の中には、離婚はしてもいいが離婚に伴う金銭は払いたくないという人がいます。そのため・調停がまとまらず、審判に移行しそうになると、自分の財産の名義を変えたり、処分したりするケースも皆無ではありません。また、財産分与請求をいきなり審判で請求する場合も同様です。

そこで家庭裁判所では、審判前に仮差押えや仮処分、その他必要な保全処分を命ずる制度を設けて（家事審判法一五条の三）、財産分与や養育費を請求する人たちの保護を図っています。

審判前の保全処分の申立てをする場合には、申立てをする者は、保全処分の内容、保全処分を求める事由を明らかにし、保全処分の必要なことを疎明（証明よりも簡単でよい）しなければなりません。

## ◈調停や審判で決まった内容を実行させるための対策

離婚した当事者は、離婚後はできることなら顔を合わせたくないというのが普通だろうと思います。また、金銭の支払いの都度、顔を合わせることによって、復縁を迫ったり、暴力を振るうなどの不慮の事態を招かないとも限りません。

そこで家庭裁判所では、調停や審判で決まった金銭の支払いについて「寄託制度」を設けています。これは家庭裁判所が、支払義務

**◆参照条文**

（義務の履行状況の調査及び履行の勧告）

家事事件手続法第二八九条　義務を定める第三九条の規定による審判をした家庭裁判所は、権利者の申出があるときは、その審判で定められた義務の履行状況を調査し、義務者に対し、その義務の履行を勧告することができる。

（義務履行の命令）

同第二九〇条　義務を定める第三九条の規定による審判をした家庭裁判所は、その審判で定められた金銭の支払その他の財産上の給付を目的とする義務の履行を怠った者がある場合において、相当と認めるときは、権利者の申立てにより、義務者に対し、相当の期限を定めてその義務の履行をすべきことを命ずる審判をすることができる。この場合において、その命令をする時までに義務者が履行を怠った義務の全部又は一部についてするものとする。（二項～五項略）

者からの支払金を預かって保管し、受取人に通知して支払う制度です。この制度を利用するには、当事者の同意がなければ利用できません。

財産分与や慰謝料が分割払いのとき、あるいは毎月の養育費の支払いが滞納するというのは、よく起こりがちです。これも調停や審判で、その金銭の支払いが決まったという場合に利用できる制度に、「履行勧告」と「履行命令」の制度があります。

履行勧告は、支払いを受けられなくなった者からの申立てがあると、家庭裁判所が履行状況を調査して、支払義務者に履行の勧告をしてくれるものです。

法律上の強制力はありませんが、裁判所からの督促という効果からか、勧告があると約五四％の人が何らかの支払いに応じています（平成三〇年の履行勧告約一万二六〇〇件）。

履行勧告があっても履行が行われない場合には、履行命令の申立てができます。履行命令の申立てがあると、家庭裁判所は相当の期限を定めて、義務の履行の命令をします。履行勧告は費用はかかりませんが、履行命令の申立手数料は五〇〇円です。

履行命令に従わない義務者には、一〇万円以下の過料に処せられる制裁があります。ただし、履行命令が出される例は、少ないようです。

**◆寄託制度**

離婚後は相手の顔も見たくない、接触はしたくないという人も多いものです。そこで養育費など離婚後の金銭のやりとりについて家庭裁判所が支払う側からお金を預かり、受け取る側に支払うという制度が、寄託制度です。この制度を利用できるのは、調停・審判で決まった金銭で、それを決めた家庭裁判所に申し立てます。

**ポイント**

審判の申立てをするときは、執行のことも考えておくこと。

**★離婚前に財産を確保しておく方法は**

専業主婦であった妻が離婚後、すぐに困るのが「お金」です。一方、夫の側は別れる妻に金は渡したくないとばかりに、財産隠しに走ることがあります。

妻は離婚調停中であれば「調停前の仮の措置」を申し立てることができます。ただ、民事執行法の仮処分のような執行力がないので、相手が信頼できないと効果は上がりません。また、審判事件が継続している場合には「審判前の保全処分」という手続きがあります。ただ、離婚請求事件で審判が継続する例は稀です。

そこで、結局は民事執行法による仮差押えや仮処分を利用することになります。

離婚の調停❶

# 5 離婚の合意ができない場合は、まず調停の申立てをする

## ❁協議離婚ができない場合には家庭裁判所での調停が必要

離婚には協議離婚、調停離婚、審判離婚、裁判離婚、和解離婚の五つがあります。

協議離婚は当事者双方（夫と妻）が話し合いの上、合意して離婚届を作成し、市区町村役場へ届出をすれば成立します。

したがって協議離婚の場合は調停や訴訟は必要ありません（ただし親権について合意ができないときは、これについての調停や審判の手続きが必要になります）。

協議離婚ができない、すなわち離婚の合意ができないときに、はじめて調停や訴訟といった法的な手続きが必要となるのです。

協議離婚が成立せず、また法的手続きもしないままでいれば、別居期間がどれだけ長く続いたとしても離婚ができるわけではありません。それでは困るという場合に、調停や訴訟といった法的手続きが必要となってきます。

一般に、先に調停をしないと離婚することができないと言われるのは、協議離婚ということを除けば、原則としては正しいと言えます。しかし、事案によっては、例外もないわけではありません。

法的な離婚原因（離婚を要求できる原因となる事実）があれば、訴訟により離婚の判決を得て離婚ができるというのが最終的な手続きですが、いきなり訴訟を提起するというわけには行かないのです。

**◆参照条文**

（調停前置主義）

家事事件手続法第二五七条　第二四四条の規定により調停を行うことができる事件について訴えを提起しようとする者は、まず家庭裁判所に家事調停の申立てをしなければならない。

②　前項の事件について家事調停の申立てをすることなく訴えを提起した場合には、裁判所は、職権で、事件を家事調停に付さなければならない。ただし、裁判所が事件を調停に付することが相当でないと認めるときは、この限りでない。

（③項略）

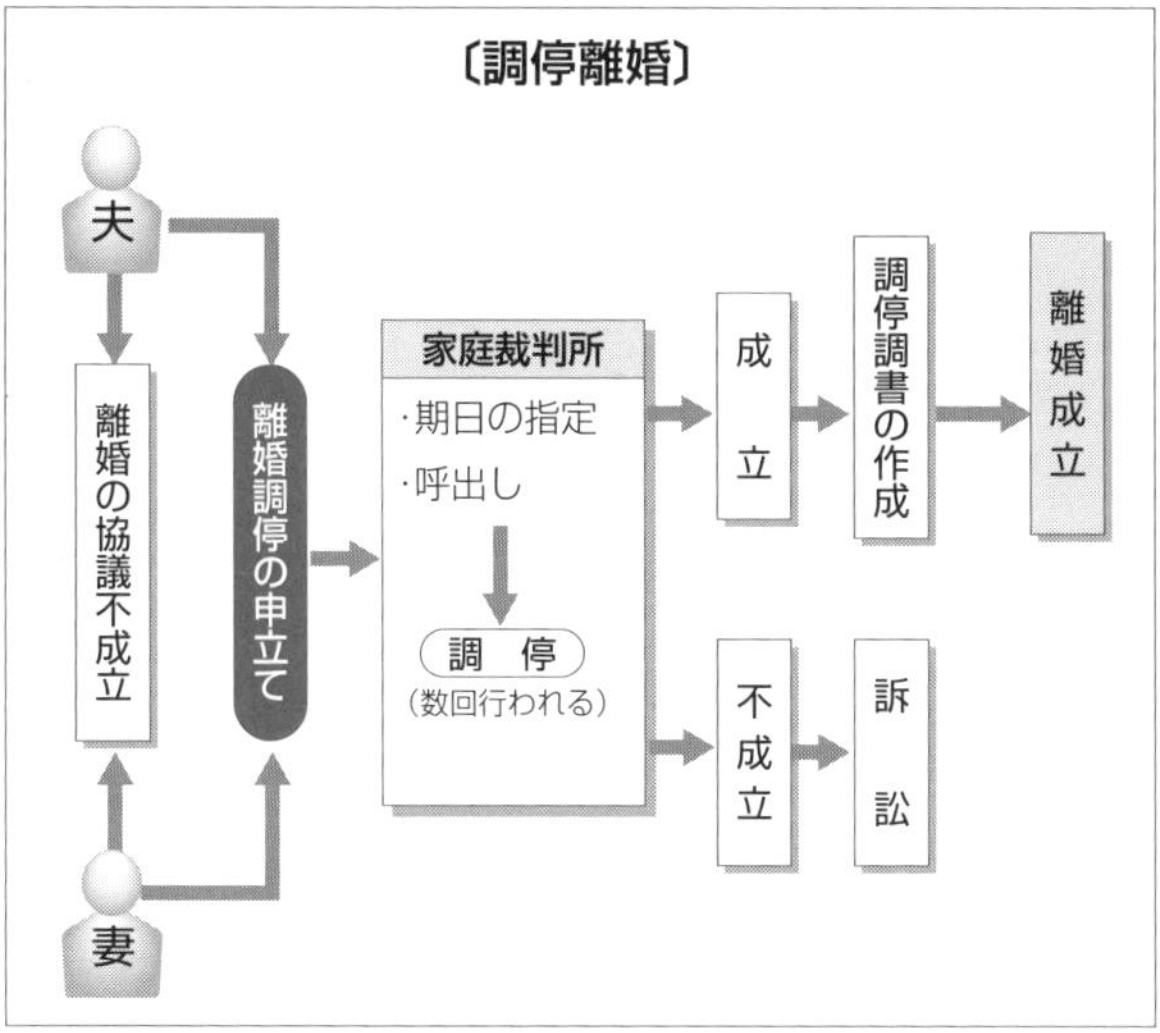


## ❁相手が離婚に応じなければ調停を経て離婚訴訟を起こすのが筋道

まず、家庭裁判所へ離婚調停の申立て（二一二頁参照）をし、調停で離婚の合意ができて離婚調停が成立となれば離婚ができます。

反対に、離婚の合意ができずに調停不成立の場合は、家庭裁判所の裁判（訴訟）によることになります。

離婚のように、家庭裁判所への調停申立てができる事案については、訴訟を提起する前に、まず、調停を申し立てなければならないことになっています。これを「調停前置主義」といいます。

できるだけ合意による方がよいという考え方と、家庭裁判所の調停委員会にも関与させようという考え方によるものです。

調停を経ないでいきなり離婚訴訟を提起しても、一審の訴訟を受け付ける家庭裁判所は事件を家庭裁判所の調停に付することになっています。

ただし、調停に付することが相当でない場合は例外となります。離婚を求める相手が外国に去った場合などがその例でしょう。

**ポイント**
相手が三年以上の生死不明の場合は調停を経ずに離婚訴訟が起こせる。

**★法定の離婚原因がないと調停離婚もできないのか**

離婚原因があっても、なくても、相手が話し合いで離婚することに応じてくれれば離婚できるのが「協議離婚」です。相手が離婚には絶対に応じないと頑張った場合、最終的には裁判によって離婚判決を得て離婚することになります。

ただし、裁判離婚を行うためには、法律で定める「離婚原因」がなければ離婚の訴えは認められません。と同時に、裁判を起こす前に家庭裁判所の調停を経ることが必要です（調停前置主義）。調停は裁判を起こす場合に必要な法定離婚原因は必要ありません。調停委員を交えて調停委員会で話し合いを行い、話がまとまれば調停離婚の成立です。

離婚の調停②

# 6 相手が行方不明の場合は調停は不要

## ❁調停の申立てが物理的に不可能な場合の手続き

事例で解説しましょう。

花子さんの亭主はある日ふらりと蒸発してしまい、長期間が経過しました。腹が立つやら悲しいやら。それでも花子さんは元の住所に頑張って待ちました。しかし、亭主は現れないのです。いつまでも不自然な状態のまま暮らしていくことはできません。

そこで、花子さんはとうとう離婚することに決心しました。悪意の遺棄という離婚理由がありますから、離婚が成り立つことに疑いはありません。でも蒸発人間を相手に訴訟を提起するには、どうすればいいのかがわかりません。

法律では離婚訴訟を提起するには、まず家庭裁判所への調停申立てが必要だとされています（調停前置主義）。

しかし、行方不明の人間が調停に出てきて、調停に合意するわけはありません。第一、裁判所からの呼出しも不可能です。

## ❁調停前置主義にも例外的措置が設けられている

家庭裁判所へ離婚の訴訟を提起しても調停申立てを経ていない場合は、裁判所は事件を家庭裁判所の調停に付さなければならないとされているのですが、このように調停が適当でない場合は例外となります。

すなわち、その旨を付記して、調停抜きで直接に訴訟を提起すればよいのです。管轄裁

**◆参照条文**

（調停をしない場合の事件の終了）

家事事件手続法第二七一条　調停委員会は、事件が性質上調停を行うのに適当でないと認めるとき、又は当事者が不当な目的でみだりに調停の申立てをしたと認めるときは、調停をしないものとして、家事調停事件を終了させることができる。

（調停の不成立の場合の事件の終了）

同第二七二条　調停委員会は、当事者間に合意が成立する見込みがない場合又は成立した合意が相当でないと認める場合には、調停が成立しないものとして、家事調停事件を終了させることができる。（以下略）

判所については複雑な規定がありますが、この場合は花子さんの住所地の家庭裁判所でいいことになります。

訴訟なら被告が不出頭でも裁判所の審理により判決が出されます（調停は相手方不出頭なら不成立となります）。

ただし、訴訟も相手（被告）に訴状が送達されなければなりません。夫の以前の住所は花子さんの住所と同じですが、それは現在の住所ではありません。住民票はそのままでしょうから、そこを住所とみるとしても、花子さんは自分の出した訴状を夫に代わって受領するわけにはいきません。

そこで訴状は送達不能となり、訴訟の進行は不可能となります。つまり調停の呼出しができないのと同じことが生じます。

このような場合には、公示送達という手続きがとられます。裁判所門前の掲示板に書類が貼り出してある、アレです。この手続きにより一定期間が経過すれば送達がされたことになり、訴訟の審理が行われ、判決が出されます。ただし、公示送達の手続きをするには裁判所の審理があり、この段階で被告の所在が判明すれば調停に付されることになります。

三年以上の生死不明の場合に離婚しようと思えば、その前に、捜索願を出したり、心当たりを捜したり、最後に消息のあった所を管轄する警察に照会するなど、手を尽くして捜すことが肝心です。それでも消息がわからないという場合に「生死不明」といえるでしょう。

裁判例では、放浪癖があり、賭け事にこる夫が働いてくるといって家を出たまま消息を絶ち、七年を経過したもの（仙台地裁大河原支部・昭和三八年八月二九日判決）があります。その他、出漁中に暴風雨で行方不明になり三年以上消息不明の場合などがあります。

**ポイント**

三年以上の生死不明による離婚であれば失踪宣告と異なり前の結婚は復活しない。

**★妻が行方不明で一〇年以上になるが離婚できるか**

配偶者が三年以上生死不明の場合には、裁判によって離婚できます。また、これとは別に、配偶者の生死が七年間（船の沈没や飛行機墜落事故などの場合には一年間）わからなかった場合には、相手の配偶者はもちろん利害関係人は、家庭裁判所に申し立てて失踪宣告を出してもらえます。

失踪宣告が出ると、失踪者は法律上死亡したものとして扱われます。この場合には、離婚の代わりに相続が開始し、残された配偶者は再婚もできます。

問題は、再婚後に失踪配偶者が現れた場合です。その場合には重婚となり、再婚が有効ですが、事情によっては問題となります。

離婚の調停③

# 7 相手が調停を嫌がる場合でも調停申立ては必要

## ❁離婚の合意ができなければ相手が嫌がっても調停申立ては必要

離婚についての調停は嫌だが協議はするという事例も少なくありません。協議を重ねて妥協点を探ることです。

しかし、協議離婚ができないのであれば、最終的には訴訟で離婚を要求することになります。離婚のような家庭裁判所での調停ができる性質の事件での訴訟提起には調停前置主義があり、まず調停提起が必要であることは前に述べたとおりです。

相手が調停には出ないと言っているというのは、裁判所が嫌だということもありましょうが、何より離婚自体に応じないという意味でしょうか。

調停には出ないと言っているとしても、それでも調停の申立ては必要なのです。

調停に出ないと言ったというのは、お互いの間での論争であり、裁判所から正式の呼出しがあれば出るかもしれないからです。

たとえ過料の制裁があると言われても、頑として出頭しない事例もあります。この場合も裁判所は呼出しを重ねます。呼出しを重ねても不出頭の場合には、家庭裁判所の調査官が調査に行き、説得をします。この出頭勧告により出頭する例が多いようです。

しかし、それでも相手が出頭しなければ、五万円以下の過料の制裁を受けるおそれがあります。いずれにせよ、相手が出頭しなければ、調停を取り下げるか、調停不成立となり

**◆参照条文**

（事件の関係人の呼出し）

家事事件手続法第五一条

家庭裁判所は、家事審判の手続の期日に事件の関係人を呼び出すことができる。

② 呼出しを受けた事件の関係人は、家事審判の手続の期日に出頭しなければならない。ただし、やむを得ない事由があるときは、代理人を出頭させることができる。

③ 前項の事件の関係人が正当な理由なく出頭しないときは、家庭裁判所は、五万円以下の過料に処する。（調停において同法二五八条により準用）

ます。

また仮りに翻意して出頭しても、調停の中身は相互の合意によるのですから、合意ができなければ調停は不成立となります。

離婚すること自体については合意できても、親権者の決定、財産分与、慰謝料、養育費その他の条件で合意ができず、その結果、離婚についても合意ができないなら、やはり離婚調停は不成立となります。

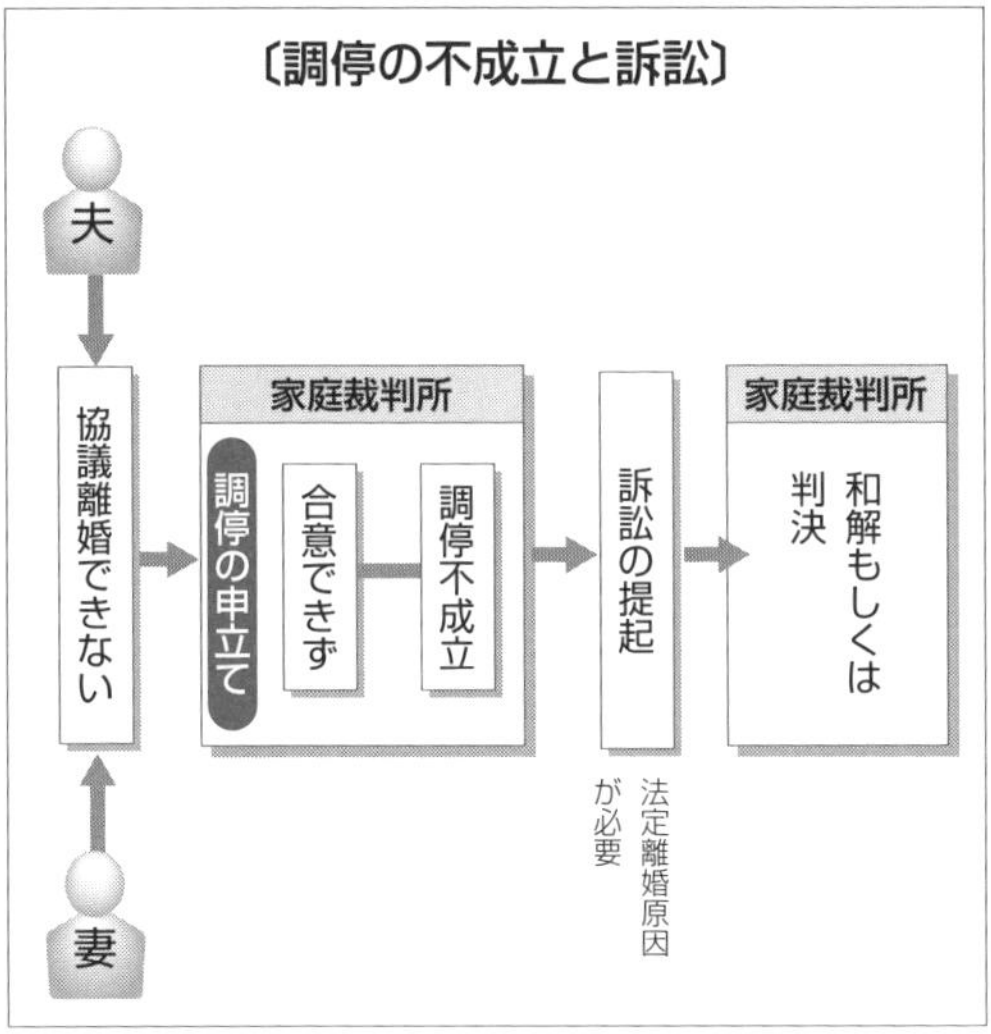


### ❁調停不成立の場合にはじめて離婚訴訟を家庭裁判所に提起できる

調停不成立の場合には、家庭裁判所へ離婚訴訟を提起をすることができます。離婚訴訟の判決には、離婚自体のほか親権者、監護に関する事項、財産分与、慰謝料、養育費などの事項を定めることができます。

なお、調停申立てを経ずに家庭裁判所へいきなり訴訟を提起したときには、裁判所は事件を調停に付さなければなりません。

ただし、調停手続きをとることができないことが明らかな場合、たとえば相手が病気または外国に去ったなど調停が不可能な場合は例外となります。

このような場合には、事情を付記して訴訟を提起すればよいでしょう。

**ポイント**

調停に出ないからといって、訴訟のように欠席裁判が行われることはない。

**★離婚に関する管轄裁判所はどうなっているか**

離婚訴訟に関しては、民法のほかに人事訴訟法により規定されています。

人事訴訟法は平成一五年に改正され、一六年四月一日から施行されています。改正の最大の特色は、従来は離婚訴訟は地方裁判所の管轄でしたが、家庭裁判所に変更されたことです。訴状は、夫または妻の住所地の家庭裁判所です。離婚調停がそれ以外の家庭裁判所で行われていた場合には、特に必要と認められれば、調停を行った家庭裁判所で裁判を起こすことができます。また、未成年の子がいる場合には、管轄裁判所決定の際には、子の住所または居所を考慮しなければならないことになりました。

8

離婚の調停④

# 離婚調停の進行を知りたい

### ❁調停の申立てが受理されれば後は決められた手続きにより進行する

調停には簡易裁判所または地方裁判所で行われる一般の民事調停（財産法上の調停）と家庭裁判所で行われる家事調停があります。離婚調停は家庭裁判所での家事調停となります。

調停は当事者のどちらかが管轄の家庭裁判所へ提出した調停申立て（二一二頁参照）が受理されることにより立件され、事件番号が付けられます。この事件番号が事件のいわば名前になります。裁判所へ書類や資料の提出や問い合わせをする場合には、この事件番号が必要となりますので、かならずメモしておくことが必要です。

こうして家庭裁判所での事件処理が開始され、裁判所内部での書類の事前調査等があった後、調停委員が決められ、調停期日が指定され、当事者双方に対し家庭裁判所からの呼出しがあります。呼出しは双方に対して同日同時間ですが、調停委員の聞き取りは別々に調停室へ呼ばれるのが一般的です。

家庭裁判所の待合室は申立人と相手方と別々で、なるべく顔を会わさないですむようになっています。

### ❁調停は家庭裁判所内での調停室で行われる

まず、指定の待合室へ行き待っていると、書記官が出頭を確認します。

また書記官室へ行き出頭したことを告げる

◆参照条文

（調停委員会）

家事事件手続法第二四八条　調停委員会は、裁判官一人及び家事調停委員二人以上で組織する。

② 調停委員会を組織する家事調停委員は、家庭裁判所が各事件について指定する。

③ 調停委員会の決議は、過半数の意見による。可否同数の場合には、裁判官の決するところによる。

④ 調停委員会の評議は、秘密とする。

### 〔表4〕離婚等調停の夫婦別申立て件数

| | 総数 | 夫 | 妻 |
|---|---|---|---|
| 平成26年（2014年） | 65,538<br>（100%） | 18,009<br>（27.5%） | 47,529<br>（72.5%） |
| 平成27年（2015年） | 65,683<br>（100%） | 17,776<br>（27.0%） | 47,907<br>（73.0%） |
| 平成28年（2016年） | 66,485<br>（100%） | 18,134<br>（27.3%） | 48,351<br>（72.7%） |
| 平成29年（2017年） | 65,725<br>（100%） | 15,918<br>（27.3%） | 47,807<br>（72.7%） |
| 平成30年（2018年） | 63,902<br>（100%） | 17,146<br>（26.8%） | 46,756<br>（73.2%） |

と、待つ場所の指示があります。やがて申立人から先に調停室へ入るよう呼ばれます。調停室は法廷ではなく普通の部屋で、テーブルをはさんで調停委員と向き合って話をするようになっています。お客と話をするような普通の気分で話せばよいのです。最初は調停委員からだいたいの事情と要望事項を聞かれます。言いたいことを全部話せばよいのですが、不必要にぺらぺら喋るべきではありません。それが済むと相手方と交代です。

　相手方が調停室へ入っている時間もかなり長くなるので、本でも持っていくのがよいでしょう。相手の時間が長いからといって別に相手が有利となるわけではありませんから、気にすることはありません。その日には合意ができないことが多く、たいていは次回期日が定められます。期日は希望が聞いてもらえるので手帳などの用意をして行きます。

　こうして回を重ね調停委員を介して話が進みます。雰囲気次第では同座しての話し合いになることもあります。やがて合意が成立すれば調停成立となり調停調書が作成されます。合意の見込みがなければ調停不成立となります。

**ポイント**
調停は弁護士に頼むこともできるが、本人出頭が原則。

**★調停委員とはなにか**
家庭裁判所における調停は、家事調停と呼ばれ、調停委員会で行われます。
　調停委員会のメンバーは、家事審判官（裁判官）一名と、民間から選ばれた家事調停委員二名で構成されます。調停委員は、弁護士、学識経験の豊富な人などで、四〇～七〇歳未満の人の中から最高裁判所が任命します。調停委員は、夫婦の双方が離婚原因や離婚の条件についてどう考えているかなど、言い分を聞きます。そして、どこかに一致点はないかなど解決の糸口を探し、当事者が解決案を考える上で、助言や指導をしてくれます。話し合いが熟してくると裁判官が出席して調停案を示す場合もあります。

9

離婚の調停⑤

# 離婚調停の申立費用は低額

## ❁離婚調停に掛かる費用は約二〇〇〇円

梅子さんは夫と気が合わず、一緒に暮らすのがつくづく嫌になりました。こんな不本意な生活を送るよりは離婚したいのです。今ならまだ働けるでしょう。

しかし、夫は協議離婚に同意しません。子どものこともあるし、梅子さんとしても無一物で家を出るわけにもいきません。それらの話になると夫は不機嫌になるだけで、十分な話し合いもできないのです。

協議離婚ができないときは、家庭裁判所の調停という手続きがあると聞きました。その場合、一人で家庭裁判所へ調停を申し立てればいいとも聞いたのですが、すごい費用が掛かりそうな気がします。

また、申立ての手続きもわからないし、その後の進め方も自信がないので、自分ではできませんが、弁護士に頼むと高額の費用が掛かるとも聞きました。どうすればよいのか迷いに迷っています。

というような電話相談を受けたのです。

それは心配のし過ぎです。調停自体について掛かる費用はわずかです。

離婚の調停申立書（二一二頁参照）には収入印紙を貼付するのですが、額は一二〇〇円です。ほかの手数料は一切必要ありません。

このほか、呼出しなど事務連絡のための実費負担として、裁判所に予納する郵券（切手）が一〇〇円×二枚、八四円×一〇枚、一〇円×一四枚、一円×一〇枚の合計一〇二二円分（東

◆参照条文

民事訴訟費用等に関する法律（別表一）

一五　家事事件手続法別表第一に掲げる事項についての審判の申立て又は同法の規定による参加の申出　八〇〇円

一五の二　家事事件手続法別表第二に掲げる事項についての審判又は同法第二四四条に規定する事件についての調停の申立て　一二〇〇円

京地方裁判所の場合）必要です（この切手は手続終了後に余っていれば返してくれます）。

普通は、ほかには費用は掛かりません。鑑定や出張などの費用負担が生じる事件もありますが、このような離婚事件で必要になることはまずないでしょう。

だから家事調停申立ての費用は収入印紙代の一二〇〇円と切手代の一〇二二円（東京家庭裁判所）、合計二二二二円で全部です。

### ❁弁護士に相談しながら自分で調停もできる

弁護士に調停手続き全体を依頼すれば、弁護士に支払うかなりの手数料が必要となりますが、調停は自分でできます。弁護士には相談だけしながら、自分で手続きを進めてもよいでしょう。なお、法律相談だけなら弁護士費用もそうは掛かりません。

弁護士にツテがないなら、弁護士会の法律相談センターまたは法テラスで相談するとよいでしょう。

また各所の無料法律相談など弁護士を知る機会は少なくありません。

調停が不成立となり訴訟に進むこともあり得ますが、その場合、弁護士に事件全体を依頼するのであれば、各地にある「法テラス」に相談に行き、法律扶助の手続きを頼めば費用を立て替えてもらえる場合もあります。

弁護士費用は高く、いくらになるのか見当がつかないので二の足を踏んでしまうという話をよく聞きますが、そんなに高いものではありません。何はともあれ相談だけでもしてみてください。

一般的に、相談料のみですと、三〇分以内五〇〇〇円、一時間以内一万円という例が多いようです。その上で、離婚事件として依頼するときは弁護士費用としていくらかかるかを聞くとよいでしょう。

**ポイント**

調停の費用は低額ですむ。ただし、弁護士に頼めば費用はかさむ。

**★幼児二人がいるので夫の住む東京ではなく北海道で調停をしたい**

裁判所には管轄権が決められており、どこでもよいというわけではありません。

調停の場合には、相手方の住所を管轄する家庭裁判所、または当事者が合意で定める家庭裁判所に申し立てることになっています。

東京に住んでいる夫が北海道で調停をすることに同意してくれないと、妻は東京で申立をすることになります。ただ、例外的に、「事件を処理するために特に必要があると認められたとき」には管轄権のない家庭裁判所でも処理してくれることがあります。

あなたの事情を書面にして提出すれば、事情を考慮してもらえるでしょう。

10

離婚の調停⑥

# 調停では自由に発言できる

## ❁調停では基本的には何を言っても自由

調停に限らず訴訟であっても、どんな言い分を述べるかは双方の自由です。言い分が食い違えば各自が立証をすることになり、立証ができなかった方が負けるわけです。

訴訟の場合は原告被告双方が、相手の出席している法廷で言い分を述べ合うのであり、言い分を書いた書面（訴状や準備書面）は相手方にも渡しますから、相手が何を言っているかを知ることができ、反論ができます。

ところが調停のやり方は異なります。調停申立のコピーが相手方に送られますが、準備書面というものはありません。たいてい別々に調停室に呼ばれて言い分を聞かれ、相手の言い分は必ずしも逐一知らされません。

これは調停委員が間をうまく取り持って、感情的な衝突を避け、できるだけ合意ができるように運ぼうとするシステムだからです。

したがって、相手が調停委員に何を言っているかはわかりません。言い分は自由であり、調停委員も調停をスムーズに運ぶために、いちおうは言い分を全部聞きます。お互いに言いたい放題になるわけです。

それに相手が調停室に呼ばれている時間は、次の出番を待つ身には長く感じるもので、また事実長いことも多いのですが、だからと言って調停委員が相手にヒイキしていると思う必要はありませんし、相手がウソや誇張的発言をしているとは限りません。

調停委員は公平な態度で臨むのが基本姿勢

**◆参照条文**

（家事調停委員）

家事事件手続法第二四九条　家事調停委員は、非常勤とし、その任免に関し必要な事項は、最高裁判所規則で定める。

②　家事調停委員には、別に法律で定めるところにより手当を支給し、並びに最高裁判所規則で定める額の旅費、日当及び宿泊料を支給する。

ですから、調停委員が相手を説得している場合もあるわけで、時間の長短と調停が有利に進むこととは関係ありません。

第一、ウソを言おうと思えば、相互に立ち合っている席でも言えることですし、かと言って途中で相手の発言を阻止することは許されませんし、全部を聞いた上で、反論、反証をするしかないのです。

〔調停の進め方〕

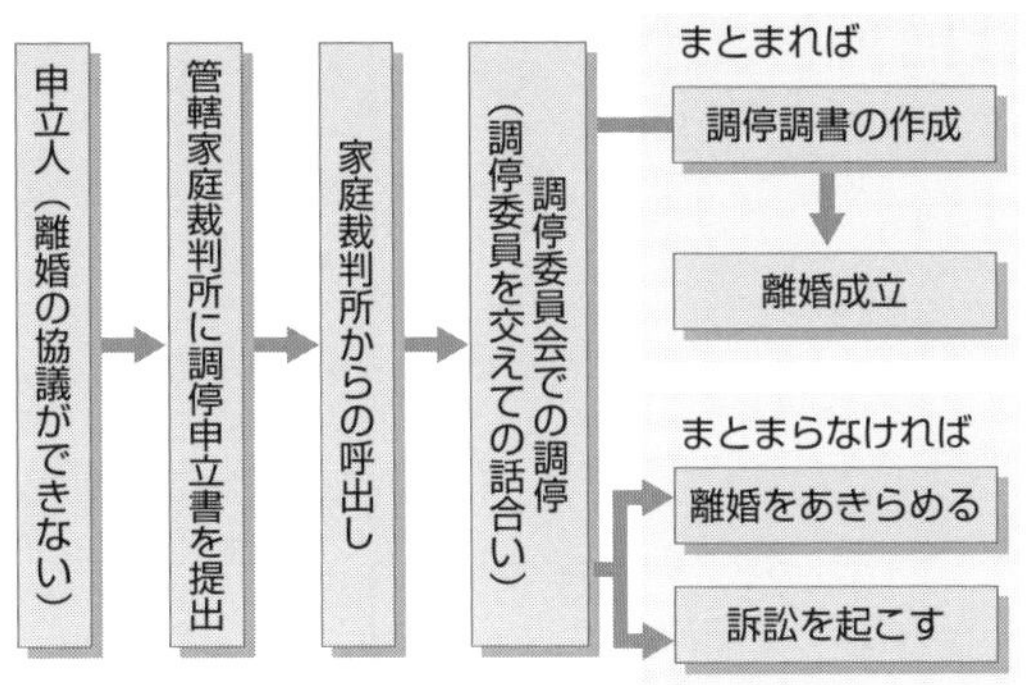


### ウソで固めた調停案ならば蹴飛ばせばよい

調停でも相手の主要な言い分は調停委員から伝えられますし、細かい点もなにを言っているかは次第にわかってくるものです。

もし、相手がウソを言っているなと思えば、こちらも言い分を述べればよく、相手の態度を空想して腹を立てても無意味です。

調停は訴訟のように裁判所が一方的に判決を下すわけではなく、あくまでも双方の合意があって始めて成立するものです。

ですから、ウソの言い分に従う必要はまったくありません。冷静に自分の立場を述べ、調停委員がこちらの言い分を信じてくれなければ調停の席での合意に応じなければいいのです。

**ポイント**

相手がどんなことを言おうと、こちらは自分の言い分を堂々と述べればよい。

**★離婚調停の実態はどうなっているのか**

平成三〇度年中に家庭裁判所が扱った離婚等調停（終局区分）は六万三九〇二件で、調停成立三万五〇八一件、調停不成立一万七五七件、取下げ一万三二五六件などとなっています。なお、このうち夫婦関係調整による婚姻継続（同居・別居）は二〇二一件です。

調停成立の中身を見てみますと、調停離婚二万四四九六件、婚姻継続一万二二五五件（別居九二六六件、同居九八六件）、協議離婚届出三三〇件となっています。

なお、調停成立のうち、調停離婚および協議離婚届出が約七一％で、離婚が成立しています。

離婚の調停⑦

# 11 調停では相手と顔を合わせない

## ❁顔を合わせなくて済むように裁判所でも配慮してくれる

訴訟は当事者双方の言い分と証拠に基づいて裁判所が一方的に、一刀両断的に判決を下すのですが、調停手続きはそうでなく、当事者の合意により事件を解決しようという手続きですから、本人の気持ちが大きい働きをします。

ことに離婚事件のような身分法にかかわる事件は、財産問題のように打算だけで解決できるものでなく、愛情や嫌悪など本人でなければわからない要素が多くありますから、本人の意向を中心に調停を進めざるを得ないという面があります（金銭などの争いであれば多い方がよいに決まっているのですから、本人の感情などは関係がなく、したがって他人である代理人の判断だけで進めることができます）。

しかし、本人が多忙であったり、あるいは法律や裁判所に慣れていないということもありますから、代理を全く許さないわけではありません。したがって、家庭裁判所の審判や調停にも代理人を頼んで出頭させることはできます。

ただし、今も述べたように離婚の性質上、本人の意向が重要ですから、本人の出頭も命じられることになり、そうすれば代理人と共に本人も出頭しなければならなくなります。

また、調停成立の期日には必ず本人が出頭しなければなりません。

**◆参照条文**

（家事調停官の任命等）

家事事件手続法第二五〇条　家事調停官は、弁護士で五年以上その職にあったもののうちから、最高裁判所が任命する。

②　家事調停官は、この法律の定めるところにより、家事調停事件の処理に必要な職務を行う。（三～項略）

（家事調停官の権限等）

同第二五一条　家事調停官は、家庭裁判所の指定を受けて、家事調停事件を取り扱う。

②　家事調停官は、その取り扱う家事調停事件の処理について、この法律において家庭裁判所、裁判官又は裁判長が行うものとして定める家事調停事件の処理に関する権限を行うことができる。

（③項～⑤項略）

たとえ命じられなくても、本人が出頭して偽らない気持ちを述べる方が、代理人委せよりも有利に進むに違いありません（同じ家庭裁判所の事件であっても相続など財産の争いと異なるところです）。

それに家庭裁判所は、当事者双方ができるだけ顔を合わせないですむよう配慮がしてあり、待合室も別々になっています（昔の裁判所庁舎にはそうでない場合もありましたが、今はたいてい建て替えられています）。調停室に呼ばれるのも別々です。したがって顔を合わせることについて心配をしすぎる必要はありません。

### 弁護士以外の者を代理人として頼む場合には裁判所の許可がいる

もし、代理人を頼むのでしたら、代理人は弁護士を頼むべきでしょうが、法律の規定は訴訟の場合とは違っています。訴訟では民事訴訟法の規定により、簡易裁判所以外の事件では弁護士でないと代理人になれません（簡易裁判所の事件でも裁判官による代理人選任の許可が必要です）。

家庭裁判所の審判や調停には非訟事件手続法の適用があり、弁護士でない者を代理人とすることができますが、家事事件手続規則により、やはり裁判所の許可が必要です。親兄弟などは許可が出ることも多く、その場合は代理人になることができます。

ただし、本人の出頭を命じられたときは、本人が出頭しなければならないことは前に述べたとおりです。

調停では、本人が出頭するのが原則となっていますので、家庭裁判所から呼出状がきたのに出頭しないと、裁判所の調査官が事情を調べ、正当な理由がなければ出頭を勧告します。それでも出頭しない場合は、五万円以下の過料の制裁があります。

**ポイント**

代理人を頼んでも、離婚成立する段階では出頭することが不可避。

**★調停は初めてでどんな態度で臨めばいいか**

調停は、夫婦間の離婚問題を解決するために行われるもので、本人から話を聞かなければなりませんので、本人出頭が原則です。

調停では、調停委員が二人の間に立って話合いを進めてくれます。一般には、調停委員が、独立した調停室で、個別に、夫婦生活の様子、うまくいかなくなった原因、子どもの問題、収入、財産状態、今後の見通しなどを聞き取り、双方の言い分を相手方に伝えます。誤解があれば誤解をとき、お互いに歩み寄れないか、あるいはやり直せないかなど説得して調整を図ります。

調停は、何回も開かれますが、八割は六か月以内に解決しています。

離婚の調停⑧

# 12 調停で慰謝料や財産分与も決められる

❁合意できれば裁判所は調停調書にしてくれる

家庭裁判所の調停で、財産分与額も慰謝料額も決めてくれるのか、と質問されると答に躊躇します。

というのは、調停手続きは裁判所が上から一方的に何かを決めてくれる手続きではないからです。

しかし、家事調停の手続きでは、離婚に伴う慰謝料や財産分与も対象となるので、調停で双方の合意ができれば、慰謝料や財産分与の有無、そして額を決めることができます。

調停で合意ができて調停が成立した場合には、裁判所の手で調停調書が作成されます。

そして調停調書ができれば、調停の内容は確定し、調停調書の正本も（請求すれば）交付されます。この意味では（合意を前提として）慰謝料や財産分与を決めてくれるということもできましょう。

この調停調書には判決と同様の効力がありますから、調停で決められた金銭の支払いが履行されなければ、調停調書に基づいて強制執行をすることができます。

また調停とはこのような手続きであり、裁判所が一方的に決めるものではありませんが、当事者の合意が必要とは言え、裁判所側は調停が成立するよう努力しますから、その意味でも決めてもらうことができると言えましょう。

ただし調停手続きは、当事者の合意がなけ

◆参照条文

（調停の成立及び効力）

家事事件手続法二六八条

調停において当事者間に合意が成立し、これを調書に記載したときは、調停が成立したものとし、その記載は、確定判決（別表第二に掲げる事項にあっては、確定した第三九条の規定による審判）と同一の効力を有する。

（②項～④項略）

れば調停不成立となり、したがって何かが決められることはありません。

### ❁調停不成立の場合は財産分与については審判で決めてもらえる

離婚による財産分与のみの請求は、家庭裁判所の審判による事項とされていますので、調停が不成立の場合は、事件は調停申立ての時に審判の申立てがあったものとみなされ、審判手続きに移行します。審判となれば家庭裁判所が調査をし、審判では裁判所の一方的な裁断で財産分与額を定めます。つまり、調停の延長線上で決められるのです。

慰謝料については少し異なります。慰謝料は損害賠償の一種であり、本来は地方裁判所が扱う財産問題の事件です。しかし離婚問題など家事調停のできる事件については、家庭裁判所は審判事項でないことについても「調停に代わる審判」をし金銭の給付を命じることができます。最終的な決定権を有するのではなく、当事者から二週間内に異議の申立てがあれば、その審判は効力を失います。したがって、家庭裁判所の手で決められることにはなりません。

今も述べたように、慰謝料は一種の損害賠償で財産上の争いですから最終的には訴訟によることになります。

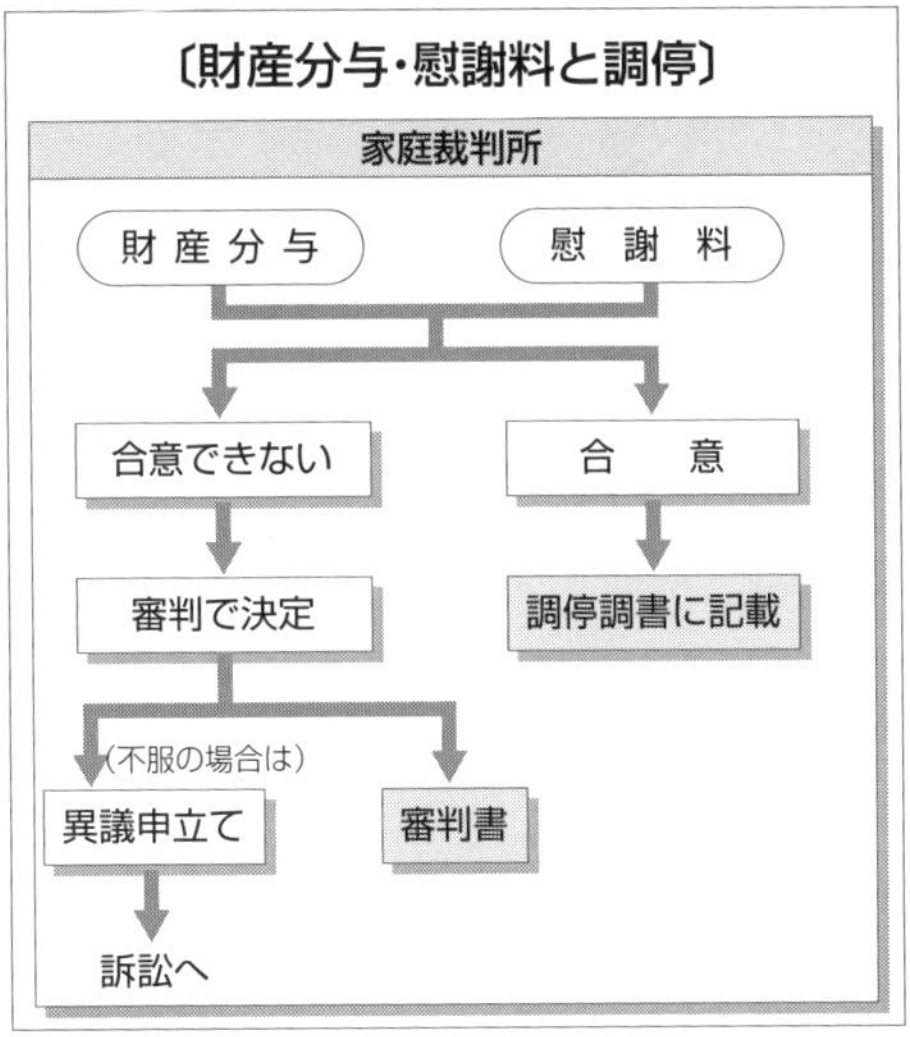


**ポイント**

調停を申し立て、財産分与や慰謝料額の判断をあおぐのも一方法である。

**★夫は暴力を振るうので調停を弁護士を頼みたい**

家事調停は本人が出頭するのが原則です。夫婦間に紛争がある場合は、本人から直接事情を聴かなければ真相がわからず、適切な調停ができないからです。

顔も見たくない、会えば暴力を振るう危険があるなどの事情があれば、家庭裁判所に申し出ると、別々の期日に調停を入れたり、別々の部屋で話し合うなどの配慮をしてくれます。

もちろん、弁護士を代理人にできますが、弁護士でも夫婦間の個別的な事情はわかりませんので、一緒に出頭してくれと言われます。調停が財産分与や慰謝料など金銭面にしぼられているようなときは、代理人の出頭だけでもOKです。

13

離婚の調停⑨

# 調停が成立したら調書が作成される

❁調停が成立すると調停調書を裁判官が作成してくれる

調停で話がまとまり、調停調書が作成されれば調停成立です。

調停の席でできた合意の内容を記載した調書が、裁判所によって作成されます。調停手続き中は顔を出すことの少ない裁判官が出席し、書記官が立ち合い、調停調書が作成されます。

離婚調停であれば、

「申立人と相手方は、本調停により離婚する」

と記載され、このときに離婚が成立することになります。

もちろん、調停の話し合いの中で、親権者や財産分与についても合意に達している場合には、その内容が記載されます。

この場合、当事者が作ったり、調書に判を押したりするのではありません。

裁判所が職権で調書を作成するのです。裁判官が調停内容の原稿を筆記し、調停内容を読み上げ、当事者に確認させます。とは言えペラペラ読み上げられる内容を理解することは難しいものです。

よく聞いて、不審があれば納得できるまで聞き返し確認することです。メモを取ることもできます。メモを取る機会はこの時だけですから、注意してください。

この時にいい加減に聞き流すと真意と異なる調停ができてしまいます。大事なことです

◆参照条文

(調停調書の更正決定)

家事事件手続法第二六九条

調停調書に計算違い、誤記その他これらに類する明白な誤りがあるときは、家庭裁判所は、申立てにより又は職権で、いつでも更正決定をすることができる。

② 更正決定は、裁判書を作成してしなければならない。

③更正決定に対しては、即時抗告をすることができる。

④ 第一項の申立てを不適法として却下した決定に対しては、即時抗告をすることができる。

から曖昧な態度をとらず嫌なら嫌、わからないので納得できないなら納得できないと、はっきり主張すべきです。それを無視して調停がなされることはありません。

### ❁調停調書に誤記や内容に間違いがあったら訂正してもらう

また裁判所の作成する調書ではあっても、書面を作るのはパソコン要員ですから、誤記や間違いが全くないとは断言できません。調停調書を受領したら、よく内容を確認すべきです。間違いがあれば直ちに裁判所へ申し出て訂正してもらうべきです。

ただし、これは書面の文字の間違いのことです。調停の内容そのものは調停成立のときに決まります。後で変えてもらうことはできません（新しい調停を起こして合意による変更ができれば別です）。

調停成立の後は当事者双方への調停調書正本の送達申請をします。書記官室で備え付けの用紙に記入し押印すればよいのです。

書面ができ上がるのに数日掛かりますが、郵便で送達されます（略式で取りに行くこともあります）。調停調書は判決と同じ効力がありますから、これによる強制執行ができます。そのためにも相手方への送達が必要です。

### ❁調停成立後に離婚届を提出する

離婚の調停が成立したからといって、裁判所が市区町村役場に、離婚についての届をしてくれることはありません。離婚届と裁判所での調停とは別の手続きなのです。

離婚届は、調停を申立てた人が、調停の成立から一〇日以内にします。その際、調停調書の謄本を添えて提出が必要です。その他は、協議離婚の場合と同様です。

なお、調停離婚では家庭裁判所の調停成立時に離婚は成立していますので、離婚届は事後の報告的なものです。

**ポイント**

調停調書が作成されると家庭裁判所における調停手続きは終了する。

**★口下手なので自分の意見を十分に述べられないが**

離婚裁判とは違って、調停はこれこれの理由がなければ申立てができないということはありません。離婚自体は合意しているが、子どもをどちらが引き取るか、慰謝料はどちらがいくら払うか、財産分与はいくらにするかなどでモメている場合にも、調停の場で合意できれば判決と同じ効力の調停調書を作成してもらい、解決できます。

調停委員会の場では口頭で意見を述べたり、事情を説明するわけですが、口下手で話をするのが苦手だという人は、書面で提出することを勧めます。調停委員にも相手にも読んでもらいたい場合には、二通提出します。

離婚の調停⑩

# 14 調停条項を守らないときは強制執行ができる

### ◈相手に守ってもらいたい事柄は調停調書に必ず記載してもらう

「調停で決まったこと」というのは調停調書に記載されたことです。

調停手続きを重ねる中で、いろいろのことを言い、受け答えがあったとしても、最後の結論である調停調書に記載がないことは、調停で決まったこととは言えません。前項で調停成立のときに調停内容に注意するように述べたのはそのことです。

調停成立の席で、

「あなた、職場へは絶対に電話してこないでよ」

「うん、わかった」

というような会話があったとしても、調停条項に「相手方は申立人の職場へ電話をしないこと」という記載がない場合は、調停の席での私人間の約束であり、調停で決まったこととは言えないのです。

この点を間違えず、大事なことは調停条項に入れてもらうよう頑張るべきです。

### ◈調停条項を相手が守らなければ調停調書により強制執行ができる

さて、調停調書（したがって調停条項）には判決と同じ効力があります。不履行に対しては履行の調査・勧告の申立て、履行命令の申立ておよび強制執行ができます。

調停条項の中には、「相手方は申立人に対して金○○円を支払え」とか、「……金○○円を支払うこと」というように、物質的なハ

**◆参照条文**

（義務履行の命令）

家事事件手続法二九〇条

⑤ 第一項（第三項において準用する場合を含む。）の規定により義務の履行を命じられた者が正当な理由なくその命令に従わないときは、家庭裁判所は、十万円以下の過料に処する。

※①項については一〇六頁下欄参照

ッキリした支払事項もあります。

このような事項についての強制執行は最も原則的なもので、弁護士に依頼すればやってくれますし、慣れれば自分でもできます（ただし一文無しで無収入の相手からは取るすべもありませんが）。

強制執行（差押えと競売）の対象となるのは、相手名義（または所有）の財産です。動産（家財道具や絵画、宝石類、ゴルフ道具、有価証券、自動車など）、不動産（土地建物、マンションもこれに入る）、債権（銀行預金、郵便貯金、貸金、売掛金、物の返還請求権など）があります。

債権額が小さい場合は、家財道具など動産の強制執行が適切かと思いますが、裁判所の執行官に面会して動産のある現場へ行って差し押さえてもらうことになりますから、意外と面倒でもあります。

むしろ、手続き的に容易なのは債権（給料など）に対する強制執行でしょう。これは書類だけで強制執行ができ、競売の手数が要りません。司法書士に頼めば比較的に少ない手数料で書類を作成してもらえます。

「職場へ電話をしないこと」というようなことは、性質上、直接強制ができません。このような事項に対しては間接強制（違反すれば金銭を支払わせる）という強制執行方法があります。

### ◉給与等の差押えが容易になった

平成一五年の民事執行法の改正によって、子どもの養育費や夫婦間の婚姻費用分担金などの場合で、毎月の分割払いの約束がある場合に、不履行があるときは、不履行の部分だけではなく、将来の部分についても給料等の差押えができ、また給料の二分の一まで差押えができるようになりました（一六六頁参照）。

**ポイント**

相手がサラリーマンなら毎月の給料の差押えも可能。

**★調停ではお金の問題はどう取り扱われるか**

調停では、離婚するかどうかだけではなく、お金の問題、すなわち財産分与、慰謝料、子どもの養育費についても、離婚調停申立書に記載しておけば、取り上げてもらえます。申立書には、具体的に請求する（あるいは支払う）金額を書く欄がありますが、具体的な金額がわからない場合には、「相当額」と記載しておけばよいでしょう。

また、現在別居中で、まだ離婚前だから生活費を支払ってほしいという場合には、調停の際に「調停前の仮の措置」という手続きがあります。また、離婚調停とは別に「婚姻費用分担調停」を申し立てることもできます。

15

離婚の調停⑪

# 離婚調停がまとまらず離婚訴訟を起こす場合

## ❁家庭裁判所で調停不成立証明書をもらう

話し合いによる離婚、いわゆる協議離婚ができない場合には、家庭裁判所に離婚の調停を申し立てることになります（調停前置主義がとられていますから）。

離婚調停の席では、調停委員がいろいろとアドバイスなどをしてくれますが、元々夫婦で話し合って妥協点が見つけられなかったわけですから、調停委員からのいろいろなアドバイスがあっても簡単に解決するのは困難かもしれません。

何回も調停を開き、話し合っても解決できなければ、いつまでも調停を続けることは無意味ですから、調停に代わる審判をする場合を除いて、調停不成立ということで調停を終了させます。調停離婚はできないことになります。

それでも、離婚したいという場合には、家庭裁判所に訴訟を起こすしかありません。

離婚訴訟を起こすためには、調停を行った家庭裁判所から、「調停不成立証明書」をもらい、戸籍謄本（全部事項証明書）と一緒に添付して、訴状を提出しなければなりません。

なお、協議離婚ができないからといって、いきなり家庭裁判所に離婚請求の訴状を提出しても、事件は家庭裁判所の調停に回されることになります。

**ポイント**

訴訟を起こすには、調停不成立証明書を交付してもらうことが必要。

**◆参照条文**

（調停の不成立の場合の事件の終了）

家事事件手続法二七一条

③ 当事者が前項の規定による通知を受けた日から二週間以内に家事調停の申立てがあった事件について訴えを提起したときは、家事調停の申立ての時に、その訴えの提起があったものとみなす。

④ 第一項の規定により別表第二に掲げる事項についての調停事件が終了した場合には、家事調停の申立ての時に、当該事項についての家事審判の申立てがあったものとみなす。

（①項・②項省略、①項については一一〇頁参照）

## 〔書式〕調停不成立証明書

家事審判官　認印

調　　　書（不成立）

事件の表示　令和○年（家イ）第○○○○号夫婦関係調整事件
期　　日　令和○年○○月○○日午前○○時○○分
場　　所　東京家庭裁判所
家事審判官　○　○　○　○
家事調停委員　○　○　○　○
家事調停委員　○　○　○　○
裁判所書記官　○　○　○　○
当事者等及びその出頭状況
本籍　東京都○○区○○町○丁目○○番地
住所　東京都○○区○○町○丁目○番○号
申　立　人　○　○　○　○（出頭）
申立代理人弁護士　○　○　○　○（出頭）
本籍　申立人と同じ
住所　不明
（最後の住所）　東京都○○区○○町○丁目○番○号　○○荘○号室
相　手　方　○　○　○　○（不出頭）
手続きの要領
家事審判官
調停委員会は、当事者間に合意が成立する見込みがないと認め、調停が成立しないものとして事件を終了させる。
東京家庭裁判所家事第○部○係
裁判所書記官　○　○　○　○
これは謄本である。

令和○年○○月○○日
東京家庭裁判所
家事第○部○係
裁判所書記官　○　○　○　○　㊞

**★調停で離婚が成立しても離婚届は必要ですか**

離婚や離婚の条件についての話し合いがまとまり合意に達すると、調停は成立し、裁判官が合意の内容を読み聞かせ、問題がなければ調停調書が作成されます。これは確定判決と同じ効力があり、控訴するなど不服申立ての手段はありません。調書が作成された段階で離婚は成立しますが、戸籍変更するため離婚届の提出が必要です。調停成立の日から一〇日以内に、調停調書の謄本または抄本を添えて、調停の申立人は市区町村の戸籍係に届けなければなりません（違反すると五万円の過料）。そのため、調停が終わったときは、裁判所に謄本の交付申請をしてください。

16

離婚の審判❶

# 離婚が審判で決定される場合もある

## ❁調停に代わる審判で離婚の決定がなされる場合がある

審判は家庭裁判所が下す一種の裁判です。家事事件手続法に規定があり、一〇二頁で述べたとおり審判事項は同法の別表第一と別表第二の事項に分かれています。別表第一の事項は調停の対象とはならず、別表第二の事項については先に調停手続きをすることができます。当事者の合意で取決めをしたいと思えば、まず調停申立てをします。

審判事項については調停前置主義はなく、乙類の事項であっても調停を経ずに直ちに審判の申立てをすることができます。審判申立てをすれば家庭裁判所の職権で審理の上、審判が出され内容が決まります。ただし、家庭裁判所がまず調停を経た方がよい事件だと考えれば、調停に付されることになります（付調停）。また、離婚訴訟は人事訴訟として家庭裁判所、慰謝料請求（別途）は通常、額により簡易裁判所か地方裁判所の管轄ですが、家庭裁判所の調停ができる種類のものは家庭裁判所に調停申立てをしなければなりません。

離婚請求は審判の対象となる事件ではありませんが、当事者によっては、何回も調停を積み重ね、離婚を認めたほうがお互いのために望ましいと思われるようなケースにもかかわらず、頑固に自分の意見に固執したり、一方的な態度を取りつづけるために、調停が成立しないことがあります。また、調停の詰めの段階になって、家庭裁判所に出頭しないな

**◆参照条文**

（調停に代わる審判の対象及び要件）

家事事件手続法第二八四条

家庭裁判所は、調停が成立しない場合において相当と認めるときは、当事者双方のために衡平に考慮し、一切の事情を考慮して、職権で、事件の解決のため必要な審判（以下「調停に代わる審判」という。）をすることができる。ただし、第二七七条第一項に規定する事項についての家事調停の手続においては、この限りでない。

（②項・③項省略）

どして、調停の合意が成立しない場合もあります（離婚の調停が不成立で終ったときには、家庭裁判所での訴訟で離婚を請求します）。

　このようなときに、家庭裁判所は、調停委員の意見を聞いた上で、双方の申立ての趣旨に反しない限度で、双方にとって公平な結果になるような離婚その他の処分（親権者の指定、財産分与、慰謝料の決定など）を職権により行います。これが調停に代わる審判で、これによる離婚を「審判離婚」と言います。

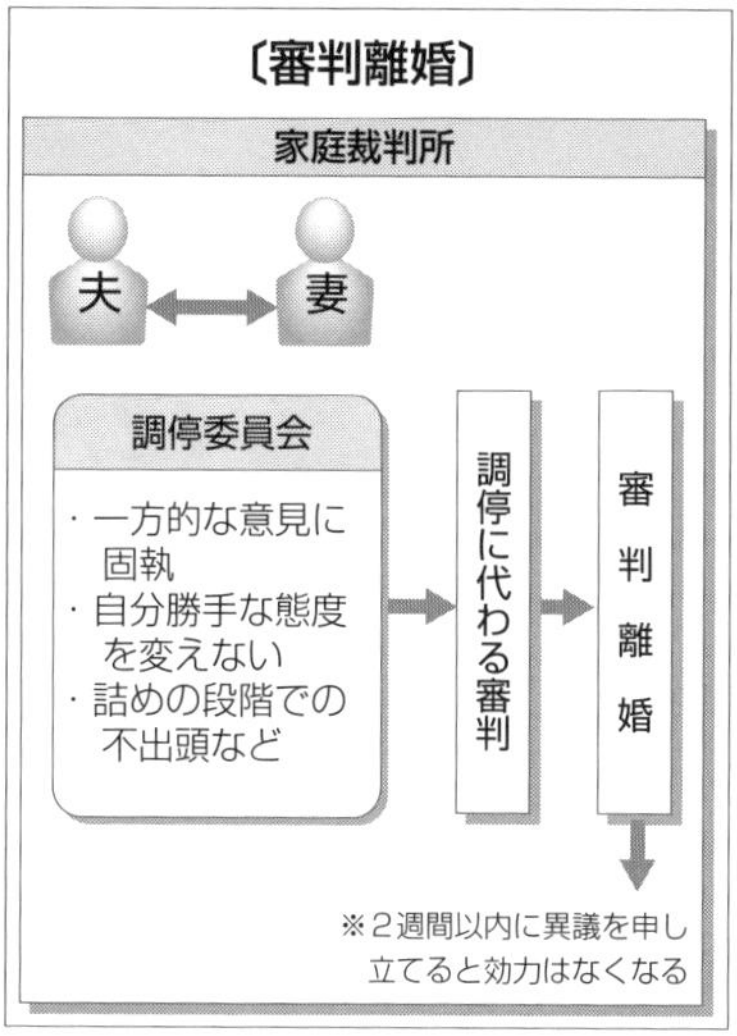


## ❁審判はどのように進められるか

　審判では、調停のように離婚当事者が家庭裁判所に出頭して話し合いをするわけではありません。家庭裁判所の審判を行う審判官が、調査官を使って当事者で意見の異なる事実関係などについて調査を行わせます。また、審判官は当事者を出頭させ、意見を聞いたり、証拠調べなどをします。その上で、離婚をするのが妥当と判断すれば、離婚の審判を下します。離婚を認める審判と同時に、これに付随する親権者の指定、財産分与、慰謝料、養育費の決定などの処分も同時に決定します（異議のある場合は一三五頁参照）。

　審判が確定すると離婚裁判における判決と同様の効力を持ちます。また、審判が確定した場合には、家庭裁判所から、審判確定証明書と審判謄本をもらい、市区町村役場の戸籍係に離婚届を提出することが必要です。

**ポイント**

離婚が審判により決定するケースは極めて少ない。

**★どんな場合に調停が審判に変更されるのか**

離婚調停で、夫婦が合意しないと離婚は成立しません。家庭裁判所が夫婦の公平を考慮した上離婚が望ましいと判断した場合は、調停委員の意見を聞いた上で、独自に審判を行い離婚を宣言することがあります。これが審判離婚で、以下の場合に認められます。

①離婚の合意はできているが成立時に出頭できない
②合意できない理由が主に感情的反発である場合
③夫婦双方が審判離婚を求めたとき
④親権の問題など、早急に結論を出したほうがよいと判断したとき
⑤一旦離婚に合意したが、一方が途中で気持ちを変え出頭を拒否したとき

離婚の審判❷

# 17 審判にかかる時間や費用はどうなっているか

### ❖審判申立てに必要な金額は約二〇〇〇円

離婚するか否かの紛争は、まず調停をする必要があり、調停が不成立の場合には人事訴訟となり、審判の申立てはありません。審判の申立てができるのは家事事件手続法に定める別表第一の事項（審判の申立てしかできない）、別表第二の事項（調停でも審判の申立てでもよい）です（一〇二頁参照）。

まず、費用の点から考えましょう。

費用の内訳から言いますと、審判申立書に貼付する収入印紙が一二〇〇円（別表第二審判事件、別表第一審判事件は八〇〇円）、申立ての時に家庭裁判所に予納する郵券(切手)は事件の種類および各地の家庭裁判所によって異なりますので、申立てをする裁判所でお聞きください。

あとは調査に特別な費用（特殊な鑑定など）の予納が必要な場合を除いては、費用はかかりません。家庭裁判所調査官のする普通の調査には費用請求はありません。

普通の離婚事件では、特別な費用を要することは、まずないでしょう。考えられるとすれば、財産分与で、対象となる財産の価格の鑑定が必要になる場合でしょうか。

たとえば、不動産価格の本格的な鑑定は不動産鑑定士がすることになります。借地、借家の場合も不動産鑑定となります。また、書画、骨董や宝石、特殊な有価証券なども専門家の鑑定が必要になることがあります。

家庭裁判所が依頼する場合は、それらの専

**◆参照条文**

（音声の送受信による通話の方法による手続）

家事事件手続法第五四条

家庭裁判所は、当事者が遠隔の地に居住しているときその他相当と認めるときは、当事者の意見を聴いて、最高裁判所規則で定めるところにより、家庭裁判所及び当事者双方が音声の送受信により同時に通話をすることができる方法によって、家事審判の手続の期日における手続（証拠調べを除く。）を行うことができる。

② 家事審判の手続の期日に出頭しないで前項の手続に関与した者は、その期日に出頭したものとみなす。

門家も比較的に低い手数料で鑑定をするようですが、責任を伴うことですから全くの低額とはなりません。しかし、それらの価格に固執せず大体の価格を当事者で取り決めれば、特に不当でないかぎり、裁判所もそれを尊重しますから、鑑定の必要はなくなります。

### ❁審判を弁護士に依頼する場合には弁護士報酬金が必要

審判手続きで余分に必要となるのは弁護士に依頼するときの報酬です。弁護士に事件の代理人になる依頼をするときの費用は手数料（着手金）と成功報酬に分かれます。

従来は弁護士会の報酬規定で決められていましたが、現在はこの規定は廃止され各弁護士が定めることとされ、具体的には弁護士との話合いで決めることになっています。

審判事件の報酬は訴訟事件と同じで、相手に要求する額に応じて決められますが、相談だけの場合は三〇分で五〇〇〇円程度です。これも弁護士との話し合いで決めることができます。調停や審判はそう難しいものではなく、家庭裁判所には手続きについての相談室もありますから、自分でやることも可能です。この場合は弁護士費用はいりません。

次に審判にかかる時間は、どうなるのでしょうか。これは一律に断定はできません。普通は数か月で審判が出ますが、数年にわたる事件もあります。審判は調停に付され調停手続きとなることが少なくありませんが、調停も事案によりかかる時間はまちまちです。

**◆鑑定**

特別の知識や経験によらなければ知ることのできない法則や、これを適用して行う具体的事実判断を、裁判所の知識経験の不足を補うため、裁判所は学識経験のある者などに鑑定を依頼できます。依頼された者を鑑定人といい鑑定人は宣誓が必要です。

**ポイント**

調停なら六か月以内で八割くらいが解決するが、審判ではケースの難易度による。

**★夫婦の一方が外国人の場合は審判離婚がいいのか**

日本では、夫婦が離婚することに合意していれば、協議離婚でも調停離婚でもできます。しかし、夫婦の一方又は双方が外国人で、日本で離婚する場合、協議離婚や調停離婚をしても、これは日本独特の制度ですから、本国にこれに相当する離婚手続きがない場合には、本国に戻っても離婚は認められません。そこで、夫婦がお互いに離婚に合意している場合に、審判離婚が利用されるのです。

審判離婚は、裁判所の下した審判によって離婚が決定するものですから、本国法でも裁判所の関与したものであるところから、離婚の成立が認められるからです。

18

離婚の審判③

# 審判による決定に不満なときには異議申立ができる

❁本人が出頭するのが原則でやむを得ない場合には代理人などでよい

家庭裁判所の審判は、平たく言えば一種の裁判と言えましょう。しかし、一般の訴訟とは異なり、家庭裁判所の手続きは非公開とされ、裁判所が相当と認める者の傍聴が許されるだけです。

審判の審理には当然当事者が出頭して、言い分を述べたり、事実を供述したり、意思を表明したりすることになる点は、訴訟に近いものと言えます。

家事事件手続規則には、「事件の関係者は、自身出頭しなければならない。ただしやむを得ない事由があるときは、代理人を出頭させ、または補佐人とともに出頭することができる」と規定されています。すなわち審判の手続きには、申立人や相手方などの当事者は、自身が出頭するということが原則になっているのです。

審判は単に本人の真意を確認するだけですむものでもありません。家庭裁判所が職権で事実関係の調査もしますが、その中には当事者への尋問があります。これにも本人自身が答えなければなりません。

この本人出頭の原則は、審判と調停と双方に適用されます。

❁調停に代る審判（離婚審判）の内容に不満な場合には異議申立てをする

審判は一種の裁判であり、家庭裁判所が一方的に宣言するものですから、当然、審判に

◆参照条文

（即時抗告をすることができる審判）

家事事件手続法八五条　審判に対しては、特別の定めがある場合に限り、即時抗告をすることができる。

② 手続費用の負担の裁判に対しては、独立して即時抗告をすることができない。

（即時抗告期間）

同第八六条　審判に対する即時抗告は、特別の定めがある場合を除き、二週間の不変期間内にしなければならない。ただし、その期間前に提起した即時抗告の効力を妨げない。

（②項略）

よって自分に不利な決定を受けた当事者は不服でしょう。

調停に代る審判（離婚審判）は、合意の上で成り立つ調停離婚の「最終段階」と位置づけられています。そのため、これに不服な当事者は、審判の出された日から二週間以内に異議を申し立てることができ、異議申立てが出された場合には、審判は無効になると定められています。

離婚審判に対する異議申立ては、夫婦のどちらかが「審判に対する異議申立書」に署名・押印し、審判書の謄本を添えて、審判を下した家庭裁判所に提出します。異議申立書にはなぜ異議を申し立てるのかといった具体的な理由を記載する必要はありません。

この審判離婚の弱点は、裁判とは異なり、二週間以内に異議申立てが出されれば審判は効力を失い、離婚が無効となってしまう点です。

審判離婚の活用は少なく、全体の離婚件数の一％にも満たない件数です。理由は、まさに審判に対する異議申立てがあれば失効することにあります。審判が下っても無駄だと考える人が多いのかもしれません。

相手と合意するのはイヤだが、裁判所が断を下すのなら仕方がない、訴訟まで持ち込まずにケリをつけたいと言う人には、審判離婚はいいのではないかと思います。その意味では、当事者の公平を図って下される審判はすぐれた解決方法だといえます。

なお、家事事件手続法別表第二で定められている審判事項には、婚姻、離婚に関連するものとして婚姻費用分担、財産分与、親権者・監護者指定その他の監護に関する処分、扶養があり、この場合、家庭裁判所の審判に不服な場合には高等裁判所に即時抗告をすることができます。

**ポイント**

審判の日から二週間を過ぎてしまうと審判は確定してしまうので要注意。

**★どんな場合に審判離婚は行われているのか**

離婚には合意できたのに財産分与や養育費などをめぐり僅かな意見の違いで調停が成立しない場合、それまでの努力が水泡に帰します。これを生かすようにしたのが審判離婚です。審判離婚例を紹介します。

・離婚の合意はあるが申立人は病気入院中。将来的にも出頭は不可能という事例で親権者の指定、養育費を含めて審判

・調停の途中から申立人の夫が行方不明となり、代理人である弁護士が調停に出席して調停条項がまとめられ、行方不明前に本人の了解を弁護士が得ていた事例で離婚、親権者の指定、財産分与が審判により命じられた

## ●調停・審判事件での弁護士依頼

### ■弁護士のテクニックが必要なケースもある

調停手続きでもそうですが、事案の解決には意外に法律的な問題が絡み合い、複雑な法的判断が必要なことが多いのです。

特に審判は調停とは異なり、当事者の話し合いでなく、裁判所の一方的な職権調査や審理でどんどん進むことが多く、時期を失せず陳述書や証拠を提出する必要も出てきます。いつが時期を失しない時点かは判断は微妙で、早まって出すことがマイナスになることもあります。

裁判所は職権調査をしますが、白紙で事件に臨んでおり、どんな陳述事項や証拠があるか、その取捨選択をどうするか、関知できません。主導権をとるのは当事者です。

とはいえ、家庭裁判所での事件は、どちらかと言えば弁護士を頼まず、当事者本人が自分でやり易い事件と言えましょう。

### ■弁護士に頼むには

弁護士に依頼するときは、弁護士が用意する委任状に署名と押印をします。印は実印の必要はなく認印でよいのです。手続きとしてはこれだけですみます。

弁護士の報酬は、この手数料（着手金）と成功した場合の成功報酬とに分かれます。審判が上手くいかず、申立てが通らなかったときは成功報酬を支払う必要はありません。調停・審判についての報酬は話し合いで決めることになります。

弁護士には相談だけを継続的に受けてもらい、書類を作ったり裁判所に出向くことは自分でする方法もあります。引き受けてくれる弁護士を探したらよいと思います。

### ■弁護士に相談するとき

弁護士会や都道府県や市などの法律相談所で相談をする場合には、相談者も多く相談時間も限られます。そのためには、要領よく相談することが大切です。相談内容をメモしておく、聞きたいことを個条書きにしておく、必要な資料は持参するとよいでしょう。

また、弁護士にはプライバシーに関することなので言いづらいことがあるかもしれませんが秘密が洩れることはありませんので、自分に都合の悪いことでも包み隠さず話すことが大切です。

また、弁護士は時間を売る商売でもありますので、指定された期日や時間は厳守するようにしてください。

# 第4章

# 裁判離婚の仕方

## 最後の手段！

♠調停・審判による離婚ができないときには、いよいよ最後の手段である裁判離婚しか方法がありません。この章では、離婚裁判の方法と問題点をわかりやすく解説しました。

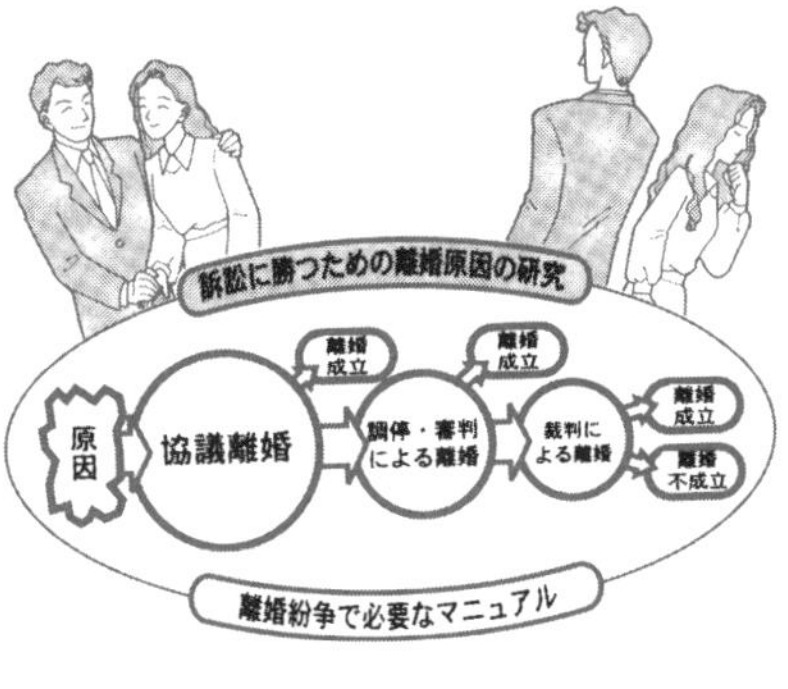

# ●調停で離婚に応じないときは訴訟をする

### ■訴訟は家庭裁判所に提起する

協議離婚の話し合いもまとまらないし、家庭裁判所の調停もだめだった、となると離婚の次の方法は家庭裁判所に離婚訴訟を提起することになります。離婚訴訟は最後の手段ですが、訴訟である以上勝つ場合も負ける場合もあるわけで、離婚訴訟を提起しても初めから勝つ見込みがなければ費用と時間をかける意義があるだろうか、ということにもなりかねません。

ただ、裁判所では他の民事訴訟の場合と同じく離婚訴訟においても裁判上の和解手続きを行うのが一般的です。そして裁判官は「判決では離婚が認められるかどうか」という心証をいだきながら和解手続きを進めますから、話し合いによる協議離婚や調停における話し合いとはまた違った側面があります。

協議離婚や調停離婚がうまく行かなかった理由にもよりますが、日時をかけて判決まで行ってもその内容はこの位、ということが和解の段階である程度予測できれば、和解で早く解決してしまおうという気持になることもあります。かつては、裁判で和解ができると和解内容を入れた協議離婚契約書を作成し形は協議離婚でしたが、現在は、和解ができると和解調書が作成され、その時点で和解離婚が成立します。

### ■民法の定めている法定離婚原因がなければ離婚裁判は起こせない

離婚訴訟を起こすには、他方の配偶者に不貞行為がある場合、悪意で遺棄された場合、生死が三年以上不明の場合、強度の精神病にかかり回復の見込みがない場合、その他の理由により婚姻継続が困難な重大な事由がある場合など、民法に定める離婚原因があることが必要です。そして、個々の離婚原因があることの他に、将来形式的な婚姻を継続させても実質的な夫婦関係の修復はまず不可能であろうという事情があることが必要です。

現在の日本の裁判は、客観的破綻主義を取っていません。つまり、どちらに婚姻破綻の原因があるかを度外視

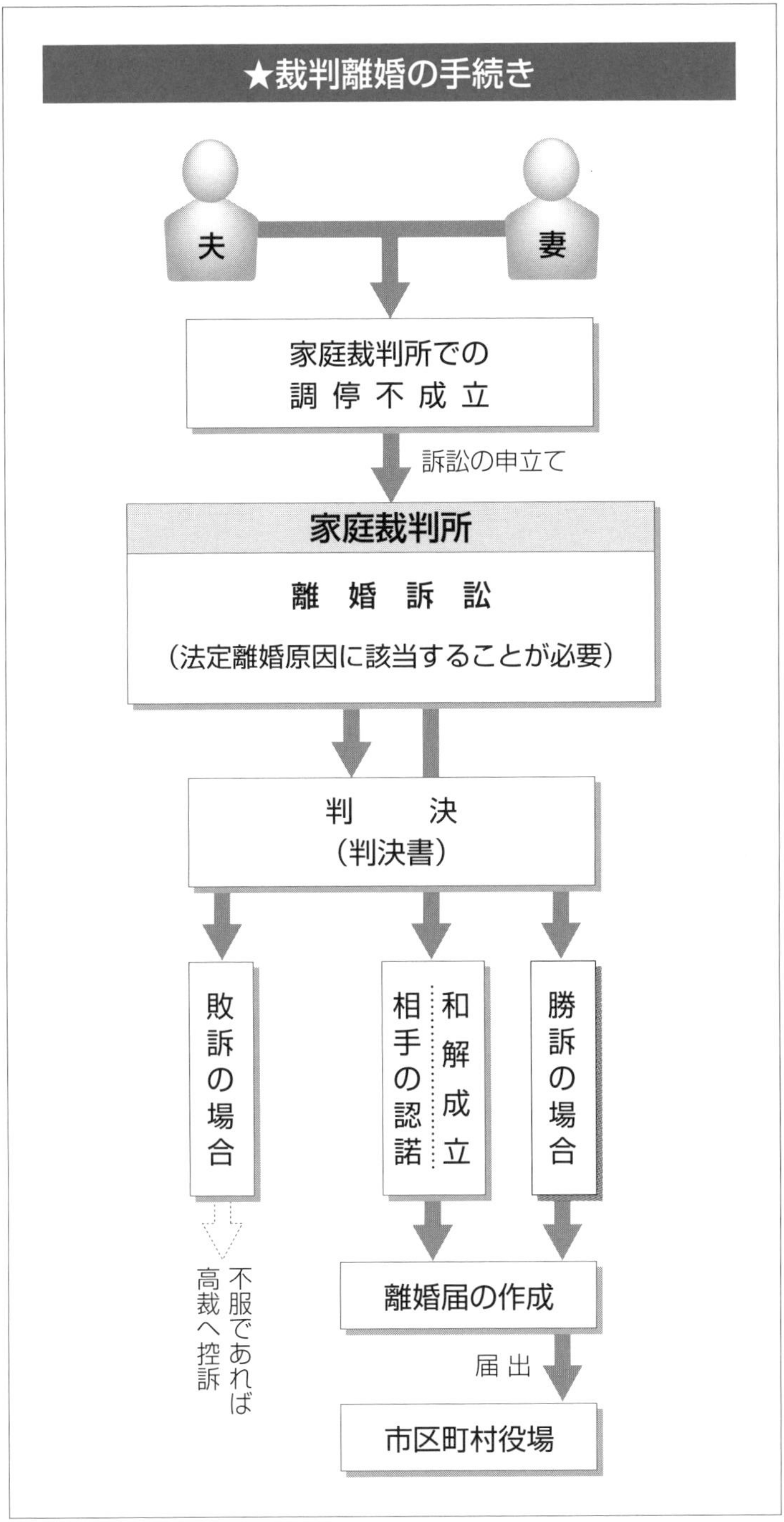


して、客観的な婚姻破綻だけでは離婚を認めていません。
そして、婚姻を破綻させた方の配偶者からの離婚請求はいろんな要件を満たさないと認めないという原則を取っています。

なお、現在では人事訴訟の改正が行われ、離婚訴訟は地方裁判所から家庭裁判所の管轄となっています。

離婚裁判入門①

# ① 離婚裁判には費用と時間がかかる

### ◆離婚訴訟で何を請求するかによって必要な印紙額は違ってくる

訴訟を提起するには、訴状（二一六頁参照）に収入印紙を貼るという形で国に手数料を収めます。

たとえば、離婚と親権者指定だけを求める訴訟では印紙一万三〇〇〇円（訴額が算定不能なので訴額は一六〇万円として算定）が必要です。離婚と親権者の指定と慰謝料として三〇〇万円を、財産分与として現金二〇〇〇万円の支払いを求めるという訴訟では、離婚請求（一万三〇〇〇円）と慰謝料請求（印紙代二万円）の多い方の額の印紙代二万円＋財産分与についての印紙代一二〇〇円（合計二万一二〇〇円）が必要です。

財産分与の請求は一〇〇万円の場合でも一億円の場合でも印紙代一二〇〇円で変わりません。しかし慰謝料の請求は金額によって印紙代が変わります。どうしてこのようになるかは説明が難しいのですが、ともかく印紙額の計算は弁護士でも間違うことがあるので、裁判所の窓口で聞いてから訴状に貼付してください。

その他に切手を一万円近く納める必要があります。訴状などを被告に特別送達という手続きで送るためですが、いくらの切手を何枚組み合わせて買うかも、裁判所に聞けば教えてくれます。

### ◆和解なら一年はかからないが判決まで行くと一年前後かかる

◆参照法令

（趣旨）

人事訴訟法第一条　この法律は、人事訴訟に関する手続について、民事訴訟法（平成八年法律第百九号）の特例等を定めるものとする。

訴訟を提起してから解決までどのくらい時間がかかるかは、被告が何をどれだけ徹底して争うかによります。

通常の場合であれば、訴訟提起後約一か月ないし一か月半後に第一回の裁判期日が決められて被告に訴状が送られます。

被告からの答弁書などの内容を見て、裁判所は、被告がこの裁判で何を争うのか、離婚したくないのか、離婚はかまわないけれど親権者の指定や原告の請求する慰謝料、財産分与の額について納得しないのか、などの争点がある程度わかれば和解手続きを勧告します。訴訟の前にもう一度協議の機会を設けるのです。

和解手続きは二～三週間に一回の期日で指定し、二～三回やってみて和解成立の可能性があればさらに続けますし、和解の方向性が見いだせなければ打ち切って判決手続きに戻します。

裁判官が調停委員などとはまた違った話の進め方で和解がまとまれば、裁判上の和解（和解離婚）が成立します。時間的には訴訟提起後二～三回の裁判期日と数回の和解期日として、やはり八～一〇か月くらいかかるのが普通でしょうか。

和解手続きを打ち切った後、判決手続きに戻ったあとは法廷で証拠調べをします。離婚訴訟では夫婦双方の当事者が一番の証拠（人証）になります。この場合は、陳述書の提出を求めるのが普通です。

離婚訴訟では第三者の証人が法廷に呼ばれることもあまりなく、証拠調べは一回くらいで終わり結審となり、あとは裁判官が判決を書くだけです。判決期日は結審後一か月くらい先になります。

時間としてはやはり訴訟提起後一〇か月～一年というところでしょう。

**ポイント**

財産分与などで争いがあり不動産鑑定が必要だとさらに二か月前後が必要。

**★離婚訴訟をできるだけ早く終わらせたいが**

離婚訴訟で場所が法廷に移ったからといって、憎しみやお互いの欠点を暴き立てる気持ちが無くなるわけではありません。精神的にも大いに疲れます。おまけに訴訟は時間がかかるという欠点もあります。

しかし、離婚訴訟では、途中で裁判官が和解の勧告をします。裁判官を交えて話し合い、合意できれば「和解離婚」ができるようになりました（平成一五年の人事訴訟法の改正）。「原告と被告は本日和解により離婚する」との裁判上の和解が成立すると、離婚は成立します。ただし、弁護士を頼んでいても最終的な和解の場には本人出頭が求められます。

離婚裁判入門❷

# 2 協議や調停で決まらない場合は訴訟

## ❁財産分与や養育費の請求は離婚と一緒でなければ訴訟では請求できない

協議離婚や調停離婚を成立させるときにどうしても決めなければならない事項は、未成年の子がいる場合の父または母のどちらを親権者とするかということだけです。

離婚では通常、親権者の指定、慰謝料、財産分与、未成年の子がいる場合の養育費の分担などを決めますが、親権者の指定以外は離婚が成立した後に解決することができます。

そこで協議で離婚と親権者の指定だけ先に合意して協議離婚届出を提出し、家庭裁判所の調停で慰謝料、財産分与、養育費を話し合って決めることができます。

調停で決まらない場合、訴訟提起を考えますが、実は離婚訴訟と一緒に提起しないと家庭裁判所に対する訴訟の中では財産分与、養育費の請求はできません。

単独で地方裁判所に対して訴訟を提起できるのは、慰謝料の請求だけです。慰謝料というのは離婚に至った個々の不法行為についての精神的な損害賠償を求めるものだからです。

## ❁先に離婚を成立させたときはその他の問題は調停の場で決めるのがベター

実際上は慰謝料だけ決まらないで他の離婚条件は全部合意できるということはほとんどありません。支払う側の資力という制限がありますし、もらう側もある程度で納得せざるを得ないのですから、慰謝料や財産分与の名

◆参照法令

（定義）

人事訴訟法第二条　この法律において「人事訴訟」とは、次に掲げる訴えその他の身分関係の形成又は存否の確認を目的とする訴えに係る訴訟をいう。

一　婚姻の無効及び取消しの訴え、離婚の訴え、協議上の離婚の無効及び取消しの訴え並びに婚姻関係の存否の確認の訴え

（二は略）

三　養子縁組の無効及び取消しの訴え、離縁の訴え、協議上の離縁の無効及び取消しの訴え並びに養親子関係の存否の確認の訴え

目は何であれ、結局金額の問題となります。

実際には、慰謝料だけを切り離して地方裁判所に訴訟提起するということはほとんどないと思います。

調停で親権者指定と離婚の合意をするとき、その他の事項についてもこの席で解決する方がベターです。

〔一部分だけの訴訟〕

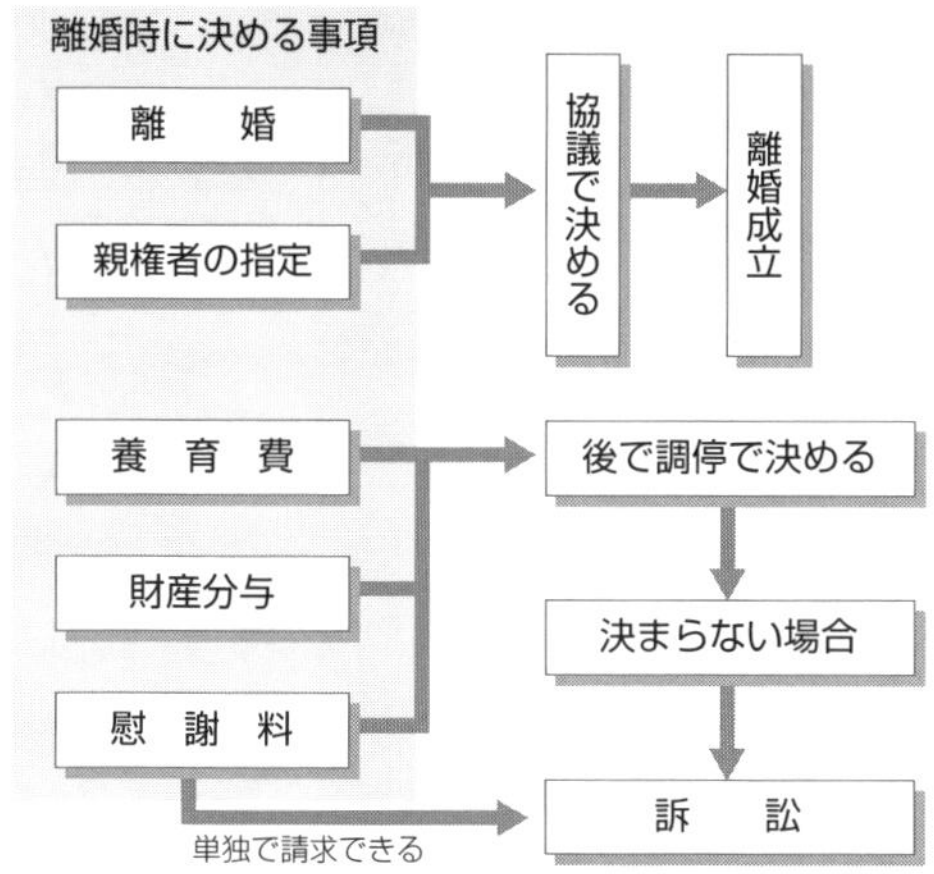


実務においても、調停で双方が離婚と子どもの親権指定についてはほぼ納得しており、その他の慰謝料や財産分与で条件が合わない場合は、全部を調停不調として家庭裁判所で離婚訴訟とともに提起させる方針が強いと思います。

なお、親権者の指定、養育費の分担額などは子どもをめぐる事情が変化しうることを前提に決められた暫定的な意味があり、家庭裁判所にいつでもやり直しを求めることができます。

たとえば、親権者に指定された側の親に親権者としてふさわしくない新たな事情が生じた場合、子どもが病気になり合意された養育費では治療費などをまかなえない場合、養育費を支払う側の親が失業などで生活が困難になった場合などです。

**ポイント**

慰謝料だけの単独訴訟はできるが稀である。

**★裁判では夫婦のプライバシーは守られないのか**

裁判は公開の法廷で行われるのが原則ですが、人事訴訟では、①当事者、法定代理人、証人が尋問を受ける場合で、②裁判に欠かせないため私生活上の重大な秘密について尋問を受け、③公開の法廷で行うことが陳述により社会生活を営むのに著しい支障を生ずることが明らかであり、④そのために十分な陳述が期待できず他の証拠によっては補えない場合には、裁判所は、この尋問を公開しない決定を下すことができるとしています。

この非公開の決定に際しては、裁判所は当事者および証人の意見を聞くことになっています。

# 3 離婚訴訟にかかる弁護士費用を知っておこう

## ❁実費のほかに着手金と成功報酬とが必要

離婚訴訟に弁護士費用がいくらかかるかを回答することは、弁護士としては大変難しいと言えます。

弁護士に離婚事件を依頼するのに必要な費用は、最初に実費＋着手金、事件終了時に報酬ということになります。実費はだれが訴訟をやっても同じです。訴状に貼付する印紙代、提出書類のコピー代、交通費、電話代その他となります。

かつては、着手金と報酬については弁護士会で一定の基準を定めていましたが現在は廃止されて個々に弁護士が定めることになっています。

依頼者の資力や事件の難易と請求する経済的利益の額、実際に得られた利益の額よって、その額をあれこれ修正せざるをえないところに、難しさがあります。あえて弁護士費用の目安をいえば、離婚と親権者指定だけを請求する場合の着手金の目安は四〇万円～六〇万円です。

慰謝料三〇〇万円と財産分与二〇〇〇万円を離婚と併せて請求する場合には、着手金の目安は前記の四〇万円～六〇万円プラス三〇～一〇〇万円（慰謝料、財産分与請求の分）となります。

これを請求されて争う側に立つと、請求される額と争う額との差額がその裁判により求める利益となりますので、もし全額を争うと

◆参照規定

（弁護士の報酬）

弁護士の報酬に関する規定

第二条　弁護士の報酬は、経済的利益、事案の難易、時間及び労力その他の事情に照らして適正かつ妥当なものでなければならない。

なるとやはり着手金は同額となります。この他に報酬もあります。

### ❁減額してもらう方法もあるので相談してみるとよい

依頼者が先日までは主婦で、今はアパートを借りてパートに出ており、子どもを抱えているという妻であれば、基準額通りの費用をポンと支払える人はあまりいません。

依頼者が収入のある夫なら、着手金の四〇万円〜六〇万円くらいは払えるのが普通かもしれません。しかし夫の側に右の金額の慰謝料と財産分与を請求するとしても、あるいは請求される立場にあっても、着手金一四〇万円〜一八〇万円は高いと思われるのではないでしょうか。

廃止された弁護士報酬基準では、資力の不十分な依頼者には減額すること、あるいは事件終了の時の報酬を高くする（相手から金銭的給付を得られるので）代わりに着手金を減額することを認めていました。

依頼者の事情に応じて着手金四〇万円〜六〇万円を適正妥当な範囲まで減額したり、また報酬を基準額の二〜三割増額して着手金を減額することもできるでしょう。しかしさらに報酬についても着手金を減額したから報酬も減額するとなると、弁護士としてもなかなか割り切れるものではありません。

依頼者が子どもを抱えているとなると明日から生活が…というわけで、ついつい同情もしますし、報酬についてもおまけすることもあります。

ともかく離婚訴訟は一緒に請求する慰謝料や財産分与によって弁護士費用が違ってくるのですが、離婚と親権者指定だけを求める場合の費用が最低額なのですから、着手金と報酬の合計は八〇万円〜一二〇万円程度にはなるということです。

**ポイント**

事件の内容によって弁護士費用は変わるので、最初に聞いておくことが大切。

**★離婚訴訟を起こしたいので弁護士を頼みたいが**

家庭裁判所の調停ならば、弁護士を頼まずに本人でも十分やれます。しかし、訴訟となると専門的な知識や法廷での駆け引きなど、素人が簡単にやれるものではありません。

離婚は人生の一大事です。財産分与、慰謝料、親権、養育費など金もからんできます。やはり、弁護士に相談し、意見を聞いて弁護士に依頼するのがベターでしょう。知り合いに弁護士がいるとか、誰か紹介してくれる人がいればよいのですが、いなければ各都道府県にある弁護士会の法律相談センターで相談してください。紹介もしてもらえます。

4 離婚裁判手続き❶

# 離婚訴訟は家庭裁判所に起こす

## ❁離婚訴訟は家庭裁判所の管轄である

離婚訴訟は、平成一六年四月一日から家庭裁判所で起こすことになりました（従来は地方裁判所）。しかし、どこの家庭裁判所に提起してもいいというわけではありません。裁判には管轄という裁判所の縄張りみたいなものがあり、どこで裁判を起こすかは人事訴訟法によって決められています。

従来は（平成一六年四月一日以前は）婚姻住所地を第一順位とする段階的な専属管轄でしたが、人事訴訟法では原告または被告の普通裁判籍となり簡明になりました（一条）。これは専属管轄ですので、夫婦で起こす裁判所を合意して決めても（合意管轄）認められません。

その一方、特に必要があると認められるときには、離婚調停を行っていた家庭裁判所が、調停の経過、当事者の意見その他の事情を考慮して、自ら調停を行った裁判所が扱うことができることになりました。

訴えの内容は、離婚することだけでなく、未成年者の子がいる場合には親権者、監護権者の指定、また財産分与、慰謝料の請求もできます。

## ❁訴訟は訴状を裁判所に提出することから始まる

まず、訴訟をするには訴状を書きます。訴状には、当事者（原告・被告、離婚訴訟では本籍の明示が必要）、請求の趣旨、請求の原因とを記載し、原告が記名捺印します。訴状

◆参照条文

（人事に関する訴えの管轄）

人事訴訟法第四条① 人事に関する訴えは、当該訴えに係る身分関係の当事者が普通裁判籍を有する地又はその死亡の時にこれを有した地を管轄する家庭裁判所の管轄に専属する。

② 前項の規定による管轄裁判所が定まらないときは、人事に関する訴えは、最高裁判所規則で定める地を管轄する家庭裁判所の管轄に専属する。

のサンプルは二一六頁以下に掲載してありますので参照してください。そして、訴状を書き終えたら、訴状に収入印紙を貼って裁判所に提出します。

訴訟の印紙額は、調停が一律一二〇〇円であるのと異なり、訴えの内容（訴額）によって異なります。また、訴状の提出に当たっては、裁判所からの書類の送達や呼出しの費用にあてるために、切手を予納します。額にして一万円前後を切手数枚ずつにして予納するのですが、裁判所によって多少異なります。この他、訴訟で証人が出廷する場合の旅費・日当が必要です。こうした訴訟費用は、訴訟で負けた側が負担することになります。

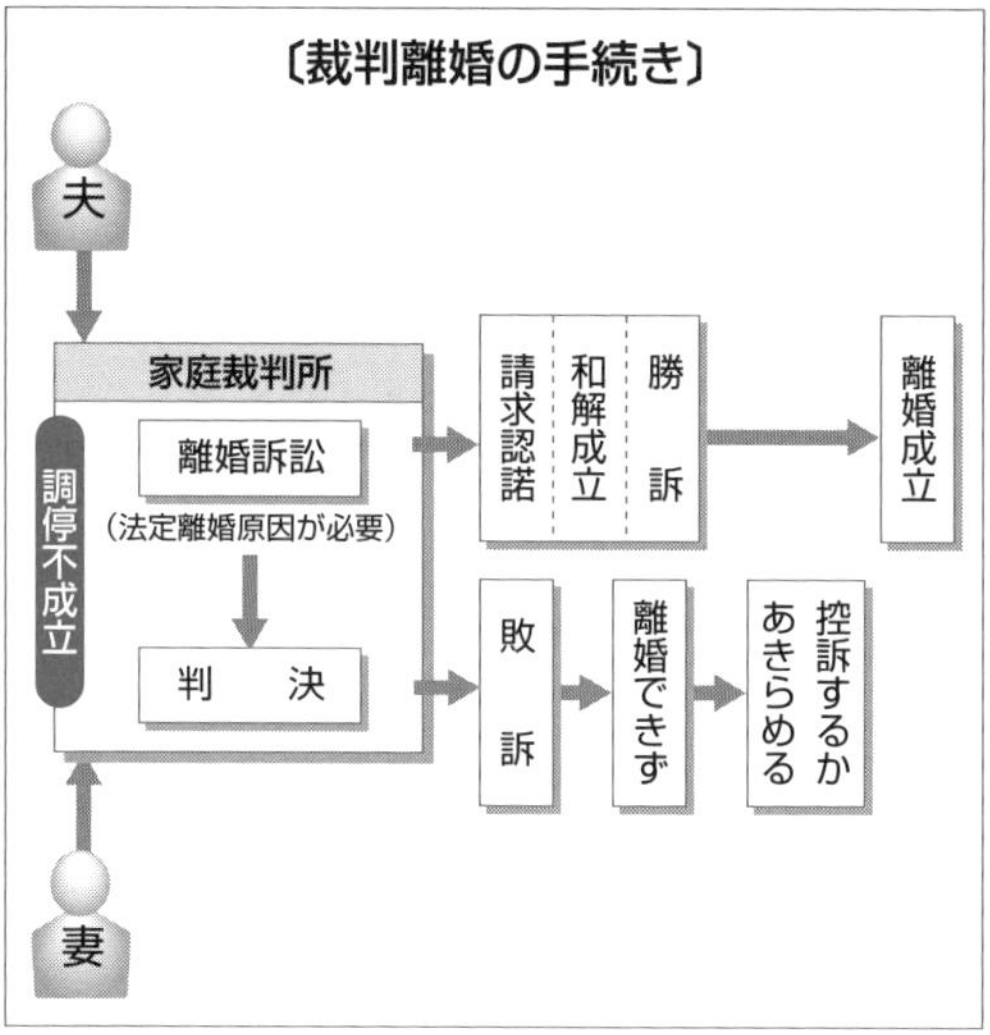


訴状の提出が無事に終わると、裁判所はこれを被告（訴えられた人）に送達し、口頭弁論期日を指定して、原告・被告両方を呼び出します。そして、裁判所は原告・被告双方からの主張を聞き、争点を整理し、争いのある事実について証拠を提出させ、証拠調べをします。そして、事実を認定し、法律的判断を加えて、判決を言い渡します。

この判決が送達されてから、二週間以内に上訴をしなければ、判決は確定し、訴訟は終わることになります。

**ポイント**

訴訟中に裁判官から和解の勧告がある場合もある。

**★離婚原因があるのに離婚が認められない場合とは**

民法七七〇条一項は、一号～五号まで離婚原因を定め、その二項で、一項各号の事由がある場合でも「一切の事情を考慮して婚姻の継続を相当と認めるときは、離婚の請求を棄却することができる」と定めています。この二項の請求棄却条項は、裁判官の主観によって結論が左右されかねず、離婚の自由を不当に制限しかねないとして、立法当初から批判がありました。ちなみに、民法改正要綱では、「（離婚原因があっても）離婚が配偶者又は子に著しい生活の困窮又は耐えがたい苦痛をもたらすときは、離婚の請求を棄却することができるものとする」としています。

離婚裁判手続き②

# 5 一審で負けても高裁・最高裁がある

## ❁何が何でも離婚したければ一審で負けてもあきらめる必要はない

離婚裁判の第一審は家庭裁判所、第二審は高等裁判所、第三審が最終で最高裁判所になります。離婚裁判も憲法に基づき第三審まで受ける権利を保証されています。

家庭裁判所から高等裁判所に控訴する場合には、原判決に事実認定の誤りがあったことや、判断が法律に違反していることなどを控訴理由とすることができ、控訴理由に制約はありません。

高等裁判所の審理は家庭裁判所の事実審理を引き継ぐものであり、事実認定をくつがえすこともできます。

原告が離婚を求めたのに対して被告が単に「請求棄却」を求めて争っていた場合の判決としては、離婚が認められて原告が勝つか、あるいは離婚請求が棄却されて被告の勝ちとなるかのいずれかになりますから、この場合、負けた方が高等裁判所に控訴できます。

原告が離婚を求めたのに対して被告も逆に離婚を求める反訴を提起した場合には、判決としては、

① 原告の離婚請求を認めて離婚判決をし被告の離婚請求を棄却する場合

② 原告の離婚請求を棄却して被告の離婚請求を認めて離婚判決をする場合

③ 原告・被告双方の離婚請求を認めて離婚判決をする場合

があります。

### ◆参照条文

（控訴をすることができる判決等）

民事訴訟法第二八一条

① 控訴は、地方裁判所が第一審としてした終局判決又は簡易裁判所の終局判決に対してすることができる。ただし、終局判決後、当事者双方が共に上告をする権利を留保して控訴をしない旨の合意をしたときは、この限りでない。

② 第一一条第二項及び第三項の規定〈管轄の合意の要件〉は、前項の合意について準用する。

※人事訴訟法第二九条（民事訴訟法の適用関係）では、右記の「地方裁判所が第一審としてした終局判決又は簡易裁判所」を家庭裁判所と読み替える。

ややこしいように見えますが、相手の主張する離婚理由については争い、自分の主張する離婚理由によって判決をしてほしいという場合です。

離婚は認められたけれども、親権者指定や金銭的給付など付帯的な問題についての判断について不服がある場合も、一部敗訴部分について控訴できます。

離婚を認めるについて家庭裁判所と高等裁判所で判断がどう違うかは何とも言えないことですが、家庭裁判所で審理するのに約一年くらいかかり、その間互いに争っている上、控訴までして争っていること自体が婚姻破綻しているという認定の事情となる傾向はあると思います。

### ❁最高裁で争うには憲法違反や法令違反を上告理由とすること

最高裁判所への上告は原判決の判断が憲法に違反していること、判決に影響を及ぼすことが明らかな法令違反があることだけを上告理由とすることができます。事実認定を理由に上告はできません。

最高裁判所で原審の判決をくつがえした著名な事件が昭和六二年九月二日の有責配偶者からの離婚請求を認めた判決です。

「有責配偶者である故に離婚請求を認めてもらえないのは法令違反である」が上告理由となります。

これに対して「私は有責配偶者ではない」とか「相手は有責配偶者である」こと自体は事実判断の問題ですから、直ちに上告理由とすることはできません。別の上告理由を考えることになります。

適法な上告理由がないという理由で上告棄却となる場合は、上告が受理されてから数か月というところでしょうか。

**ポイント**

最高裁での裁判では事実関係についての争いは認められない。

**★離婚裁判で親権者の指定や財産分与の同時請求は**

離婚を求める裁判に際しては、親権者の指定は必ずこれと同時に裁判しなければなりません（民法八一九条2項）。これを「附帯請求」と言っています。

また、離婚裁判と同時に財産分与についても裁判してほしい場合には、申立てをすれば財産分与に関する処分「附帯処分」についても裁判が義務づけられます。別居していた間の生活費（婚姻費用の分担請求）については、附帯申立ては認められませんが、財産分与の一事情として主張することはできます。また、毎月いくら支払うなど支払額が確定していた場合には、離婚訴訟と併合して請求することができます。

# 6 法定離婚原因❶
# 相手に不貞行為があれば離婚できる

## ❁離婚裁判で問題とされる「不貞」は継続的な性的関係があること

夫がソープランドに行った、あるいは出張先でたまたま知り合った女性とホテルで一晩を過ごした、というように、継続的でない浮気は不貞でしょうか。

妻が同窓会で昔好意を寄せていた男性に声をかけられ、その後いそいそと一緒にお茶を飲みに行く、性的関係を求める気はお互いに全くないけれど、夫といるよりはずっと楽しそうに過ごしているのは不貞だろうか。

離婚で問題となる「不貞」は、小説やテレビドラマに登場する「不貞」と必ずしも同じ意味ではありません。また宗教上の「(心の中においても)姦淫するなかれ」の意味とも違います。それは離婚では「不貞」が結局「婚姻を破綻させた」かどうかが問題とされるからです。

一回限りの浮気であっても言葉の厳密な意味では不貞と言えますが、家庭や配偶者を大切にする気持の方が大きく、悔い改める気持もある、というような場合には婚姻を破綻させたとまでは言えないでしょう。

したがって、離婚において「不貞」とはある程度継続的な関係を意味すると考えてよいでしょう。

## ❁性関係を伴わない継続的な交際なら「婚姻を継続しがたい重大な事由」が問題になる

配偶者の他に継続的な不貞の相手がいる場

**◆参照条文**

(裁判上の離婚)
民法第七七〇条① 夫婦の一方は、次に掲げる場合に限り、離婚の訴えを提起することができる。
一 配偶者に不貞な行為があったとき。
(二以下略)

合は離婚原因があることになります。不貞の相手と同居し家庭は捨てたのならば、不貞と悪意の遺棄という離婚原因があることになります。

もし夫が「一回でも女性を買った」ことを許せない妻がいて、そして夫のこの行為をきっかけとして夫婦関係がぎくしゃくとしてしまったという場合には、不貞と言うよりは「婚姻を継続しがたい重大な事由」があるかどうかの問題として考えることになります。

性関係を伴わない場合に不貞と呼ぶかどうかは疑問があります。不貞とは言わない方がすっきりした定義になると思います。したがって性関係のない男女交際を続けることは不貞ではないけれど、それが「婚姻を継続しがたい重大な事由」となっているかどうかの問題が残ることになります。

同窓生と若かりし頃を語り合うことは単なる生活の彩り、ちょっとした刺激程度であって婚姻を継続しがたい重大な事由とは解されないでしょう。

でも、少し古い映画ですが、ロバート・デニーロとメリル・ストリープの映画「恋に落ちて」のように、妻以外の女性に「心からの恋」をし性関係を持つことは抑制しているけれど家庭に戻れば妻にもはや愛情を抱き続けられない、妻から見れば自分の人格や立場を否定されているとしか思えないのであれば、婚姻を継続しがたい重大な事由があると解されるでしょう。

同性愛の関係にある場合も不貞と考えてよいでしょう。あるいは不貞にこだわらなくとも、婚姻を継続しがたい重大な事由に該当します。判例もこのような場合に離婚を認めています。

**ポイント**

「不貞」とは、ある程度継続的な関係を意味し離婚原因となる。➡詳細一七〇頁以下

**★一度許した不貞を原因として離婚請求できるか**

旧民法には、姦通など離婚原因があった場合でも、夫婦の一方がこれ許した(宥恕した)ときは離婚の訴えはできないという規定がありました。現在は、どうでしょうか。

夫が女性関係を認め、今後その女性とは関係を絶つという誓約書を書いて妻の許しを得ていた事案で、妻からの離婚請求に、夫はすでに妻の宥恕を受けているから離婚原因には該当しないと主張したのに対し、裁判所は、仮に宥恕したとしても全面的に宥恕したとは認められず、旧法のような離婚請求権を当然消滅させるものではないと判決しています(東京高裁・昭和三四年七月七日)。

法定離婚原因❷

# 7 相手に悪意の遺棄があれば離婚できる

## ❁夫婦の同居義務違反や扶助義務違反があれば悪意の遺棄となる

夫婦は一緒に住み家計を共通にして互いに協力して助け合って生活するのが普通です。これを法律用語では「同居義務」と「扶助義務」を負っていると言います。

「悪意」という言葉はちょっと変な印象ですが、この「同居義務」と「扶助義務」に違反することを意味し、それ以上に相手を苦しめようとする意思などを意味するのではありません。

同居義務に違反することが悪意の遺棄ですから、夫が理由がないのにアパートを借りて暮らしている、家庭にほとんど帰らず衣類を取りに戻ってくるくらいで顔を合わせたとしても夫婦としての絆を維持する意思がないという場合には、生活費だけは渡していたとしてもこれに当たります。

逆に夫がここは俺の家だ、という態度で、同居はしているけれど生活費を妻に渡さない、というような場合も、扶助義務に違反していますから悪意の遺棄に当たることになります。

配偶者の暴力や酒乱を避けるために家を出た場合はどうでしょうか。

同居できないのは出て行った者の責任ではありませんから同居義務に違反したことになりません。

同様に配偶者の不貞などが原因で同じ家で顔を合わせるのも苦痛な状態となり、離婚を

◆参照条文

（裁判上の離婚）

民法第七七〇条① 夫婦の一方は、次に掲げる場合に限り、離婚の訴えを提起することができる。

二 配偶者から悪意で遺棄されたとき。

（一、三以下略）

求めるために別居したような場合には、すでに婚姻の継続を前提とした同居義務がなくなっていると考えられますから、出て行った側に同居義務違反はないと言えます。

また単身赴任あるいは出稼ぎのために別居している場合には正当な理由があって同居していないのですから、同居義務に違反したことになりません。

### ❁妻の家事の放棄は扶助義務違反となり離婚事由となるか

ところで妻が家事を放棄したというのが扶助義務に違反するでしょうか。

夫が生活費のほとんどを得て妻が専業主婦であったり、パート的職業を持っているだけの場合には、やはり時間の余裕のある妻が家事をするという前提でしょうから、家事の放棄は扶助義務に違反していると言えますが、夫婦がそれぞれ仕事を持ち拘束される時間が対等であれば、妻だから家事をすべきとは言えません。夫が家事に協力しないこと、共同で分担しないことがむしろ扶助義務に違反していることになります。

夫が生活費を稼ぎ妻は主婦という場合に、夫が最低限必要な分だけ、たとえば水道光熱費いくら、米代いくらという計算でのみ渡す、言い換えれば妻を信頼していない場合は、悪意の遺棄になるのかという問題です。また、夫婦共稼ぎであるのに一方に家事育児の負担がかかり過ぎる、他方はさぼって逃げているのが悪意の遺棄になるのかなど、いろいろな事例があります。

離婚を認めるかどうかは、悪意の遺棄だけでなく、「婚姻を継続しがたい重大な事由」があるかどうかという面からも考えれます。結局ケース・バイ・ケースで判断されるということです。

**ポイント**

「婚姻を継続し難い重大な事由」で争うこともできる。⬇詳細一八二頁以下

**★離婚原因の「悪意の遺棄」の悪意とは**

夫婦間の同居・扶助義務を果たさないのが「遺棄」で、「悪意」とは、遺棄すればうまくやていけなくなるということが分かっているだけでなく、そうなってもかまわないという不誠実な心理、態度を言います。

したがって、生活のため出稼ぎをするとか、単身赴任、また、夫または妻あるいはその親族から同居に耐えられないほどの暴力、虐待、侮辱をうけたためやむなく実家に戻ったという場合も悪意の遺棄になることはありません。

正当理由なく別居すれば、悪意の遺棄になりますが、別居期間がどのくらいかという尺度の規定はありません。

法定離婚原因③

# 8 三年未満の生死不明の場合でも離婚できる

◆参照条文

（裁判上の離婚）

民法第七七〇条① 夫婦の一方は、次に掲げる場合に限り、離婚の訴えを提起することができる。

三 配偶者の生死が三年以上明らかでないとき。

（一、二、四、五、②略）

## ❁家庭を捨てて生死不明となった場合には三年待たずに離婚できる

民法の定めている法定離婚原因の一つである「生死が三年以上不明」の場合とは、生きているのか死んでいるのかがわからない状態が三年以上続いているという意味です。この生死不明の状態に至ったことについて、その配偶者に責任がある必要はなく、責任のある場合はもちろん責任のない場合も含まれます。

また、生きていることが推定される場合は、これに当たりませんし、反対に死亡が推定される必要もありません。

配偶者が家庭を捨てて出て行った場合には悪意の遺棄に当たりますから、別に三年間待つ必要はなく離婚原因に当たります。

家庭を捨てて出て行ったのではなく、たとえば仕事のために別居した場合、家を出たこと自体は悪意の遺棄に当たりません。

しかし、その状態が長く続き、時々電話をかけてきたりするのでどこかに生きていることは確かであるが、自分の居る場所も教えず、家に帰る意思もなさそうであるというのは、「生死不明」とは言えません。

ただ、この場合も、途中から生活費を送ってこなくなれば「悪意の遺棄」になることもありますし、どうも別の女性と一緒に暮らしているらしく電話をかけて来るのは子どもの声が聞きたいためで家庭に戻る意思はなさそうな場合には「婚姻を継続しがたい重大な事由」になることもあります。

このような場合には三年待たなくとも離婚事由があることになります。

### ❁生死不明となったことについて責任のない配偶者の場合は三年待つことが必要か

ところで「生死が三年以上明らかでないとき」が離婚原因としてあげられていることを逆に考えると、配偶者が本人の責任ある事情ではなく（つまり悪意の遺棄に当たるのではなく）生死不明となった場合には三年間待たないと離婚できないのでしょうか。

しかし、それも結局「婚姻を継続しがたい重大な事由」があるかどうかにより、事情によっては三年間待たなくとも離婚できる可能性はあるのです。

また、生死不明と言っても、いなくなった時の状況からすれば、生きている可能性の高い場合から低い場合まで、あるいは戻ってくる可能性の高い場合から低い場合までかなりの予測はつくはずですから、三年間待たなくとも婚姻を継続できない重大な事由に当たるかどうか判断できることでしょう。

したがって、現在のように情報手段の発達した社会では、生死が三年間不明であることだけを離婚理由とする裁判例はあまりないと言えます。

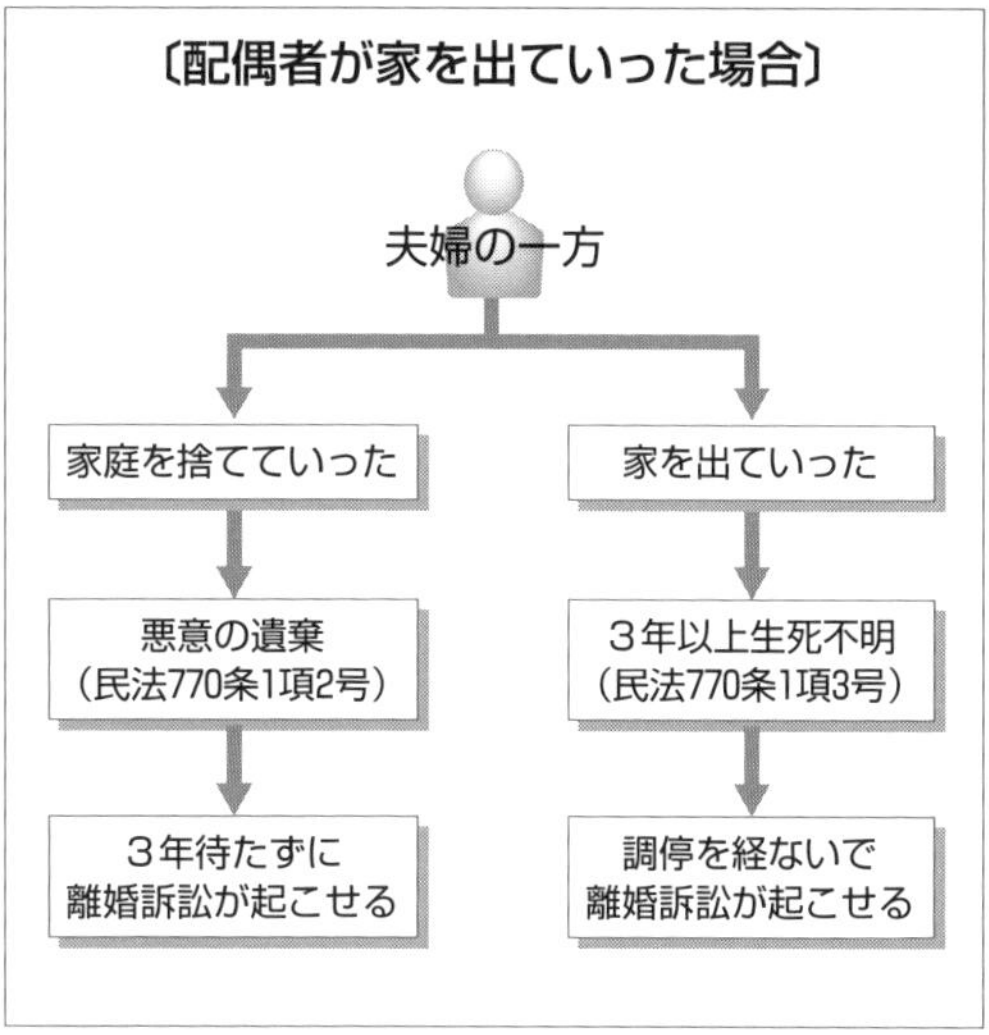


**ポイント**

配偶者の生死不明が長い場合の婚姻解消方法としては失踪宣告もある。

**★三年前に家を出た夫と離婚したい**

民法では配偶者の生死が三年以上分からない場合には、法定離婚原因となるとしています（七七〇条一項三号）。生きていることは確かだが、住所や居所がわからないだけではこれに該当しません。行方も分からず生死も不明ですから、離婚調停はできませんので、いきなり離婚訴訟を起こすことができます。訴訟に必要な訴状の送達は、公示送達で行われます。

この三年は、最後の音信があった時から、すなわち生存を証明する最後の事実の時から、三年の経過が必要です。この場合、警察への捜査願いなど八方捜索の手を尽くしたが見つからないという証拠が必要です。

法定離婚原因④

# 9 強度の精神病で回復の見込みがないとき

### ❁回復がむつかしい強度の精神病の場合が対象になる

法定離婚原因に当たる精神病は「強度で回復の見込がないとき」を言います。

精神病になるのは本人の責任では全くありませんから、不貞や悪意の遺棄と異なって有責の配偶者に対する離婚を認めるというのではなく、客観的に婚姻が破綻しているときには離婚を認めるという考え方の現れです。

ところで裁判所は「強度で回復の見込のないとき」をかなり厳格に文字通りに考えています。精神病かどうかの診断はもちろん医師の判断によりますし、いったん精神病と診断されても回復の見込みがないかどうかはしばらく治療期間を置かなければ医師だって判断できません。生死不明の場合でも三年以上の時の流れを必要とするのですから、回復の見込みがあるかどうかもある程度の年数を要することになります。したがって、配偶者が精神病院に入院したからすぐに離婚請求をしてもまず認められません。

### ❁さらに離婚後の療養や今後の生活面での配慮が必要

それでは「強度で回復の見込のないとき」に当たればすぐに離婚を認められるかと言いますと、裁判所はさらに離婚後の療養、生活などについてある程度めどがついた場合でないと離婚を認めるべきでない、と判断しています。

これは公的な扶助の貧しさを個人の犠牲と

**◆参照条文**

（裁判上の離婚）

民法第七七〇条① 夫婦の一方は、次に掲げる場合に限り、離婚の訴えを提起することができる。

四 配偶者が強度の精神病にかかり、回復の見込みがないとき。

（一～三、五、②略）

負担に帰するものであると批判されました。

　精神病にかかった配偶者が離婚後に苛酷な状態になるのを保護するために離婚を認めないことは、貧しい福祉制度の下では、他の配偶者に苛酷な状況を強いる結果ともなっていました。

　ただ徐々に公的な扶助制度が行き渡ってきたせいか、離婚後の精神病の配偶者の生活保証をあまり具体的なところまで求めずに離婚を認める裁判例も出るようになりました。

　また医学的に「強度の精神病で回復の見込がないとき」というのは世間の常識で「あの人は精神病で治らないよ」と言う場合よりもかなり制限されると思われます。しかしここで言う「精神病」に当たらなくとも、配偶者が精神病、痴呆症などのため「婚姻を継続しがたい重大な事由」が生じていればその理由により離婚できます。

　二十数年前の事例ですが、妻が「アルツハイマー病」のため痴呆状態になったという事例で、夫が自分の費用で離婚後の妻の生活保証を具体的にめどをつけたとはあまり言えないけれども、公的な施設である特別養護老人ホームに終身入ることができるというケースで、この事例では夫は約七年間妻の看護を続けましたが、妻は夫の顔さえわからず意思も感情の疎通もできない状態であり「婚姻を継続しがたい重大な事由」があるとして離婚が認められました。

　問題は、相手方が重度の精神病ですから、話し合う能力も訴訟能力もないことです。こういう場合は、家庭裁判所に後見開始の審判を申し立て、選任された後見人を被告として訴訟をすることになります。すでに、夫婦の一方の成年後見が開始し、他方が成年後見人となっている場合は、成年後見監督人を選任して、この者を相手に訴訟を起こします。

**ポイント**

訴訟は病者の後見人または後見監督人を相手に起こす。➡詳細一七六頁以下

**★夫の顔も判別できない精神病の妻と離婚するには**

　配偶者が回復不可能な精神病の場合には、法定離婚原因となります。その要件は、①強度の精神病で、②回復の見込みがない、ということです。強度の精神病とは結婚生活の本質的な義務が果たせないほどの精神病で、回復の見込みについては、専門医の鑑定を参考に裁判所が判断します。

　夫の顔も識別できないほどですから訴訟能力もないと思われます。その場合には家庭裁判所に後見開始の審判を申し立て、選任された後見人を相手に訴訟を起こします。判例では、発病後の介護の仕方、病院代等の負担、離婚後の療養の手配、財産分与等の事情を考慮し判断しています。

10

法定離婚原因⑤

# 婚姻を継続しがたい重大な事由のケース

◈愛情が冷め元の夫婦関係に戻れないことが要件となる

離婚訴訟では「不貞」「悪意の遺棄」「生死三年以上不明」「精神病」という個々の事由があれば離婚を求めることができますが、実務で訴状を書くときは、それらの個々の事情を書く他に「それらの事情がある結果、あるいは他の諸事情も加えた結果、よって婚姻を継続しがたい重大な事由があるので離婚を求める」という一文を追加するのがほとんどです。

「婚姻を継続しがたい重大な事由」の内容は広く、特定されていないと言えます。性格の不一致、信仰の違い、暴力や暴言、配偶者の親族からのいじめ、などいろいろな場合がありえます。

それらの事情の結果、もはや夫婦として円満な関係を維持することが困難な状態になっていれば、この離婚事由に当たることになります。

きっかけはささいなことであっても、愛情が冷めてしまった状態が一年も二年も続けばなかなか壊れた夫婦関係を修復できないのが夫婦です。

とにかく夫婦というのはだめになるとだめなもので、子どもがいようといまいと、なかなか元の円満な関係には戻れません。

裁判官からすると、こんなささいなことで離婚を認めるのはいかがなものかと思っても、愛情の冷めた状態が何年も続いていれば、

◆参照条文

（裁判上の離婚）

民法第七七〇条① 夫婦の一方は、次に掲げる場合に限り、離婚の訴えを提起することができる。

五 その他婚姻を継続し難い重大な事由があるとき。

（一～四、②略）

元に戻るのは困難なことはわかっていますから、夫婦が円満に家庭を維持することができなければ離婚を認めない判決を出してもあまり意味がありません。

### ❁離婚原因を作った側（有責配偶者）からの離婚の請求だと認められないケースが多い

したがって有責配偶者からの離婚請求を除き、もう何年も愛情が冷めた状態が続いているし離婚訴訟では相手を罵り合っている、この婚姻は客観的に見れば破綻していて継続させても無意味だというような事例では「婚姻を継続しがたい重大な事由」の中身はささいなことであっても、離婚を認める方向に行きます。

もっとも本当にあまりにもささいなことであれば、他方の配偶者からは「悪意の遺棄」をされたと言われる可能性もあります。例えば、ある日突然、妻が夫の顔を見るのも嫌悪感を覚えるようになり、また食事の際の夫の箸の上げ下げにも我慢できなくなるなどという状態になった結果、それだけのことで妻が家事を放棄したりすれば、悪意の遺棄になる可能性はあります。

実際には、双方ともに何らかの原因があるのがほとんどです。突然嫌悪感を抱きました、と言えば単なる妻のわがままと言われかねません。

しかしそれまでに夫が、妻の自主性や自由な行動をそれとなく制限し続けていたのかもしれません。心底では妻を小馬鹿にしていたのかもしれません。そのような事情をあげることができれば妻の側からも「婚姻を継続しがたい重大な事由」があった言うことができます。

**ポイント**

夫婦関係が完全に破綻し長期間に及んだ場合に認められる。➡詳細一八二頁以下

**★罪を犯し服役中の夫と離婚できるか**

犯罪を犯して有罪の判決を受け刑務所に服役することは、家族にとって不名誉なばかりか、夫婦の間の基本的な義務である同居、扶助、協力義務を果たせないことになります。

離婚したければ、夫に面会に行き離婚してくれるように話し合ってみることです。夫が応じてくれない場合には、家庭裁判所に離婚調停を申し立て（裁判所は服役者でも出頭を求められます）、話し合いがつかなければ訴訟を起こします（服役者は刑務所長の裁量により、出頭するか出張尋問を受ける）。このような事例で「婚姻を継続しがたい重大な事由」に当たるとして離婚を認めた例があります。

11

法定離婚原因⑥

# 明確な理由がなければ性格の不一致で争う

❁性格の違いが余りにも大きく夫婦関係を続けられない場合に問題となる

他人同士が夫婦になるのですから性格は違うのが当然です。したがって性格の不一致というのは「性格が違う結果として婚姻を継続しがたい重大な事由」があるかどうかの問題であり、つまり離婚事由としては「婚姻を継続しがたい重大な事由」の一つということになります。

性格が違うことがわかったから即離婚したい、と言いだす人はあまりいないかもしれません（いたとしたら自分も結構わがままということになるでしょう）。それだけでは離婚を認められないことになります。性格や育った家庭環境が違うことを当然の前提として、夫婦関係を維持するために努力をしようとしたが、ここまで性格が違ってはどうしても一緒には暮らしていけないという時に、婚姻を継続しがたい重大な事由があるということになります。

❁具体的にどんな場合が性格の不一致による離婚が認められるか

世の中には似た者夫婦もいますし、違うからより好きになれるという夫婦もいます。どの性格がよいとか悪いということはありませんが、性格が合わなくて離婚ということになると、やはり配偶者が利己的であるとか自己中心的である、思いやりがないことが婚姻破綻にまで行き着くようです。

事実がないのにやたら嫉妬深いという場合

◆参照条文

（裁判上の離婚）

民法七七〇条（①略）

② 裁判所は、前項第一号から第四号までに掲げる事由がある場合であっても、一切の事情を考慮して婚姻の継続を相当と認めるときは、離婚の請求を棄却することができる。

もあります。被害妄想のような場合もあり、夫が妻を家庭に閉じ込めていたいと考えるタイプであったりしますが、嫉妬は愛情の裏返しとは言うものの、度を越すと家庭を破壊する原因になります。

また、夫が余りにも会社人間であって家庭に帰っても家族と向かい合うことをしない、妻は単なる家政婦であろうかと空虚な思いをしているという場合も価値観の不一致、性格の不一致と言うべきかもしれません。

性格の不一致によって婚姻が破綻したが、その他に特別に不貞や悪意の遺棄はないという場合は、実際は相手の配偶者の性格が一方的に悪いというのではなく、夫婦双方に責任がないとも、あるいは少しずつ責任があるとも言えることが多いでしょう。

相手の性格がいやだ言う人は自分の性格を是として言っているでしょうから、相手から見れば逆に同じことが言えるのかもしれません。

性格を計る物差しはありませんし、夫婦がうまく行くかどうかは、しょせん夫婦の問題ですから、世間の物差しは大して役に立たないことも多いのです。

性格が合わないことについて双方共に責任がない、あるいは双方ともに少しずつ責任がある、そして婚姻はすでに客観的に見て破綻しており、将来とも修復の可能性がなければ、裁判所は離婚を認めることでしょう。

離婚が成立すれば慰謝料がもらえると思っている女性は結構いますが、これは相手に主として離婚原因がある場合の話なのです。性格の不一致を理由の離婚で、双方ともに責任がない、あるいは双方ともに少しずつ責任がある場合には、慰謝料の話は無縁です。

**ポイント**

性格の不一致による離婚請求では、双方に責任がある場合が多い。➡詳細一八六頁以下

**★性格の違いから不仲になり別居七年だが離婚は…**

性格の異なる二人が夫婦になるわけですから、理解し合い協力しあって不一致の溝を埋めるべく努力が求められます。単に性格の不一致だけでは裁判上の離婚原因とは認められません。

性格の不一致から長期間の別居状態が続いたり、お互いに愛情を喪失して夫婦関係が破綻していると認められないかぎりは、離婚を認める判決は出ません。

夫はクラシック音楽を聞いたり読書が趣味。一方、妻は夫が難しい話をするとヒステリー性発作を起こすなどから結婚五年で別居。

一〇年の経過後に離婚請求の裁判を起こし、離婚が認められた判決があります。

法定離婚原因⑦

# 12 性の不一致も離婚事由になることがある

❁夫婦間の性についての基準はないが性の不一致を理由とする離婚例はかなりある

寝室にタブーはないと言います。夫婦で同意している限り何であれ性の不一致はないことになります。そこで一方の配偶者が夫婦の性のあり方に不満を持つ場合にのみ「性の不一致」が離婚事由となるのかということになりますが、これは「婚姻を継続しがたい重大な事由」に当たるかどうかの問題です。

離婚訴訟で性の不一致による婚姻破綻をとりあげた例はかなりあります。性というのは夫婦の重要な問題なのです。

夫が性的不能である、異常に性欲が強く妻が耐えられない、妻が潔癖症で性に嫌悪感を抱いている、性的嗜好が異常である（はっきり言えば変態である）、同性愛者である、などが離婚を認められた場合です。

同性愛も「婚姻を継続しがたい重大な事由」として離婚を認めた判例があります。婚姻後数か月して夫が同性愛に走り、妻からの性的要求に応じなくなったというケースで、妻が数年にわたり夫との正常な性生活から遠ざけられていること、夫の同性愛の関係を知って受けた衝撃の大きさを考えると、正常な婚姻関係を取り戻すことは不可能として、妻からの離婚請求を認めています（名古屋地裁・昭和四七年二月二九日判決）。

弁護士の立場で言いますと、このようなことを公開の法廷で言い合わなくとも、協議離婚あるいは調停離婚で解決すればよいのに、

◆参照条文

（協議上の離婚の規定の準用）

民法第七七一条　第七六六条から第七六九条までの規定〈離婚後の子の監護に関する事項の定め等・離婚による復氏等・財産分与・離婚による復氏の際の権利の承継〉は、裁判上の離婚について準用する。

と思います。ところが言われている本人にとっては、それを異常とも思っていないのでしょう、公開の訴訟になることをためらわない人もいます。確かに性に関しては何が正常で何が異常かとあらたまって聞き返されると返答に詰まりますが……。

他方の配偶者がそのような性のあり方では婚姻を継続できないとして離婚を申し立てた場合に、裁判所としてもやはり「通常夫婦としてあるべき性のあり方」を度外視して離婚を認めるかどうかの判断はできません。しかしその判断基準を言葉であらわすのは難しいのですが、実際は「婚姻を継続しがたい重大な事由」に当たるという判断を「何となく」しています。そして冒頭にかかげたような事例では離婚を認めています。

### ❁夫婦間に子どもができない場合には離婚事由となるか

それでは子どもができないことは離婚事由になるでしょうか。昔の女性は「嫁して三年子なきは去る」と言われ離婚理由とされたようですが、現在では子どもが生まれないだけでは離婚原因となりません。不妊症の原因は夫である場合も妻である場合もありますから、双方にとって離婚事由となりません。

子どもができないことが引き金となって、たとえば跡継ぎが生まれないことについて夫の親族が干渉するため夫婦仲がぎくしゃくとしてきたという事情があれば、不妊症自体は妻の有責事由とは言えませんから、妻の側から見て夫に対する「婚姻を継続しがたい重大な事由」を理由とする離婚が問題となります。

また、妻に子どもができないために夫が他の女性に子どもを産ませた、というような場合では夫の不貞を理由とする離婚事由が問題となります。

**ポイント**

性的不能は離婚事由となるが性交渉拒否それだけでは無理。➡詳細一九四頁以下

**★エッチなＤＶＤに異常熱中し妻との性交渉に応じない夫と離婚は**

夫婦間において性生活は婚姻生活の基本となる重要な事柄です。どんな異常な性交渉もお互いが納得していれば問題はないのですが、相手が嫌がっているのに異常な性関係を無理強いをすれば離婚原因となります。

異常な性交渉ではなくても正当の理由のない性交拒否で、それが長期間にわたれば、婚姻生活が破綻したと認められます。

質問と同様な事例があります。夫がポルノ雑誌に異常な関心を示し、妻との交渉に応じようとしなかったケースで、妻からの離婚請求が認められています（浦和地裁・昭和六〇年九月三〇日判決）。

法定離婚原因⑧

# 13 有責配偶者からの離婚請求が認められた

❁昭和六二年に最高裁が離婚原因を作った
有責配偶者からの離婚を初めて認めた

「不貞」「悪意の遺棄」などを理由とする離婚請求は、有責事由がある配偶者に対する無責の配偶者からの離婚を認めるものです。「生死が三年以上不明」「精神病」などを理由とする離婚請求は、相手の配偶者が有責とは言えない場合でも離婚請求を認めるものです。

「婚姻を継続しがたい重大な事由」を理由とする離婚請求は、法律の条文だけでは、相手の配偶者に有責事由があることを必要としていません。

もっとも有責配偶者が離婚を求めているのに無責配偶者が意地になって拒絶するというのは、有責事由として不貞以外にはあまり考えられません。暴力や酒乱であれば無責配偶者の方が逃げたくなるでしょうから。

長い間裁判所は、有責配偶者からの離婚請求を認めませんでした。夫からの妻に対する「追い出し離婚」を防ぐ意味と、「クリーンハンズの原則」（一七二頁参照）により有責配偶者からの離婚を認めることは、法の正義に反するという考えもあったでしょう。

ただ流れは客観的な破綻主義に確実に向かっています。女性の社会進出が進んだことも原因ですし、有責配偶者であるが故に形骸化した婚姻に懲罰的にしばりつけるのは無意味であり離婚して互いに別の新しい人生を歩めばよいという婚姻感、離婚感の変化も原因と言えます。

◆参照条文

（関連請求に係る訴訟の移送）

人事訴訟法第八条① 家庭裁判所に係属する人事訴訟に係る請求の原因である事実によって生じた損害の賠償に関する請求に係る訴訟の係属する第一審裁判所は、相当と認めるときは、申立てにより、当該訴訟をその家庭裁判所に移送することができる。この場合においては、その移送を受けた家庭裁判所は、当該損害の賠償に関する請求に係る訴訟について自ら審理及び裁判をすることができる。

（②は省略）

最高裁が最初に有責配偶者からの離婚請求を認めたのは、三六年間別居が続き、その間夫が妻に対して生活費を送り続け、離婚に際しても財産分与の提供を申出、離婚により妻が苛酷な状況に追い込まれない、未成年の子がいないなどの事実があった場合でした。

### ❁離婚が認められるためには一定の要件を満たすことが必要

その後の判決は別居期間がどんどん短くなり、およそ六〜八年間別居が続いていれば、その他の要件の充足をも当然検討しますが、ほぼ離婚を認めています。

したがって有責配偶者からの離婚請求も、別居期間が相当続いている、相手配偶者が離婚により苛酷な状態に置かれる恐れがない（生活費や財産分与をそれなりに提供しているとか、あるいは相手配偶者も生活能力があるなど）、未成年の子がないなどの要件を満たせば、離婚を認められる可能性があります。

民法の改正案が検討されていますが、それによると「何年かの別居」があれば離婚を認めたらどうか、という方向となっています。もちろん養育費や財産分与などの解決が前提とされるとは思いますが、この「一定期間の別居」があれば離婚を認められるとなると、別居に至った原因やどちらが有責かなども問題にする必要がなくなります。

**〔有責配偶者からの離婚請求〕**

有責配偶者（離婚原因に責任あり）　→原則は→　認められない

**認められるための条件**

1. **長期間の別居**
   最高裁判決では8～10年
2. **他の配偶者が過酷な状況に置かれない**
   精神面、社会面、経済面で過酷にならない
3. **未成熟な子がいない**
   高校2年生で認められた判例がある

**ポイント**

別居期間六〜八年で有責配偶者からの離婚が認められた裁判例がある。

**★「有責事由」「有責配偶者」とはどんなことか**

婚姻を継続しがたい重大な事由による離婚の場合には、婚姻関係が破綻しているかどうかがポイントとなります。この破綻の原因について、主として責任がある者を「有責配偶者」、破綻の原因となった事実を「有責事由」と呼んでいます。

たとえば、暴力や虐待が原因で夫婦関係が破綻した場合は、暴行等を働いた側が「有責配偶者」で、暴行等が「有責事由」となります。これが原因で離婚する場合、有責配偶者の相手方は、有責配偶者に対して慰謝料の請求ができます。

また、有責配偶者からの離婚請求も、原則として認められませんが、一定の条件の下に認めています。

## ●養育費等の滞納と強制執行

### ■養育費等の支払いの滞納に備えて

別居中の生活費である婚姻費用の分担や離婚後の養育費の取り決めをしても、現実にはなかなか支払ってもらえないケースが協議離婚で約八割、調停で決まった場合でも三割強です（前者は厚生労働省の統計、後者は最高裁の調査）。

養育費等の支払いが家庭裁判所の調停や審判で取り決められていれば、家庭裁判所に「履行勧告」や「履行命令」を出してもらうことができます（半数ぐらいは効果があるようです）。

それでも支払いがなされない場合は、調停調書や審判書には強制執行力がありますので、地方裁判所に頼んで財産や給料の差押えができます。協議離婚の場合も、取り決めた内容を公正証書にしておけば（滞納したときは強制執行してもよい旨の文言を入れること）同様の効果があります。

### ■滞納の場合の強制執行が厳しくなった

平成一六年四月一日に民事執行法が改正され、「扶養義務等に係る定期金債権を請求する場合の特例」が設けられました（一五一条の二）。滞納者に対して、これは厳しい内容となったのです。

改正前は、養育費等の滞納で給料等の差押えをする場合、滞納部分についてしか差押えはできませんでした。滞納の都度、差押え手続を取ることは大変で、費用も馬鹿になりません。

平成一六年の改正で、強制執行手続きを一回取るだけで、将来の分を含めて継続的な収入について差押えができるようになりました。この継続的な収入には、給料だけではなく、家賃、地代など継続的に支払われる収入も含みます。

### ■差押えできる上限も増加

改正前は、給料等の差押えができるのは、上限が給料等から税金・社会保険料等を控除した額の四分の一まででしたが改正により二分の一までと拡大されました。また支払義務者の収入が六六万円を超の場合は、半分の三三万円超の額の全部を差押えできるようになりました。

このような強制執行ができるのは、離婚前の婚姻費用、離婚後の養育費ですが、離婚時の財産分与、慰謝料はたとえ長期の分割払いの定めをしても適用にはなりません。また平成一六年の同法の改正で、養育費の不履行があるときは、一種の制裁金の支払いを命じること（間接強制）ができるようになりました。

# 第5章

## 離婚を勝ち取るための——

# ケース別 離婚原因の研究

♠訴訟で離婚ができるかどうかの判断は、法定離婚原因（事由）に当たる否かにかかります。また、離婚の交渉や調停においても離婚できるかどうかの根拠となります。

この章では離婚原因について、過去の判例を研究し解説しました。

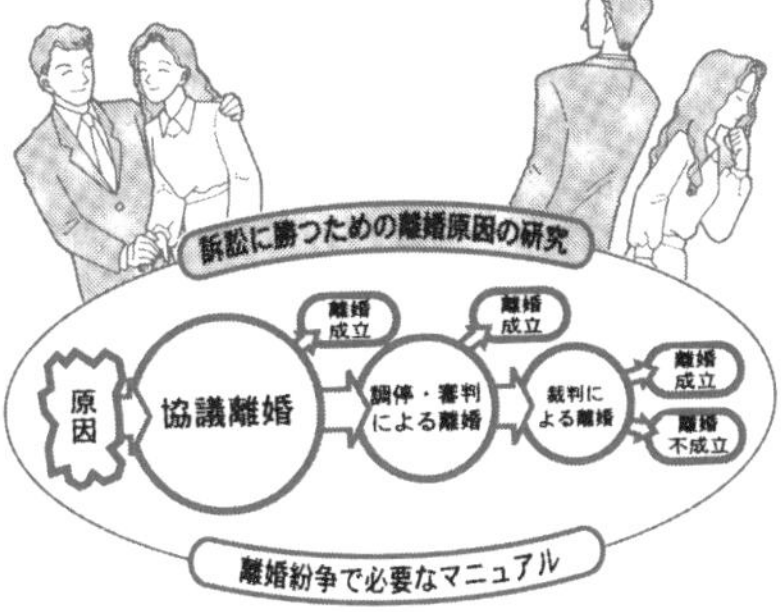

# ●離婚訴訟に勝つための証拠の集め方と出し方

## ■実際の訴訟では、当事者以外の証人を呼ぶケースは少ない

離婚訴訟も裁判である以上、離婚事由の存在につき、相手が有責であることについて、主張し立証しなければなりません。相手配偶者に不貞、悪意の遺棄などの有責の離婚事由があると言って離婚を請求する場合、それは慰謝料請求とも関連しますから、相手がそのような事由はないと否定することもあります。否定されると、あると主張する側がその有責事由を証明しない限り、裁判所としては「その事実はない」ものとして判決を書かざるを得ません。

では、どの程度の証拠をそろえれば証明できたと言えるのでしょうか。

離婚事件というのは、本来家庭の中の出来事が多く目撃者がいるわけでもなく、子供の証言を取るということも子供の福祉に反しますし、また子供が客観的に中立の証人になれるという保証もありません。また、離婚事件は離婚する夫婦の当事者の述べることが主な証明方法であり、離婚事由によってはそれ以外の証拠がないのが当たり前の場合もあります。実際の訴訟では当事者以外の証人を調べて聞くという事例はあまりないようです。

## ■離婚原因別の具体的な証拠の集め方

例として、家庭を捨てて出て行ったという「悪意の遺棄」であれば、別に借りているアパートまで調べなくとも家庭に戻って来ないという事実で十分と言えますし、また暴力などであれば、小さなケガであっても医師の診断書を取ればその事実の証明ができたことになります。

「婚姻を継続しがたい重大な事由」の一つである「性格の不一致」などのように、家庭の中だけで終始するような場合は、第三者を証人に立てることはもともと無理であり、また必要でもなく、具体的な会話、口論の内容などを述べることによって、それが作り話ではなく事実であるらしいという心証を裁判官に抱かせることで十分と言えます。

不貞の場合がもっとも争われるようです。否定されると証明するのは簡単ではありません。探偵事務所などに尾行を依頼しても、簡単には不貞の事実を突き止めることはできません。ただし、ラブホテルに入ったことが確認できれば十分で不貞をしているという推定が働きます。

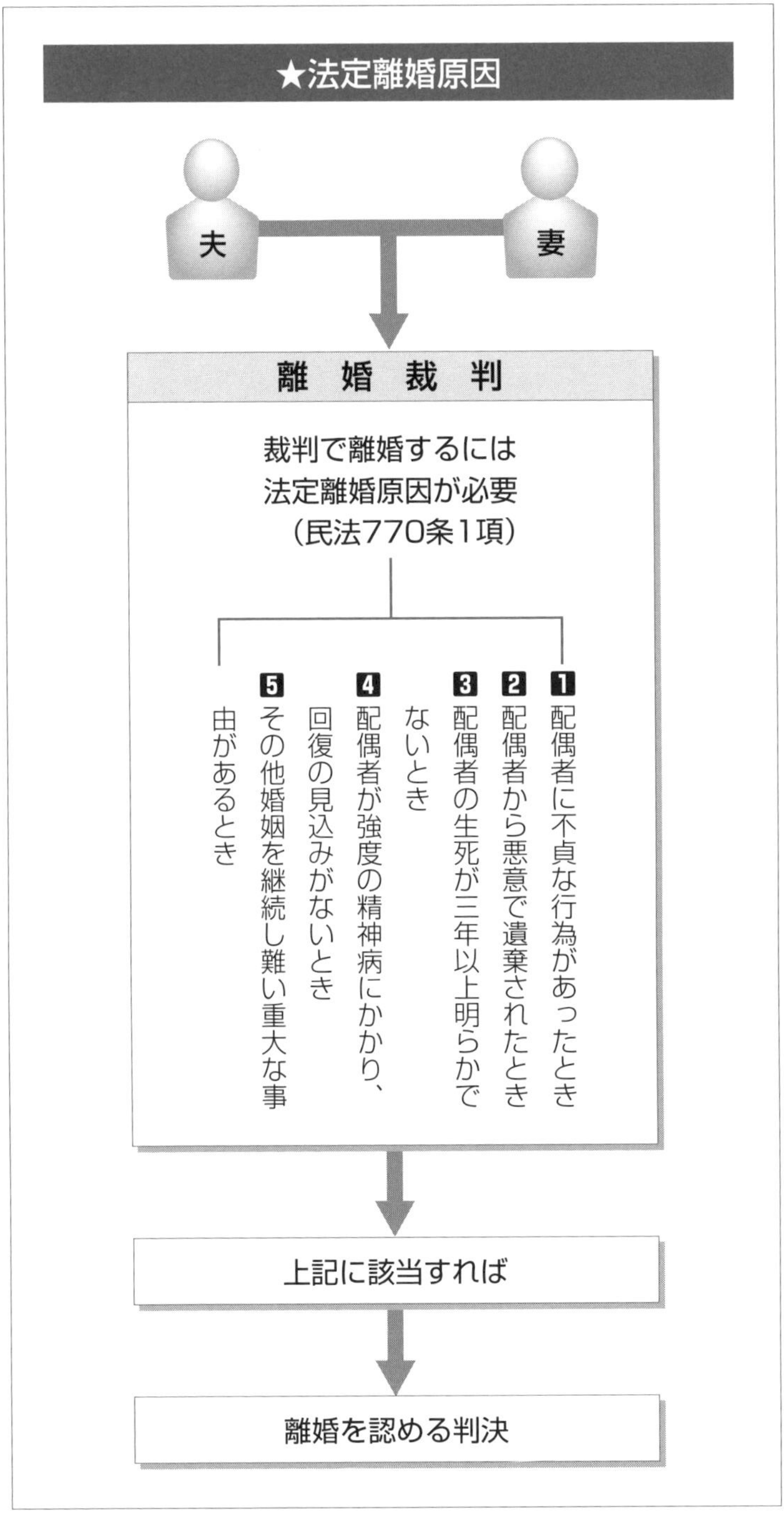

1

不貞行為❶

# 不貞を一度は許しても離婚できる場合がある

### ❁戦前の民法では一度相手の不貞を許してしまうと離婚請求はできなかった

世の中には一度くらいの浮気なら許すという心の広い人もいますが、反対に浮気をしたら絶対許さないという頑固者もいます。

戦前の旧民法では、姦通など離婚原因に当たることを夫婦の一方がした場合に、他の一方がこれをいったん許したときには、離婚の訴えはできないと明文の規定がありました。しかし、現在の民法ではそのような規定はありません。

ですから、いったんは不貞行為を許したとしても、あらためて離婚請求の訴訟が起こされれば、その不貞を原因とする離婚が認められる可能性も多いのです。

### ❁不貞をされた側が許すということはどんな意味を持つのか

夫が妻以外との女性関係を認め、今後このような関係を持たないことを誓う誓約書を妻に渡して許しを得ていたケースの場合に、それでも妻が離婚訴訟を起こした裁判例があります。

夫は、すでに妻から宥恕《ゆうじょ》（許すこと）を受けているから離婚原因には該当しないと主張したのですが、裁判所は、たとえ宥恕があったとしても、妻が全面的に宥恕したものとは認められず、それは旧法のような離婚請求権を消滅させるものではないとして、離婚を認めています。

離婚原因となる不貞行為があり、夫婦の一

**◆法律用語**

**不貞な行為**

「不貞な行為」とは、夫婦の一方が、配偶者以外の異性と性的な関係を持つことされています。

これは貞操義務違反であり、夫婦の基本的な婚姻義務違反です。

方がそれを許したからといって、後になり離婚請求を認めないものではないということのようです。

　また、離婚を請求している妻の側に不貞行為がありましたが、夫がいったんは宥恕し、妻も謝罪して四、五か月平穏に過ごしました。しかし、その後、夫は妻を疑い、束縛してやる、死ぬまで自由にさせないなどと妻を責めつづけたため、妻は夫に生理的な嫌悪を持つようになり、子供を連れて家を出、妻から離婚を請求しました。

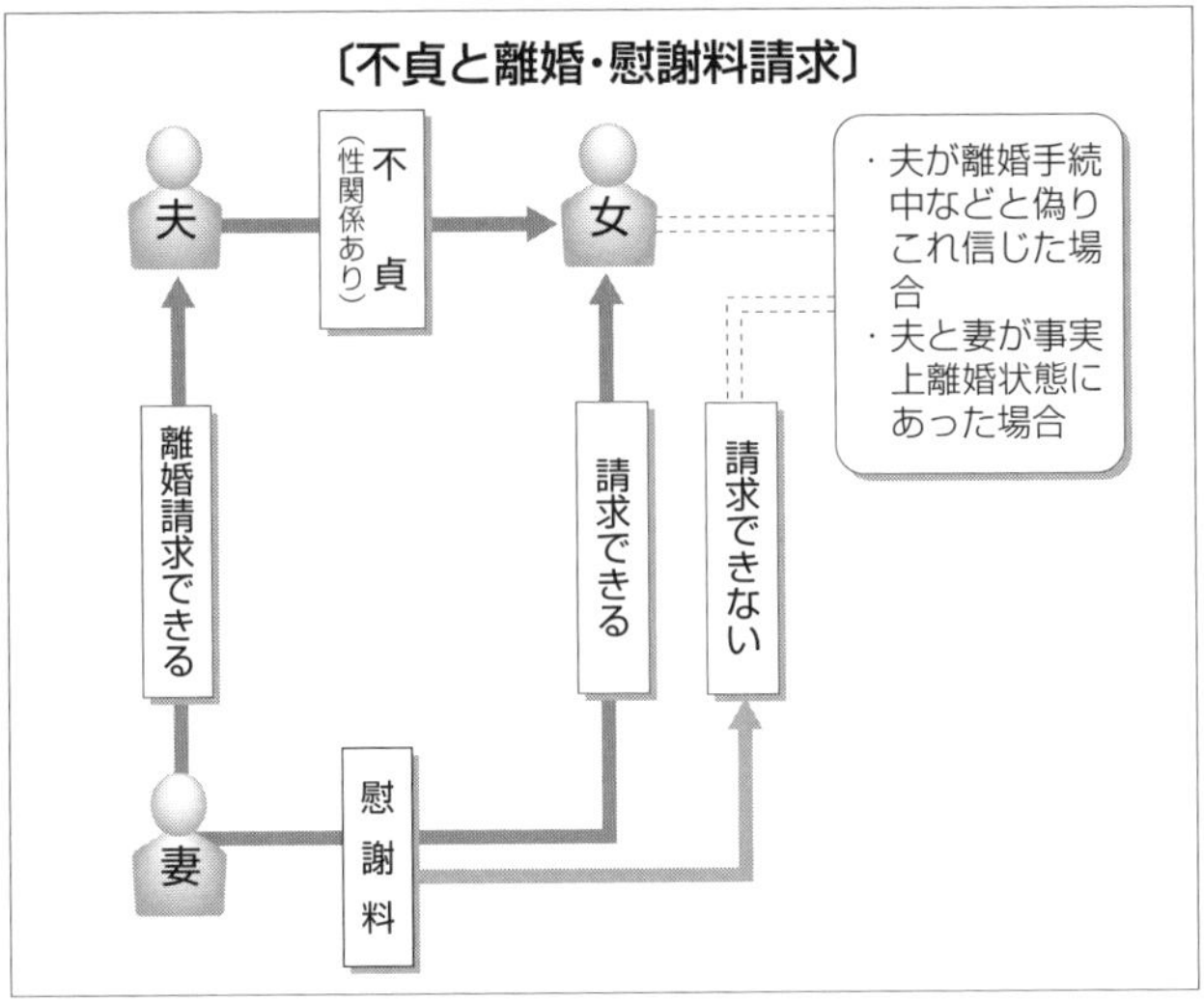


　夫は妻の過去の不貞を理由に有責配偶者（離婚原因を作った責任のある者）であるから離婚の請求はできないと主張しましたが、裁判所は、いったん宥恕したからにはそのような主張は信義則上許されないとして離婚を認めました。

　いったんは許したからといって、離婚請求ができなくなるわけではありませんが、いったんは許しておきながら、相手を有責配偶者だと主張することはできないということです。

**ポイント**
許す許さないに関係なく不貞行為は離婚原因。

**★付き合いと不貞行為**
勤務先や取引先の男性と喫茶店でお茶を飲むとか、一緒に映画を見に行くという程度の付き合いでは離婚は問題になりません。しかし、一緒に旅行する、ホテルに行くなどの場合、男女の関係ありと考えられ不貞行為となります。
　民法は、法定離婚原因の一つとして不貞行為を規定し離婚できる場合としています。また、判例は、肉体関係があるという的確な証拠はないが、二人の交際状況から見て、不信を抱くのは無理からぬものがあるとき、誠意を尽くして不信を回復することなく、ずるずる交際を続けたケースで妻からの離婚請求を認めた例があります。

不貞行為❷

# 2 不貞者からの請求が認められる場合もある

### ❁離婚原因を作った側からの離婚請求は、原則として許されない

民事法の分野では、クリーンハンズの原則と言われるものがあります。自ら手を汚している者は、その手で裁判所へ救済を求めることは許されないというものです。自分から不貞という離婚原因を作っておきながら、離婚を求めようというのは、道徳的に見ても、倫理的な観点からも許さるべきものではありません。

最高裁判所は、「不貞をはたらいた夫からの離婚請求を認めたのでは、義は全く俗に言う踏んだり蹴ったりであって、法はそのような不徳義・勝手気ままな請求を許すものではない」（昭和二七年二月一九日判決）と厳しい判決を下しています。この判決は「踏んだり蹴ったり判決」といわれ、それ以降、最近まで一貫した裁判所の姿勢でした。

とはいうものの、別居期間が二〇年とか三〇年というように相当長く続き、夫婦としての共同生活の実態もなくなり、その回復の見込みが全くなく、実際上、夫婦生活が破綻していても、なお戸籍上だけの婚姻を継続させることは、不自然であるということもできます。

### ❁有責配偶者からの離婚請求が一定の条件の下で認められるようになった

回復する見込みのない婚姻状態を続けさせるより、新しく始めた家族や子供のことも考慮すべきではないか、いつまでも歪んだ状態

**◆法律用語**

有責配偶者

民法七七〇条一項では、離婚原因として、①不貞行為、②悪意の遺棄、③三年以上の生死不明、④強度の精神病、⑤その他婚姻を継続し難い重大な事由を定めていますが、①②は有責事由、③④は無責事由、⑤は抽象的な一般破綻条項とされています。

①②の離婚原因がある配偶者のことを「有責配偶者」といい、慰謝料請求の対象にもなります。

にこだわるべきではない等の批判があり、各地の裁判所で有責配偶者からの離婚請求を認めるケースが最近になり見られるようになりました。

最高裁判所も、別居期間が三〇年にも及ぶ夫婦について①長期の別居、②未成熟の子がいない、③相手方配偶者が酷な状態におかれない、という要件の下に、「有責配偶者からの請求であるとの一事をもって許されないとすることはできない」との判決を出したのです（昭和六二年九月二日）。

この最高裁の判決以降、有責配偶者からの離婚請求を認める判例が相次いで出され、別居期間についても、二二年、一六年、一〇年、六年と短縮されました。もちろん、別居期間の長さだけで離婚が認められるわけではなく、前に述べた条件を満たすことが必要なことはいうまでもありません。

なお、平成八年に公表された民法改正案要綱では、「夫婦が五年以上継続して共同生活をしないとき」を離婚原因として設けることが提案されています。

最高裁の判例だけを調べてみても別居が「相当長期間」とはどれくらいの期間かについて、離婚を認めた例は一六年（昭和六三年四月七日判決）、一〇年三か月（昭和六三年一二月八日判決）、八年弱（平成二年三月六日判決）、長期ではないとして認めなかった例は八年（平成元年三月二八日判決）、一一年（平成二年三月六日判決）などがあります。

離婚を認めるかどうかは、別居期間の数量的なものだけで決められるわけではなく、時の経過が諸事情に与える影響も考慮して判断される相対的なものといえます。

なお、未成熟な子がいないことも、認める条件ですが、一七歳高校生は未成熟子、二四歳大学生は未成熟子ではないとしています。

**ポイント**

有責配偶者からの離婚が可能な場合もあります。

**★生活費のために売春**

夫は頻繁に外泊、生活費も渡さなくなった。妻は子供を連れて実家に帰ったが、生活苦から水商売に入り、生活費を稼ぐために他の男性と情交関係を持った。そして、父親不明の子供を生んだため、夫から不貞を理由に離婚請求された。

高等裁判所は、妻の不貞は認めましたが、不貞に至った原因と責任の大半は夫にあるとし、離婚請求は認めませんでした。

しかし、最高裁判所は、夫に責任はないとはいえないが、（略）生活費を得るために売春行為をすることが、通常のことであり、また止むを得ないことであるとはとうてい考えられない、として夫の離婚請求を認めました。

# 3 悪意の遺棄①
# 実家に戻り帰らない妻とは別れられる

## ❁家を出て帰ってこなければ夫婦の同居義務違反に該当する

何度も同じことを言うようですが、一度結婚して夫婦になると、同居・協力・扶助の義務をお互いに負うことになります。

結婚した夫婦が同居して夫婦共同生活を送るということは、結婚生活のひとつの基本要素であるからです。

この民法七五二条に規定する同居義務は、強行規定であるとされていますので、たとえば石川達三の小説「結婚の条件」に書かれているような、結婚したあとに永久に別居生活を続けるというような契約は許されません。

夫が実家に帰った妻に対して、何度も帰ってくれるように頼んだのに、それを無視して帰ってこないのであれば、夫婦間の同居義務違反となりますが、たまたま実家に帰って数日間帰ってこないことを幸いに離婚請求の裁判を起こしても、同居義務違反が認められるわけではありません。

## ❁同居義務違反は法定離婚原因の悪意の遺棄に当たる

正当な理由もないのに、夫婦の一方が同居義務を履行しない場合には、法定離婚原因の一つである「悪意の遺棄」となります。ここでいう悪意は、遺棄すれば夫婦共同生活がやっていけなくなるということを知っているだけではなく、そうなってもかまわないという不誠実な心理、態度を言います。

もちろん、出稼ぎであるとか、単身赴任、

**◆法律用語**

悪意の遺棄

「悪意の遺棄」とは、積極的な意思で夫婦の共同生活を行わないことをいいます。ただし、悪意の遺棄とされるのは、単に同居を拒否し、扶養を拒絶するだけでなく、夫婦生活が破綻するかもしれないという害意があることが必要とされています。

なお、同居義務違反については、民法七五二条は、「夫婦は同居し、互いに協力し扶助しければならない」と規定しており、この義務違反になり、これは離婚原因の悪意の遺棄（七七〇条一項二号に該当します。

海外出張などのように、同居しないことについて正当な理由がある場合には、同居しないからといって、同居義務違反や悪意の遺棄になるものではありません。

また、妻が家を出て実家に戻るに至った理由が、夫の同居に耐えがたい暴力から逃れるためであったり、舅や姑の我慢できないほどの露骨な嫌がらせから逃れるためであったり、あるいは夫が不貞を繰り返すため、夫に反省を求めるための別居であったなどという場合には、別居について正当の理由があると言えますから、法定離婚原因の悪意の遺棄には該当せず、離婚は認められません。

ここでいう遺棄は、相手を置き去りにして家を出たり、あるいは相手方を家から追い出すことは当然含まれますが、相手方に対して家を出ざるをえないように仕向け、いったん家を出た相手が家に帰ることを拒むことも含まれます。

また、遺棄といえるためには、遺棄の期間が相当続くことが必要という考えもありますが、二か月で遺棄と認めた判例もあります。

悪意の遺棄には該当しない場合でも、「婚姻を継続しがたい重大な事由」として離婚を認めたケースもあります。

仕事のためとはいえあまりに多い出張、外泊、小遣いていどの入金など家族を顧みない夫の行動は、悪意の遺棄にはやや足りないが、「婚姻を継続しがたい重大な事由」に当たるとして離婚を認めた例（大阪地裁・昭和四三年六月二七日判決）、病気療養で実家に戻ったまま戻らない妻について悪意の遺棄は認めなかったが、多くのわがままな言動をとらえ、「婚姻を継続しがたい重大な事由」として離婚を認めた例、などがあります（横浜地裁・昭和五〇年九月一一日判決）。

**ポイント**

長期間別居で夫婦生活が破綻した場合、婚姻を継続しがたい重大な事由になる。

**★どんな場合に不貞があったと認定されるのか**

裁判所が認める「不貞」は、夫または妻が、他の異性と肉体関係を持った場合としています。旅行先での一夜の浮気、あるいは酔った上での水商売の女性との浮気も不貞となりますが、それで離婚請求ということはあまりなく、裁判で出てくる不貞は、同棲している、継続的な肉体関係が続いている、複数の異性と何回も肉体関係をもつなどの場合です。なお、不貞で訴えられた側で、自分が不貞に走ったのは妻が至らないからだ、あるいは夫との性生活に不満があったからだ、ほんの一時的な浮気で本気ではないなどと頑張るケースもありますが、裁判では認められません。

4

強度の精神病❶

# 精神病の配偶者との離婚の可否は病状による

## ❁強度の精神病であり回復の可能性がない場合に認められる

現在のように、ますます高度化する文明社会の下では、精神的な病に侵される人も多くなってきています。

夫婦というのは、精神的な結合と肉体的な結合をバックボーンとして成り立っているものです。それが精神病にかかったために、婚姻の本質的な部分である精神的な結合を欠くにいたり、夫婦生活が破綻した場合にまで、夫婦の一方を破綻した婚姻生活に一生縛りつけておくことは、いかにも酷だと言えます。

とはいうものの、教会での結婚式での神父の言葉を借りるまでもなく、夫婦は健やかなる時も病める時も、お互いに助け合うべきものでもあります。精神病にかかったからといってすぐに離婚を認めるというのは、人間感情にそぐわないともいえます。

そのため、精神病を離婚原因として法律上認めるかどうかは、各国でも議論の的になっています。

戦後に作られた現在の民法では、強度の精神病にかかって回復の見込みがないとき、という条件の下に、離婚原因とすることが定められました。

では、ここでいう「強度」とは、どんなものを言うのでしょうか。

夫婦として結婚生活の本質的な義務を果たせないほどの精神障害であることが必要で、分裂病、早期性痴呆、躁鬱病、偏執病、初老

◆法律用語

**強度の精神病**

民法七七〇条一項四号では、「強度の精神病にかかり、回復の見込みがないとき」を無責の場合の離婚原因として上げています。

ただし、精神病になったからといって直ちに離婚することなどはできず、婚姻による共同生活が行えない状態が継続し、かつ、相当期間治療を継続しているが回復の見込みがたたない場合とされています。

期精神病などの高度な精神病などにかかった場合を言います。

また、「回復の見込みがない」とは、不治を意味しますが、回復の可能性の有無は、厳密な医学的判断によるのではなくて、精神科医の鑑定をもとに、裁判所が判断することになっています。

### ❁精神病にかかった者のアフターケアが十分でないと認められない

昭和三三年に出された最高裁判所の判例では、妻が不治の精神病にかかった一事のみをもって離婚訴訟を理由ありとすべきではなく、諸般の事情を考慮し、病者の今後の療養、生活等についてできるかぎりの具体的な方途を講じ、ある程度、前途に、その方途の見込みのついた上でなければ離婚請求は許されないとの判断を示しています。

いずれにせよ、家事や育児ができないということだけでは、離婚原因となるかどうかは一概に判断できません。精神病の再発の可能性、回復の見込みがあるかどうか、今後の療養・生活の見込みなど、もろもろの事情が考慮された上で、離婚を認めるべきか否かが判断されることになります。

妻が統合失調症による入退院を繰り返し、現在単身生活をし通院しながら薬物療法、精神療法を受けているが、医師、ケースワーカー、家族などの庇護の下においては社会生活を送ることができる中度の欠陥治癒の状態の場合(東京地裁・昭和五九年二月二四日判決)、また妻が統合失調症で入院中であり、完全に治っておらず、現実の夫や娘にはあまり関心がなく、かすかに人格の崩壊がみられる場合(東京高裁・昭和五七年八月三一日判決)には、意思能力を欠くほどではないとして、強度の精神病に当たらないとしています。

**ポイント**

精神病者を相手の離婚訴訟では、後見人または後見監督人を被告として起こす。

**★離婚裁判中だが実際はどんな形で終わっているか**

従来のわが国の離婚形態は、協議離婚が約九〇%、調停離婚が八～九%、裁判離婚は約一%です。

離婚の話合いがつかない場合は、離婚裁判になるわけですが、必ずしも判決で結着がつくわけではありません。離婚裁判の終わり方は、判決、和解、認諾、その他(訴訟の取下げなど)に分けられます。一番多いのは和解で、判決は全国の地方裁判所の実情をみると、例年約四〇～五〇%ぐらいです。

ちなみに平成三〇年の裁判での離婚を含む人事を目的とする訴えは、和解四二七四件、判決三七八一件、取下げ一一六五件でした。

5

強度の精神病②

# 婚姻が破綻し継続が困難であればは離婚できる

❁高齢化社会を迎え身近に起こりうる問題である

　高齢化社会と盛んに言われるようになるにつれ、「ぼけ」とか「アルツハイマー病」などの老人性痴呆症が増加してきています。このような病気にかかった患者をかかえた家族にとっては、家庭崩壊の危険すら負わされかねません。

　こういう事件では、妻が病気になり夫から請求するケースが多く、妻からの請求が少ないようです。これは妻が夫に比べ、忍耐強く、最後まで夫をみとることを受け入れる優しさのせいかもしれません。

　老人性痴呆症のような病気を原因とする離婚請求が、民法七七〇条一項四号に定める精神病離婚に該当するかどうかも問題のあるところです。

　ただ、精神病離婚の場合には、「強度」の精神病であるという厳しい条件が必要なため、これに該当しない場合も多く、これをクリアーするために同条一項五号の「婚姻を継続しがたい重大な事由」により、請求するケースもあります。

　もちろん、この場合には、夫婦生活がすでに破綻していることが、離婚が認められる要件となります。

　たとえば、老夫婦二人の生活の場合には、他の配偶者に過度の負担や犠牲を強いる結果をも招きやすく、その結果として、夫婦共同生活が破綻しているとみられるケースが多い

**◆法律用語**

婚姻を継続し難い重大な事由

　民法七七〇条一項五号は、「その他婚姻を継続し難い重大な事由があるとき」を離婚原因に掲げています。

　これは、破綻主義離婚原因としての一般条項といわれ、夫婦としての共同生活が事実上破綻している場合には、離婚することができると考えられています。

　ただし、どのような状態にあれば婚姻が破綻しているかについては裁判所の認定によることになります。

でしょう。

### ◉老人性痴呆症について判例はどうみているか

参考になる判例がありますので、紹介しましょう。

夫が四二歳、妻が五九歳、結婚生活二〇年、子供はありません。結婚後、一一年目から妻が就寝中に失禁をしたり、自宅がわからなくなったりしました。その二年後、病院では、アルツハイマー病とパーキンソン病と診断され、その後さらに症状はひどくなり、寝たきりの上、夫であるということもわからなくなり、言葉も不明瞭となり日常会話もできなくなりました。

夫は家事全般のほか、妻の看護をしていましたが、さらに勤務先を退職して、自分の実家である長野へ帰って、母とともに介護をしていました。

民生委員の尽力のおかげで、妻は二四時間完全介護の施設のある特別養護老人ホームに入所しました。

夫は妻の入所後も、一ないし二週間に一度の割合で見舞いを続け、食事や爪を切るなどの世話をしてきました。

その頃、親族や知人の勧めもあって再婚を考えるようになり、離婚を決意するに至ったのです。

裁判所は、妻の病気が精神病に該当するかどうかは疑問が残るとしながらも、長期間にわたり夫婦間の協力義務をまったく果たせないでいることなどによって、婚姻関係は破綻していることは明らかであること、さらに夫が離婚後も若干の経済的援助および面会を考えており、全額公費負担の老人ホームでの介護が得られることを考慮して、離婚を認めました（長野地裁・平成二年九月一七日判決）。

**ポイント**

重病などによる破綻の認定については基準がないので個別的に判断される。

**★法定離婚原因である「強度の精神病」とは**

一般の人には、どんな病気が強度の精神病かはわかりません。

判例で精神病離婚の対象とされる精神病は統合失調症（かつての精神分裂病）、早発性痴呆症、躁鬱病、偏執病、初老期精神病などの強度な精神病です。アルコール中毒、モルヒネ中毒、ヒステリー、神経衰弱症などは強度の精神病には当たらないとされています。

判例では、強度の精神病というだけでは離婚は認めず、精神病者の今後の療養や生活について、できるかぎり具体的な方法を講じ、将来の目途がついた上でなければ、離婚は認めないとしています（最高裁・昭和四五年一一月二四日判決）。

強度の精神病③

# 6 キッチンドリンカーの妻と別れるのは至難

### ❁妻が家事や育児をしない場合には夫婦の協力扶助義務違反となる

外に出て働く女性が増えてきたせいか、あるいは女性の地位が向上したせいか、夫が働き妻が家事や育児を行うという分担システムは、最近は崩れはじめてきているようです。

しかし、現時点では、まだ妻が家事や育児を行い、夫は外へ出て働くという例が多くあり、また、妻の家事労働についても、損害賠償請求事件の計算では一般の女性労働者並みの評価を受けています。

一般に、夫が稼いできたお金を家庭に入れない場合には夫婦の協力扶助義務違反となります。同様に、妻が従来分担してきた家事や育児を行わない場合には、協力扶助義務違反となります。問題は、妻が家事や育児を行えない原因が、重大な病気や障害の場合です。

このような場合にも、妻の協力扶助義務違反として、法定離婚原因の一つである「婚姻を継続しがたい重大な事由」に該当するものでしょうか。

### ❁アルコール中毒を原因として精神病離婚の申立てはできない

家事や育児が行えない原因が、妻のキッチンドリンカーの場合を考えてみましょう。これは一種のアルコール中毒でしょう。

一般に、アルコール中毒の場合には、健康な状態と高度な精神病の中間にあると言われています。精神病を原因とする離婚請求では、「強度の精神病」に該当することが必要だと

**◆法律用語**

**破綻主義**

婚姻関係が事実上破綻していれば、離婚を認めるべきだという考え方です。

民法七七〇条一項五号の離婚原因の「婚姻を継続し難い重大な事由」は、一般条項として破綻主義を宣言したものと言われています。

なお、有責配偶者からのこの一般条項を理由とする離婚請求は、最高裁はなかなか認めませんでしたが、現在は一定の事情がある場合は、一定の要件を設けて認めるに至っています。

## 〔表５〕婚姻関係事件の申立て動機別件数

（平成30年・最高裁判所『司法統計年報』）

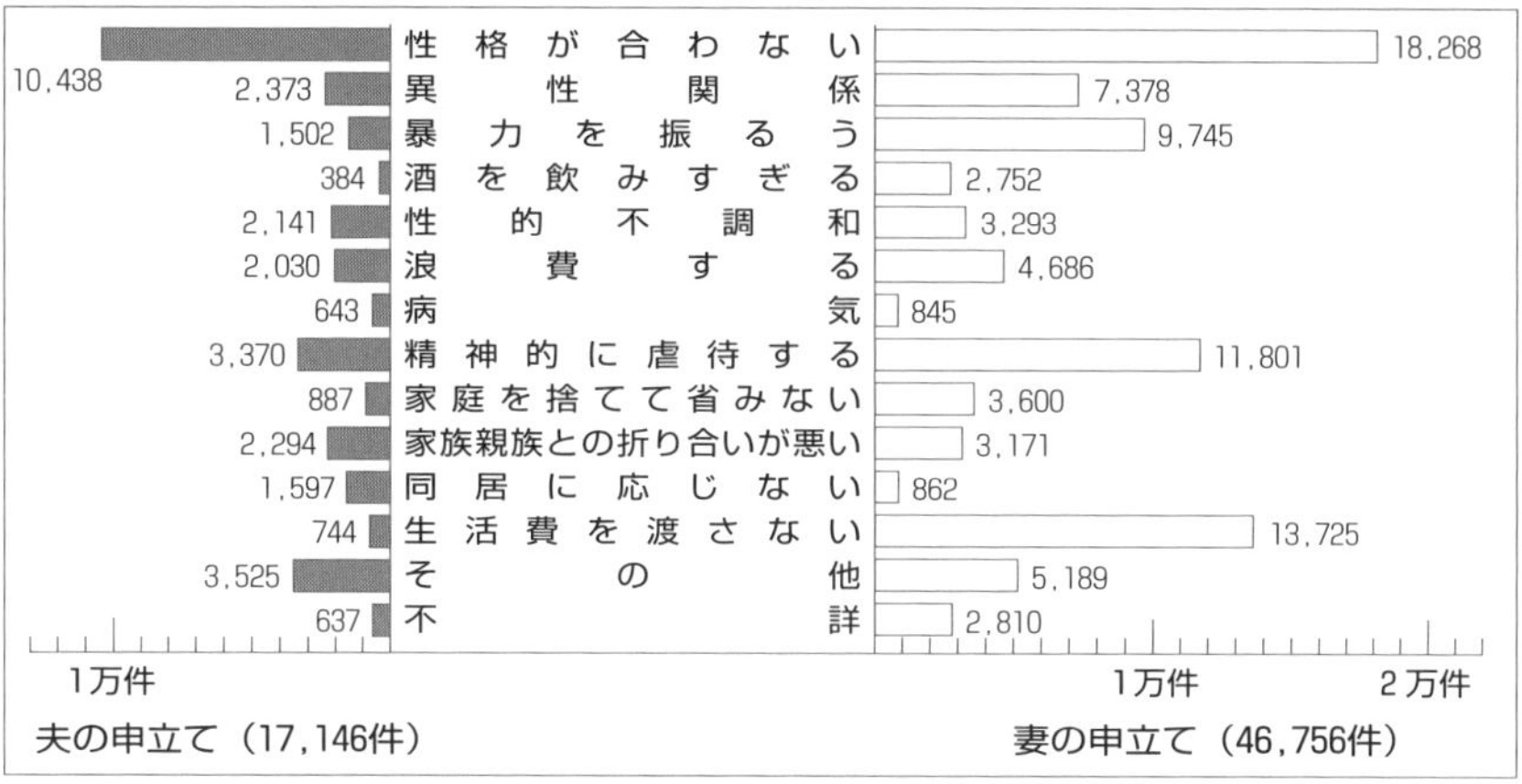


（注）申立ての動機は、１件につき主なものを３個まであげる方法で調査、重複集計してある。

されています。ですから、アルコール中毒だからといって、精神病離婚の申立てをすることはできません。

そうすると、「婚姻を継続しがたい重大な事由」に該当するかどうかということになります。妻のアルコール中毒のために、夫婦間の溝は深まり、家庭は崩壊し、夫婦間は回復の可能性のないほどに破綻しているという場合でなければ、これに該当するとは言えません。

しかし、問題となる点は、アルコール中毒が治癒の見込みがないかどうかです。一定期間の入院などの措置により回復が見込まれ回復できれば家事や育児も行える可能性がある場合には、法定離婚原因があっても、民法七七〇条二項によって、離婚請求を棄却することができると規定しているくらいですから、離婚請求は認められないと思われます。

**ポイント**

アルコール中毒での離婚請求は難しい。

**★離婚に責任のある側から五年の別居で離婚請求は**

昭和六二年に、三六年間別居していた有責配偶者からの離婚請求が認められて以来、その後次々に有責配偶者からの離婚を認める判決が続いており、七〜八年の別居期間があれば離婚を認めています（期間だけではなく、他の条件も必要）。

五年というのは、民法の改正案（未成立）で示されたものです。別居期間五年と明示することで画一的に離婚を認めようというもので、もちろん残された妻や子どもが経済的に過酷な状況に置かれないこと、また、配偶者に対する協力や扶助義務を著しく怠り、離婚請求が信義に反するときには離婚を認めないことも定めています。

7

婚姻継続困難①

# 酒を飲むと暴力を振るう夫とは離婚できる

## 暴力の程度にもよるが夫婦間といえども暴力は許されない

アルコールが入ると人が変わる人がいます。笑い上戸になる人もいれば、泣き上戸になる人もいます。

ところが、同じ変わるにしても、飲むにつれて暴力的になる人もいます。いわゆる酒乱と呼ばれる人がそうです。えてして、酒乱と呼ばれる人は、普段はおとなしく、借りてきた猫みたいなのに、一度アルコールが入ると乱暴になるようです。

アルコールが入ろうと、入るまいと、夫婦の間でも暴力は許されるものではありません。裁判所も夫婦間の暴力に対しては強い姿勢で臨んでいます。

ちなみに、家庭裁判所の離婚原因別の統計を見ても、暴力を原因とする離婚の申立ては、毎年上位を占めています。

一般には夫の暴力に耐えられないというケースが多いでしょうが、中には妻の暴力が離婚原因とされるケースもあります。

戦前に適用されていた旧民法では、配偶者による「同居に耐えない虐待」は、離婚原因になると規定していましたが、今の民法にはこのような規定はありません。しかし、家庭内でこのような暴力が振るわれるような場合には、「婚姻を継続しがたい重大な事由」に当たるとして、裁判所は離婚を認めています。

## 暴力を振るわれた妻からの離婚請求を認めた判例は多い

◆法律用語

DVと離婚

DVとは、ドメスティック・バイオレンスの頭文字で、配偶者（内縁・離婚後の配偶者含む）からの暴力のことです。

このDVが、離婚原因となるかどうかについては、明文の規定はありませんが、「配偶者より同居に耐えざる虐待または重大な侮辱を受けたとき」には、婚姻を継続し難い重大な事由として離婚が認められます。

暴力を振るう夫に対して、妻だというだけで我慢を求めるのは筋違いです。

つぎに、酒乱とは限りませんが、暴力を振るう夫に対して、離婚請求をした事件を紹介しておきましょう。

精神的に衰弱していた妻に対して、傷害を与えたのは一回だけあったが、それが相手に対して将来の暴行を予想させ恐怖心を抱かせるような状況で離婚請求をした事件について、離婚を認めた裁判例もあります。

また、夜間の仕事に従事する夫が、日中でも性交渉を要求するのに対して、潔癖症の妻がこれを拒絶したところ、目的を遂げようとして、夫が殴る蹴る、家財道具を投げつけるなどの暴力を振るうことがしばしばあったというケースについて、裁判所は妻からの離婚を認めています。

わが国では、あれは酒の上での席だからなどと、酒飲みに対して甘い風潮があります。しかし、酒が入っていようといまいと、夫婦間での暴力が許されていいわけがありません。暴力に対しては、毅然とした態度で望み、改善の見込みがなければ、離婚もやむなしと考えます。

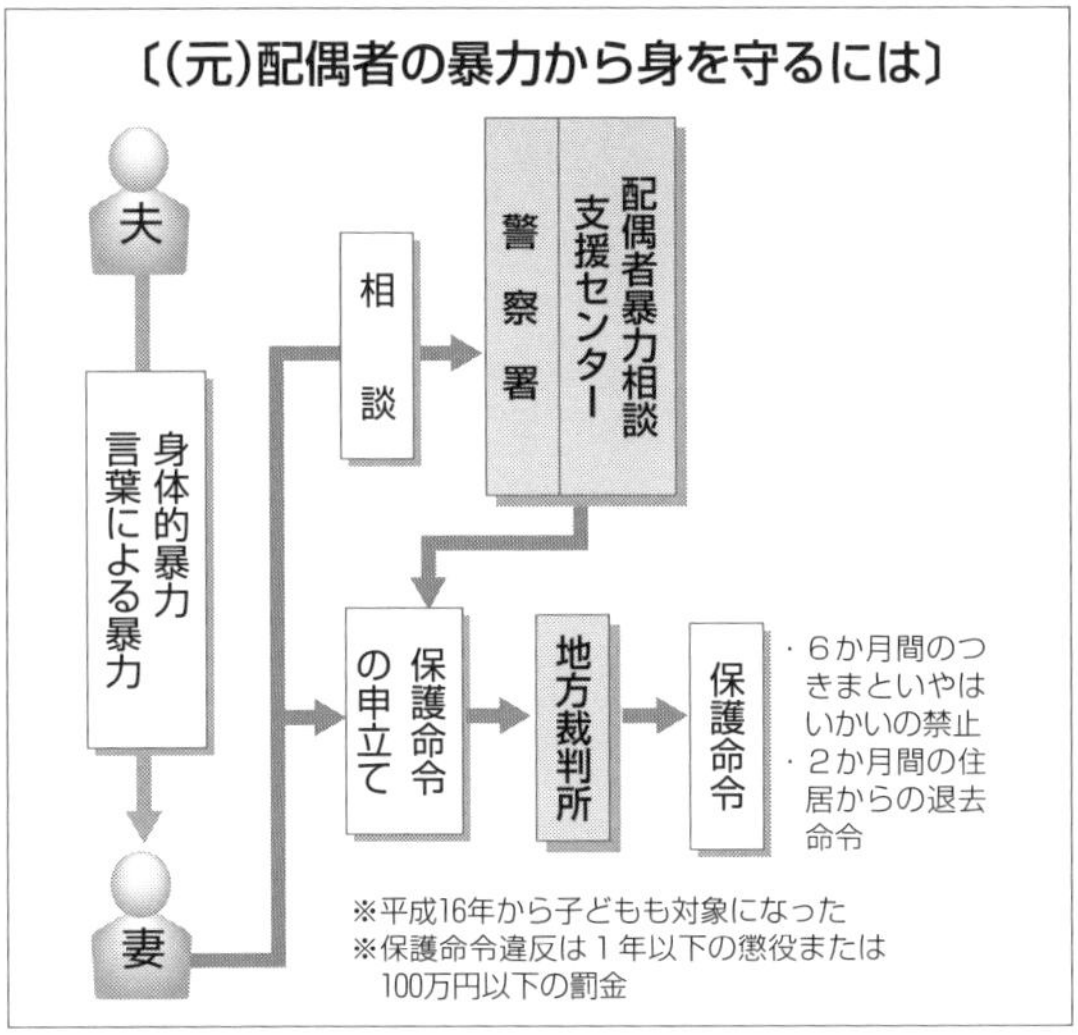


**ポイント**

酒乱の夫とは「婚姻を継続し難い重大な事由」を理由に離婚できる。

**★離婚の話合いをしようとすると夫が暴力をふるう**

いくら夫婦であるからといって、暴力が許されるわけではなく、相手が妻であっても犯罪になります。夫の暴力が恐いので離婚の話合いもできないという場合、各都道府県にある配偶者暴力支援センターや警察に相談することです。その上で、裁判所に保護命令を出してもらいます。その場合、診断書やケガの写真など暴力を証明する証拠が必要です。命令が出ると、同居していれば二か月間の住居からの退去命令が、また六か月間の徘徊禁止命令が出されます。

その間に、家庭裁判所に離婚調停を申し立てます。離婚調停が成立しなければ、離婚訴訟を起こします。

婚姻継続困難②

# 8 浪費がなおらない妻とは離婚できる場合もある

## ❁離婚原因としては妻の浪費が増加傾向

ギャンブルに狂うというのは、一昔前までは、男性の専売特許でしたが、最近はこの分野にも女性が進出しているようです。

ギャンブルに狂った結果金がなくなり、消費者金融に手を出すというのが、かつての定番でしたが、女性の場合は、ギャンブルのためばかりではなく、ブランドものに熱中した挙げ句、それを買うための海外旅行に行くなど、近年になり、女性の浪費が家庭裁判所の相談でも増えています。

平成三〇年度の家庭裁判所の婚姻関係事件の申立ての動機別・夫婦別割合の統計をみますと、「浪費する」という項目は、夫の申立てで七位、妻の申立てで六位にランクされています。

そのうち、申立ての動機別で、妻が「浪費する」は二〇三〇件、夫が「浪費する」が四六八六件で、妻の浪費も問題となっていることがわかります。

民法では、夫婦が日常生活を送っていくために必要な費用は、夫婦が共同で負担することにしています。これを日常家事債務と言っています。食料・衣料・家具などの生活必需品の購入、教育費、医療費などがこれに当たります。

ですから、妻が消費者金融からした借金が、教育費や医療費として使ったというのであれば、夫婦が共同して支払義務を負うことになります。

**◆法律用語**

浪費

「浪費」は、離婚や破産などでよく問題となる用語ですが、法律上の浪費を定義する規定はありません。

国語辞典によれば、「浪費」とは、「むだづかい」ということになりますが、相手配偶者の浪費で離婚が認められるためには、その浪費が「婚姻を継続し難いもの」（著しい浪費癖）でなければなりません。また、浪費が原因で夫婦仲が悪く、婚姻関係が破綻しているような状態であれば離婚が認められることもあるでしょう。

ところが、消費者金融から借りた金で、妻が勝手に買った、ダイヤモンド、毛皮のコート、ブランドの洋服などの代金については、これは日常の家事債務の範囲外ですから、消費者金融からどんなに催促されても、夫に支払う義務はありません。

### ❁消費者金融から借りたからという理由だけでは離婚請求は無理

では、このような浪費癖の直らない妻とは離婚できるものでしょうか。

妻に何度となく浪費を止めるようにいさめたにもかかわらず、親類、友人、消費者金融などからの借金を重ねる、そのために昼夜の別なく借金の催促を受け、近所や会社の評判になるばかりか、子供まで学校へ行くのを嫌がるようになりました。

夫婦の愛情もなくなり、家のなかはケンカの絶え間もないなど、夫婦共同生活が回復不可能なほどに破綻してしまった場合には、法定離婚事由の一つである「婚姻を継続しがたい重大な事由」に該当し、離婚が認められるものと思います。

しかし、これも程度の問題であって、もっと夫婦で話し合い、夫婦が協力し合って努力すれば、従前の夫婦生活関係を回復するのは不可能ではないとして、離婚が認められなかった判例があります（一八九頁参照）。

単に浪費だけではなく、理由もなく全く働かず無為徒食している、家計を支える配偶者の収入も考えずに浪費して家計をかえりみないというような事情がある場合には、夫婦間の協力、扶助、婚姻費用分担義務の違反となり、悪意の遺棄として離婚原因となると考えられます。また、悪意があったとまでは言えない場合ではあっても、「婚姻を継続しがたい重大な事由」として離婚が認められることがあります。

**ポイント**

家庭を壊すような借金をやめないようでは、離婚も止むなしと言える。

**★夫に隠れて借金を重ねる妻と離婚したいが**

浪費が激しい場合は、夫婦の協力・扶助、婚姻費用分担義務違反となり、前述した「悪意の遺棄」として離婚原因となりますが、悪意とまではいえない場合でも、「婚姻を継続しがたい重大な事由」として離婚を認められることがあります。

サラリーマンの妻であるA子が、家計を預かりながら、性格が派手なため支出が多く、夫に隠れて質屋通いをしたり、友人知人から借金を重ね、その上、頭金の支払いのみで電気器具を購入しては売却するなどし、夫と話し合い再出発すると誓ったのに、以前と生活態度は変わらなかったという事例で、夫からの離婚を認めた判決があります。

# 9 婚姻継続困難③ 何もかも嫌になったでは離婚は無理

### ❁明確な離婚事由がない場合に「性格の不一致」とするのは問題が多い

人が人を好きになるのに、これといった理由もなく好きになることがあるのと同じように、夫婦を長くやっているうちに、ある日突然これといった理由もなく嫌いになるというケースもないではありません。

家庭裁判所に持ち込まれる離婚紛争の動機を調べてみますと、男女ともに一番多いのが、「性格の不一致」です。

結婚する当初から、育った環境も性格も全く異なる者同士であることはわかった上で、夫婦共同生活を送り始めるわけですから、考えようによっては「性格の不一致」を離婚理由とするのはおかしいような気もします。

ただ、夫婦生活を送っていくうちに、相手方の親族との折り合いの問題とか、子育ての問題、生活態度の問題、性生活の問題等々から、不満や不信感が、知らず知らずのうちに積み重なって、ついには相手に我慢ができなくなり、ひいては愛情の喪失まで進み、夫婦生活は破綻し、円満な夫婦関係を回復することはとても望めない状況に至ることがあります。

このような場合に離婚することができるか否かは、難しい問題です。

### ❁夫婦生活が破綻しているという事実だけでは必ずしも離婚を認めてもらえない

話し合って離婚ができればいいのですが、離婚を突きつけられた側では、離婚する理由

**◆法律用語**

性格の不一致

離婚調停の申立てでは、性格の不一致を理由とするものが最も多くなっています。しかし、離婚原因に性格の不一致というものはありません。

したがって、「婚姻を継続し難い重大な事由」に該当するかどうかが問題となりますが、この場合は、単なる性格の不一致ということだけでは離婚は認められず、夫婦の妥協し難い性格の相違からけんかが絶えず、継続的な不和により婚姻が破綻している場合に離婚ができるとされています。

も離婚する意思も毛頭ないわけですから、離婚の申し出を拒否します。

話し合いによる離婚がダメとなれば、調停による離婚も無理でしょう。

そうすると、裁判によって離婚を請求するしかありません。

裁判離婚では、破綻主義の傾向にあるといわれています。しかし、明確な法定離婚原因もないままに夫婦生活が破綻していても、裁判所は離婚を認めることはあまりしません。

離婚を認め得るほどに破綻しているかどうかは、ひとえに裁判官個人の自由裁量にまかされており、客観的な判断基準がないからだともいえます。

本来、離婚裁判にまで来るような夫婦の場合には、そこまで思い詰めているわけですから、夫婦生活は破綻している例が多いでしょう。

裁判所が「原告が胸襟を開き被告を受け入れれば」とか「反省すべき点を十分反省すれば」などのもとに離婚請求を棄却しても、そのような判決が出されたからといって、円満な夫婦生活の戻ることは、ほとんど望めないというのが現実だと思います。

夫婦関係が破綻した場合の離婚については、一定の基準が法制化されるのを期待するしかありません。

ちなみに、民法の改正案（未成立）では、①配偶者に不貞な行為があったとき、②配偶者から悪意で遺棄されたときで、いずれも婚姻関係が回復の見込のないほど破綻しているとき、③配偶者の生死が三年以上明らかでないとき、④**夫婦が五年以上継続して婚姻の本旨に反する別居をしているとき**、⑤前記の③④のほか、婚姻関係が破綻して回復の見込がないとき、を裁判で離婚ができる離婚原因としています。

**ポイント**

「性格の不一致」というだけでは、離婚はできない。

**★家庭内別居をしているが離婚できるか**

家庭内別居だけで離婚は認められません。家庭内別居の期間、会話の有無、性生活の有無、口論・喧嘩の程度、双方の感情、修復の意思、未成熟の子の有無など総合的な判断が行われ、婚姻生活が破綻しているかどうかで離婚を認めるかどうかが決まります。

妻は夫の経済観念のなさに不満を持ち、夫をなじり言い争いになることが多く夫は酒を飲んで暴力をふるうこともありました。同居しているのに必要な連絡はノートでとりあい、家庭内別居が四年。夫からの離婚請求の事例で、責任は双方にあるとした上で離婚を認めました（大阪地裁・平成一四年六月一九日判決）。

10 婚姻継続困難④

# ギャンブル狂の夫とは離婚できることもある

## ❁生活費を家に入れない場合には扶助義務違反となり離婚事由に該当

いくら愛し愛されて結婚した夫婦であっても、現在の世の中、経済的な裏打ちがなくては愛情だけで円満な結婚生活は送ってはいけません。

民法が結婚した夫婦に期待しているのは、夫婦は同居し、お互いに協力し扶助しなければならないことです（七五二条）。ここでいう扶助義務というのは、最後の一かけらのパンでも分かち合う義務であると説明されています（これに対して、自分の生活に余裕があるときに助け合う義務のことを扶養義務といっています）。

生活費を渡さないというのは、まさにこの扶助義務違反に当たります。

確かに、国営、公営を問わず、競馬、競艇、競輪など、現代はギャンブルの花盛りです。国は、一方では賭博行為を犯罪として処罰の対象にしている一方（刑法一八五条）、他方ではテレビコマーシャルなどで盛んにギャンブルを助長するような宣伝をしているのですから。

余談はさておき、働き手の夫が生活費を家に入れないということになると、子供を含む夫婦共同生活は成り立ちません。そのため、このような扶助義務違反がある場合には、法定離婚原因の一つである「婚姻を継続しがたい重大な事由」に該当し、妻からの離婚請求が認められることになります。

**◆法律用語**

**ギャンブルと離婚**

ギャンブルそのものが離婚原因となることはありません。ギャンブルが離婚問題となる場合は、ギャンブルによる浪費で、家庭にお金を入れなかったり、家庭のお金を使ってしまった場合などです。

こうした場合、民法七五二条の扶助義務違反に該当し、「婚姻を継続し難い重大な事由」として離婚が認められます。

生活費を家に入れない理由は、なにもギャンブルだけに限られません。骨董品収集の趣味が高じ、高価な掘り出し物を買うため生活費を家に入れないという場合でも、結論は同じです。

### ❁婚姻を継続し難い重大な事由に該当するとされたケース

夫婦間の扶助義務違反を理由として離婚を認めた判例は数多くあります。そのうちのいくつかを紹介しておきましょう。

夫は失業中の身でありながら、親戚の者の就職の世話を無視するばかりか、妻子に暴言・悪態をつき、少しも生活費を入れてなかったために妻から離婚請求をされた例、夫が妻子を置いて家出をし、生活費を家に入れないばかりか、たまに家に帰ってきては小遣銭をせびっていたという例などでも、妻からの離婚の請求を認めています。

しかし、次のような判例もありますから、注意が必要です。

多額の借金は家庭の崩壊をもたらすことはよくあることですが、夫の消費者金融などからの借金に苦しむ妻が離婚を請求したのに、これを認めなかった珍しい例もあるからです。判決は、「夫の借金問題以外に結婚生活を維持していく上で支障となるような事情はないのであるから、妻も働いて協力すれば借金を返済することも生活の維持も可能である」という理由から離婚の請求を棄却しています（仙台地裁・昭和六〇年一二月一九日判決）。

なお、ギャンブルが原因で消費者金融などからの借金がかさみ破産する人がいますが、破産したこと自体は離婚原因ではありません。ただし、そのために家庭にお金を入れなかったりして、夫婦喧嘩が絶えず、婚姻関係が冷えきって破綻している場合には、離婚が認められることになります。

**ポイント**

夫婦は互いに協力し助け合う義務があり、これに違反すれば離婚原因となる。

**★家出したギャンブル狂の夫の借金の支払義務は**

悪質な貸金業者は「妻であるあなたに返済義務がある」などといって夫の借金の返済を求めてきます。ギャンブルの借金は夫にだけ返済の責任があり、妻には返済の義務はありません。

ただし、その借金について妻が連帯保証人となっていた場合は別です。

悪質な貸金業者はそのことを知った上で、連帯保証契約にハンを押させようとしますが、決してこれに応じてはいけません。夫あるいは妻が相手の借りた借金の返済義務を負うのは、日常の食料品の購入、光熱費、住居費用、教育費用、医療費など日常の家事に使用するためのものであった場合のみです。

婚姻継続困難⑤

# 11 熟年夫婦、横暴という理由だけでは離婚できない

❁高齢者離婚だからといって特別な離婚理由があるわけではない

高齢化社会を反映してか、熟年離婚とか定年離婚とかいわれている高齢者の離婚が、最近になり増加しています。

ちなみに、厚生労働省の人口動態統計によると、平成二八年の同居期間三五年以上の夫婦の離婚件数は、五九六〇件にも上っています。

長年にわたり夫婦として苦労してきたという事実、いたわりあい慰め合って過ごす老後、最後を見取ってあげようという思いやりなどというものは、今や過去のものになりつつあるのでしょうか。

それはともかく、このような熟年世代の離婚申立件数が増えてきたのは、夫や子供のために尽くすという従来の女性の生き方に疑問を抱きはじめ、残りの人生を自分に正直に過ごしたい、自分のための生きがいを求めて自由に暮らしたいという目的を持つ女性が多くなったからだと言われています。

中高年者の離婚の申立てだからといって、離婚理由に特別なものがあるわけではありません。

これまで述べてきた、配偶者の不貞行為、配偶者の悪意の遺棄、三年以上の配偶者の生死不明、強度の精神病にかかり回復の見込みがないとき、それと婚姻を継続しがたい重大な事由があるときに該当するかどうかが問題になるだけです。

◆法律用語

横暴と離婚

「横暴」という用語は、法律の条文上はありません。国語辞典によれば、横暴とは、「勝手きままで乱暴なこと」とされています。

したがって、横暴を理由に離婚をするためには、その横暴が「婚姻を継続し難い重大な事由」に該当しなければなりません。暴力行為を伴うような横暴さの場合は別として、単に横暴ということだけでは、離婚は認められないようです。

### ❁離婚が認められるためには法定離婚原因が必要

では、判例に現れた具体的な高齢者離婚のケースをみてみましょう。

結婚生活三〇年、二人の子供は独立し別に生活、家業の自動車修理業のことで口論となり、妻は家を出て長男のところに身を寄せ、三年後に離婚訴訟に踏み切った例があります。夫は真面目で仕事一筋、反面、家族のありかたを顧みることが少なく、社会性や柔軟性がなく、口やかましく、家族をどなったり、暴力をふるったこともあった。

妻は、破綻の原因は夫の専制君主的な態度にあり、今後は自分に正直に心安らかに過ごしたいと訴訟を起こしたというものです。

裁判所は、夫婦関係が破綻にひんしていることは認めましたが、妻に帰ってきてほしいと懇願している夫が、反省すべき点を十分に反省すれば、婚姻生活の継続は可能と考えられるから、二人してじっくり腰を据えて真剣に気長に話し合うことを勧め、離婚請求を棄却しました（なお、妻は控訴しましたが、和解により協議離婚が成立しました）。

夫が定年退職し、一日中家にいて妻に命令しているワンマン亭主。たまには妻に手を上げたりすることもあります。妻はこのような苦痛から逃れ、残りの人生をのびのび生きたいとして離婚を求めた事件で、一審では離婚が認められた（横浜地裁・平成一一年七月三〇日判決）のですが、二審の東京高裁で逆転敗訴しています（平成一三年一月一八日判決）。暴力は立派な離婚原因ですが、長い期間中、傷も残らないほどに手を上げただけでは、離婚原因としては弱いということでしょう。

このように、高齢者離婚の請求では、若年者離婚の場合とは違って、裁判所も慎重な態度で臨んでいるようです。

**ポイント**

婚姻生活の継続が可能かどうかが、裁判では判断される。

**★「踏んだり蹴ったり判決」とは**

この事件の事実関係は、夫が愛人をつくり、愛人との間に子どもができたので、子どものいない妻とのあいだが険悪となり妻が出刃包丁を振り回すまでになりました。その結果、夫は家を出て愛人と同居を始め、「婚姻を継続しがたい重大な事由」を離婚理由として裁判に訴えたものです。

最高裁判所は「もしかかる請求が是認されるならば、被上告人（妻）は全く俗に言う踏んだり蹴ったりである。法はかくの如き不徳義勝手気儘を許すものではない」として離婚請求を認めませんでした（昭和二七年二月一九日判決）。有責配偶者からの離婚請求は認めないという時代の判例です。

婚姻継続困難⑥

# 12 過度のマザコン夫とは離婚できる

❁離婚申立ての原因で一番多いのが「性格の不一致」

離婚訴訟を起こす場合には、その前に、家庭裁判所で離婚調停を行わなければなりません。これを調停前置主義といっています。

この家庭裁判所に持ち込まれる調停事件には、ストレートに離婚したいという申立てが多いのは当然ですが、それ以外にも、離婚せずにやりなおしたい、離婚はいいが子供をどちらが引き取るか、あるいは離婚はＯＫするけど財産分与をこれくらいほしいなど、申し立てられる原因は種々様々です。

このような離婚トラブルの原因のうち第一位が、「性格の不一致」と言われるものです。

もともと結婚は、お互いに生まれも育った環境も全く異なる二人が、共同生活を送るわけですから、性格が一致しないというのは当然のことですし、一緒に生活してみて初めて結婚前にはわからなかったお互いの性格がわかることも、また当然です。

やさしい性質だ、趣味が同じだ、と思って結婚しても、母親べったりのマザコン夫だということは、結婚まではわからないかもしれません。何もかも、妻よりも母親のことを優先されたのでは、妻としておもしろいはずがありません。

❁単に「性格の不一致」だけでは裁判所は離婚を認めてはくれない

裁判所は、性格の不一致だけを原因として離婚を認めるわけではありません。確かに、

◆法律用語

三年以上の生死不明

相手配偶者が三年以上生死不明の場合は離婚することができます（民法七七〇条一項三号）。この場合には、判決離婚しか道がありませんので、調停を経なくても、すぐに離婚の訴えをすることができます。

なお、民法三〇条以下では失踪の宣告の規定を置いており、七年間生死が明らかでないときには、家庭裁判所に申し立てて失踪の宣告をしてもらうことができるとしています。失踪の宣告では、死亡したものとみなされますので、婚姻関係は終了し、相続権を得ることになります。

性格の不一致は、法定離婚原因の一つである「婚姻を継続しがたい重大な事由」に該当する場合もあります。

ただ、その前提として、夫婦生活が回復しがたいほどに破綻しているかどうか（円満な夫婦生活を回復する可能性はないか）、夫婦関係を継続するために十分な話し合いや努力がなされたかどうか、ということが問題となります。

当然、離婚請求が法廷に持ち出されたということは、夫婦間の話し合いや離婚調停で、夫婦のどちらかが離婚に反対しているわけですが、裁判所は夫婦双方の反省や努力により、あるいは周囲の協力や援助いかんによっては、円満な夫婦生活を回復できる余地があると判断すれば、離婚判決の請求を破棄することができます（民法七七〇条二項）。

たとえば、夫が母親と同じ寝室で寝る、洋服は母親に着せてもらう、母親と一緒に風呂に入るなど、常識ではとうてい考えられないような行動をとるために、愛情は失われ夫婦共同生活も絶望的に破綻し（別居状態がある程度継続しているなど）、どんなに努力しても円満な夫婦生活を回復するとは認められない、というような状況があれば、裁判所も離婚を認めてくれるでしょう。

◆マザコン夫と別居中で離婚したいが、つきまとわれ困ったとき

別れた配偶者あるいは別居中の配偶者につきまとわれて困っている場合、相手方の行為が暴行、脅迫、名誉棄損などの犯罪にあたる場合は、警察に対して告訴することができます。そこまではいかないが、つきまとわれて困っている場合には、ストーカー規制法による保護が受けられます。

（下欄参照）

**ポイント**

性格の不一致を理由の離婚のポイントは、夫婦生活が破綻しているか否か。

**★ストーカー規制法による保護を受けるには**

ストーカー規制法による保護の適用を受けるには恋愛感情などや好意が現在または過去にあったこと、相手が（元）配偶者やその家族に対して行われることが要件です。

相手が、つきまとったり、住居に押しかけたりなどの行為をする場合には警察に警告申出書を出し、警察から警告、都道府県公安委員会から禁止命令を出してもらいます。

これに従わない場合は、警告違反は五〇万円以下の罰金、禁止命令違反は一年以下の懲役または一〇〇万円以下の罰金に処せられることになります。

婚姻継続困難⑦

# 13 性交渉の拒否は必ずしも離婚理由にならない

## 性交渉の拒否だけでは離婚理由にはならない

結婚当初ならばいざ知らず、結婚生活が長くなればなるほど、夫婦間のセックスは少なくなり、盆と正月のみとか、あるいは七夕だよ（年に一回）などと言う話も珍しいことではありません。

結婚生活というのは、夫婦の愛情と信頼関係によって維持されるべきものであり、夫婦間の性交渉というのは、こうした愛情の発露としての自然な営みであり、その意味では、夫婦生活における性交渉が重要な位置を占めるものであることは、論を待たないと言えるでしょう。

このような重要な夫婦間のセックスを拒否すれば、どんな場合にも離婚原因になるのでしょうか。もちろん、そのようなことは個々の夫婦の個別的、具体的な問題であり、一概に性交渉の拒否は離婚につながると軽々しく言うことはできません。

もちろん、病気や身体的な障害のために、性交が不能という場合には、離婚原因とはなりにくいでしょう。

また、年老いてからの結婚生活では、性交渉そのものに重点が置かれるものでもありませんので、性交渉がなくても離婚問題は結びつきにくいと思われます。

では、健康で、それほど老齢でもない夫婦の場合に、長期間にわたり性交渉がなかったからといって、その事のみで離婚請求が認め

### ◆法律用語

同姓愛

同姓愛については、離婚原因とする法律の規定はありません。したがって、不貞行為は異性との性交渉をいいますから同姓愛は不貞行為には該当しないとされています。

しかし、同性愛の性癖があることが分かり，もはや正常な夫婦関係に戻ることが不可能で婚姻が破綻している場合には、離婚を認めた判例があります。

られるものでしょうか。

ポイントとなるのは、夫婦の一方が長期間にわたって性交渉を拒否し、その結果、愛情が失われ、結婚生活が破綻を来したというような場合でなければ、離婚原因とはならないと考えられます。

### ❁性交渉の拒否を理由に離婚を認めた判例は少ない

判例では、結婚する際に、性交渉が不能である旨を告げず、三年半の同居期間中、一度も性交渉がなかったというケースで、婚姻を継続しがたい重大な事由に当たるとして離婚を認めた例があります。また、結婚後、約四か月は正常な性交渉があったが、その後夫が性交渉を拒否し、他の男性と同性愛の関係になったケースで、同様に婚姻を継続しがたい重大な事由に当たるとして、妻からの離婚請求を認めています。

次の例は、離婚請求事件ではありませんが、参考のために紹介しておきます。

再婚同士の妻が、異性に身体を触れられると気持ちが悪いと言い、結婚当初から別居に至るまで性交渉を拒否し続けたため、ケンカが絶えず、夫婦生活がうまくいかなくなったというケースで、夫からの離婚に伴う慰謝料の請求（妻の側に離婚に対して有責性があると判断）を認めています（離婚は協議離婚）。

#### ◆長期間セックスレスの夫に離婚が認められたケース

三年半にわたって性交渉がなかったというケースです。裁判所は、「性関係の重要性を考慮すれば、病気や老齢などの理由から性関係を重視しない当事者間の合意があるような特段の事情が存しない限り」長期間にわたり性交渉のないことは「婚姻を継続しがたい重大な事由」に当たる、として離婚を認めています（京都地裁・昭和六二年五月一二日判決）。

**ポイント**

性交渉がないことから、夫婦生活が破綻した場合は、離婚は認められる。

#### ★長期間セックスレスで離婚できるか

精神的、肉体的な結合は、夫婦関係においては基本となる重要なものです。

セックスレスが長期間継続しているといっても、夫婦の双方が納得していれば、夫婦関係においては何の問題も生じません。妻からの要求、あるいは夫からの要求に対して相手がこれに応じず、その期間が長期にわたり、そのため日常生活が円満にいかなくなり、婚姻生活が破綻したような場合に離婚が認められることがあります。

（本文判例参照）

14

婚姻継続困難⑧

# 宗教活動で家庭が崩壊したら離婚できる

## ❄信教の自由や宗教活動の自由は認められてはいるが自ずから限度がある

信仰や宗教活動の自由は憲法の認めているところですから、妻が夫あるいは家の宗教と異なる信仰をするに至ったからといって、そのことを理由に離婚の申立てをしても離婚が認められるわけではありません。

宗教をめぐって申し立てられる離婚事件をみますと、

・自分の信じている宗教に勧誘するため毎日のように外出する、

・集会だ会合だといって夜遅くまで出歩いている、

・御利益があるからとかなりの金額の寄付をするなど、があげられます。

心の問題である宗教そのものよりは、宗教活動から派生する問題が原因になっています。

夫婦の一方が、特定の宗教活動に熱中し、相手の気持ちや家庭生活をないがしろにした結果、夫婦関係はギクシャクし、いさかいが絶えず、ついには、夫婦関係を継続していくのが困難な状況に立ち至った場合に離婚問題となって出てきます。

## ❄夫婦関係を壊す程度にまで宗教に熱中していれば離婚は認められる

もちろん、この場合も、離婚の申立理由としては、「婚姻を継続しがたい重大な事由」ということになります。

宗教というきわめて内面的な問題につい

### ◆法律用語

**婚姻を継続し難い重大な事由**

この「婚姻を継続し難い重大な事由」は、離婚原因の一般条項と言われ、抽象的な規定です。以下の場合などが、この規定に該当するとされています。

①重罪にて処刑されたとき
②同居に耐えない虐待または重大な侮辱を受けたとき
③配偶者のいむべき疾病
④著しい怠慢や浪費癖
⑤アルコールや麻薬による中毒
⑥性交不能や理由のない性交拒否
⑦著しい性格の不一致
⑧同居の舅姑や嫁婿に対する虐待侮辱
⑨長期の不和による別居

て、お互いに相いれない価値観に基づいて、相手を非難、嫌悪しているような場合には、結婚の本質とも言うべき精神的な結合は困難となり、夫婦関係が破綻したとみられるケースが多いようです。

　宗教活動の自由が認められているといっても、そこに自ずから限度があります。家事や育児をおろそかにしてまで宗教活動に熱中し、家庭生活をないがしろにするようなことは許されることではありません。

　判例でも、昼夜の別なく外出し、時には無断外泊まで重ねるほどであったため夫婦関係が破綻したケースで離婚を認めています。

　たとえば、妻が宗教活動の集会に熱心に出席し、ときには自宅を提供しているうちに活動はエスカレートするようになり、家事をおろそかにし留守がちとなり、正月その他世間一般の習俗的行事を行わないなど、家庭の安息が失われたというケース。

　また、宗教を信仰するようになったことが原因で夫婦間に亀裂が生じ別居するに至ったが、妻は別居後もますます熱心に信仰し、週三回の集会や地域での布教活動に参加するようになり、宗教活動を自粛する気持ちも離婚する気持ちもないというケース。

　裁判所は、前記のケースで、いずれも夫からの離婚請求を認めています。

◆長年の宗教をめぐる諍いで離婚が認められたケース

　紹介する例は、結婚二五年、子どもが三人いる夫婦です。妻はエホバの証人に熱中し、子供を入信させるばかりか、神棚を夫の実家に返すなどしたため夫婦間の亀裂対立は深刻となり、一〇年にわたり諍いを続けてきたというものです。このような根源的な問題についての対立は今後も解消できないとして離婚を認めました（東京地裁・平成九年一〇月二三日判決）。

**ポイント**

別居二年、妻が反省し宗教活動を控えたケースでは離婚が棄却されている。

**★宗教をめぐる対立がどれくらいの期間だと離婚できるか**

　どのような信仰を持つかは、誰にも認められるべきもので、憲法でも保障された「信教の自由」として権利です。

　夫婦間で信仰の違いがあってもお互いが尊重しあうべきであり、そのことが即、離婚に結びつくわけではありません。

　したがって、宗教をめぐる対立が長期間続いたとしても、そのことが離婚原因となることはありません。

　ただし、夫婦の一方が過度に宗教に熱中するあまり、夫婦間の協力、扶助義務違反となり、その結果、破綻する場合には離婚できるでしょう。

（上記判例参照）

15

婚姻継続困難⑨

# 姑との不仲が原因で離婚できる場合もある

## ◈婚姻を継続しがたい重大な事由に該当するかどうか

嫁と姑とのいさかい、あるいは嫁と夫の身内との不和は、昔から現在まで続く古くて新しい問題と言えます。

家族との同居が当然であった戦前の民法では、配偶者の直系尊属（義父母）からの虐待や侮辱は、離婚原因になると明文の規定があったくらいです。

現在では、親と同居生活をする例は少なくなったようですが、最近になって二世帯住宅も増えてきているせいか、このような問題が起こるのかもしれません。

夫婦の一方と他方の親との対立が原因となって夫婦関係がおかしくなり、あげくの果てには離婚ということになるケースも珍しくはありません。

このような離婚請求の場合には、「婚姻を継続しがたい重大な事由」に該当するかどうかによって、判断されます。

そのための判断の基準として、良好な夫婦関係の回復の可能性はあるのか、また別居期間がどれくらいあるかという点があげられます。

## ◈親族との対立解消のためにどんな努力をしたかどうかが判例の分岐点

本来、夫婦生活は夫婦がお互いに努力し、円満な家庭生活を継続すべきものですので、単に姑との折り合いが悪い、口ゲンカが絶えないといった程度の場合には、まず離婚が認

**◆法律用語**

姻族関係の終了

民法第七二八条一項は、「姻族関係は、離婚によって終了する」と規定しています。

したがって、離婚すれば、扶養義務等の親族としての義務から解放されます。

められることはありません。

親族不和を原因とする離婚請求では、夫あるいは妻が、他方の親族との不和を解消するために、その間に入って、どのような配慮をし、どのように積極的な努力をしたかということが、離婚の成否のポイントになります。

嫁・姑の対立があるのを放任し、円満な関係にするための調整に努力せず、むしろ、親の側に立って妻を罵倒したり、暴力をふるったケースでは、未だ完全に夫婦関係が破綻しているとは言えないとして、裁判所は夫からの離婚請求を認めませんでした。親子共同しての追い出し離婚は認めないということなのでしょうか。

逆に、義父がしばしば妻に対して不倫な行動にでるにもかかわらず、夫がこれを制止できなかったケース、あるいは先妻の子が妻に冷たく当たり散らすのに、親子の間がうまくいくように夫が努力しなかったケースでは、妻からの離婚請求を認めています。

いずれにせよ、親族との対立や不和が原因で、円満な夫婦関係が回復できない程度に破綻しており、義父母の虐待や侮辱が、誰がみてもひどいと判断されるような状態でなければ、なかなか裁判では離婚は認められないでしょう。

◆冷遇された婿養子の夫が家出し、八年後に離婚請求したケース

妻の家に婿入りし妻の実家で生活していた夫に対し、妻の両親がこれを冷遇し、蔑視し、妻はこのことに無関心であったため、夫は妻との婚姻の継続をあきらめ家を出てしまいました。

家を出てから八年後、夫は離婚請求の訴えを起こしたのですが、裁判所は夫婦の実質が失われていることを認め、離婚を認容しました(山形地裁・昭和四五年一一月一〇日判決)。

**ポイント**

親族との不和で婚姻関係が破綻していれば離婚できる。

**★入り婿で家族に冷遇されている場合に離婚できるか**

戦前のような「家」の制度はなくり、現在では、夫婦は基本的には独立した家族単位として認められています。

しかし、現実には、それぞれの両親と無関係に生活できるわけではありません。とくに、夫婦が両親と同居している場合には、円満な関係を築けるかどうかで夫婦関係にも影響してきます。

婿養子で夫が家族に冷遇されている場合も、考え方は本文が解説した嫁姑の不和の場合と同様です。

婿養子である夫が冷遇されて、そのことが原因が婚姻関係が破綻しているのであれば離婚できると思われます。

## ●夫(元)の暴力や嫌がらせから身を守るには

### ■DV法の改正で規制が強化された

従来は、夫婦間の暴力があっても警察は民事不介入を楯に保護されることもありませんでした。平成一三年に、「配偶者からの暴力の防止及び被害者の保護に関する法律」(以下、DV法と略)が制定されましたが、保護が不十分ということで、平成一六年、平成一九年に改正されました。

改正の主な点は、保護命令の対象を離婚した元配偶者や親族に範囲を広げたことです。**保護命令**とは、被害者が暴力によって重大な危害を受けるおそれが大きいときに、裁判所が被害者を保護するために発令するものです。

一つは、被害者の住まいや職場でのつきまといや徘徊を禁止する六か月の**「接近禁止命令」**で、もう一つは住まいが同じ場合に退去を命じる**「退去命令」**です。命令違反は、一年以下の懲役または一〇〇万円以下の罰金です。

従来は、退去命令の期間は二週間でしたが、二か月に延長されました。

また改正では「保護命令」の接近禁止の対象に未成年の子や被害者の親族が加えられました。そして暴力の定義に「心身に有害な影響を及ぼす言動」を加え、言葉や態度による暴力(電話、ファックス、メール)も禁止命令の対象になるようになりました。

### ■ストーカー行為があった場合は

最近は「つきまとい」よりは「ストーカー」の方がわかりやすいようで、よく使われます。

別居中の配偶者または離婚した配偶者からつきまとわれて困っている場合には、ストーカー規制法による保護を求めることができます(脅迫や暴行があれば、警察に告訴します)。

この法律要件は、被害者に恋愛感情や好意を持つ者が気持ちを満たされないため、本人またはその家族に対してストーカー行為を行う場合です。

ストーカー行為は、つきまとい、待ち伏せなどのほか、無言電話、交際・面会の強要、乱暴な言動などです。これが反復して行われることが必要です。

被害者は警察に備えてある「警告申出書」を警察に申し出ます。申出があると、警察本部長からはストーカー行為者に「警告」を、都道府県公安委員長からは「禁止命令」を出してもらうことができます。これに違反すると、懲役または罰金の刑があります。

第6章

紛争解決に必要な――

# 離婚書式と書き方

◆離婚するには多くの書式が必要です。
この章では、離婚当事者間の契約書から、役所への届出書式、裁判所で必要な書式で主なもの収録しました。

# ●離婚で必要な書式

## ■離婚で必要な書式は実に多い

離婚をめぐってトラブルとなると、つい感情的になって、書類のことなどはどうでもいいように思いがちです。しかし、離婚をするということは、まさに一生の問題、家を購入するなどよりもはるかに大仕事なのです。

離婚に関する書類は、大きく分けると、①相手との協議がまとまったときに交わす契約、②役所へ提出する届、③裁判所への申立書など、に大きく分類することができるでしょう。

以下では、こうした分類に従って概要を解説し、次頁では、どのような書式があるか、また、そのうちの一部をサンプルとして掲載しました。

## ■離婚相手と交わす書類

協議離婚では、離婚契約書を作成し、できれば公正証書にしておくのがよいでしょう。また、子どものことや、財産分与などについて、まとまった分から覚書や念書にしておくのもよいでしょう。

協議離婚は、調停離婚や裁判離婚と異なり、契約で定めておかないと、後でそんな約束はしなかったということで争いになると、弱い立場になります。

## ■役所への提出書類

役所への提出する届出は、戸籍に関するものです。その代表的なものが離婚届、後は個人の事情により、離婚届の不受理申出書、離婚の際に称していた氏を称する届、などがあります。

届出用紙は市区町村役場にありますので、その用紙を取り寄せて記入します。

## ■裁判所への離婚関係の申立ての書類

協議離婚がすんなりまとまった場合を除き、どうしても離婚したいなら、裁判所に申し立てて離婚することになります（場合によっては離婚できない）。この場合には、裁判所への申立書を作成する必要があります。

申立てでまず必要な書類は、離婚調停の申立書です。調停で話合いがつかなければ、通常は訴訟の提起ということになり訴状が必要です。

当事者の問題の他に、子の親権や養育費などで調停の申立てをすることもあります。

## ■書類を制することが大切

離婚では、ただでさえ悩みが多いのに、そんな書類のことなんて、と思われる人もいるかもしれません。しかし、書類を作成することは、事件を冷静に見直すことにも役立ちますし、裁判所への調停の申立てなどは、どうしてでも作成しなければならない書式でもあります。

面倒がらずに、やることが大切です。

## ◆離婚に関する主な書式

| 書　　式 | 参照ページ | 届出先 |
| --- | --- | --- |
| ■離婚する当事者間の約束に関する契約書 | | |
| ○離婚協議書 | 204 | 当事者が所持する |
| ○離婚協議書（公正証書）⇒公証人が作成 | 206 | |
| ○その他、覚書や念書など | 207 | |
| ■役所への届出書式 | | |
| ○離婚届 | 209 | 市区町村役場 |
| ○離婚に際に称していた氏を称する届 | 210 | 市区町村役場 |
| ○離婚届の不受理申出書 | 211 | 市区町村役場 |
| ○住民票などの交付申請書 | | 市区町村役場 |
| ○転出届・転入届 | | 市区町村役場 |
| ○不動産の所有権移転登記 | | 法務局 |
| ○年金分割の請求書 | | 年金事務所 |
| ■離婚に関する裁判所への申請等の書式 | | 家庭裁判所 |
| ○離婚調停の申立書 | 212 | |
| ○上申書・期日変更申請書 | | |
| ○調停前の仮の処分の申請書 | | |
| ○財産分与の請求調停（審判）の申立書 | 214 | |
| ○親権者の指定の調停（審判）の申立書 | | |
| ○親権者の変更の調停（審判）の申立書 | | |
| ○子の監護者の指定の調停（審判）の申立書 | | |
| ○子の監護者の変更の調停（審判）の申立書 | | |
| ○養育費請求の調停（審判）の申立書 | | |
| ○扶養料の増減額請求の調停（審判）の申立書 | | |
| ○氏の変更の許可の審判申立書 | | |
| ○子の氏の変更許可の審判申立書 | | |
| ○請求すべき按分割合に関する審判（調停）の申立書 | | |
| ○履行の調査・勧告の申出書 | | |
| ○履行命令の申出書 | | |
| ○訴状 | 216 | |
| ○取下書 | | |
| ○確定証明申請書 | | |
| ○書類の交付申請書 | | |

## 〔書式1〕離婚協議書

⇩協議離婚の場合に作成しておくとよい（六八・九一ページ参照）

# 離婚協議書

夫山野太郎（以下甲という）と妻山野花子（以下乙という）は、離婚について協議した結果、次のとおり合意確認する。

第一条　甲と乙とは協議離婚することとし、離婚届に各自署名押印した。

第二条　甲乙間の未成年の子一郎（□年□月□日生、以下丙という）の親権者を乙と定める。

第三条　甲は乙に対し、丙の養育費として、令和□年□月から丙が成年に達する日の属する月まで、毎月金○万円ずつ、毎月末日限り乙の指定する金融機関の丙名義普通口座に振り込み支払う。

第四条　乙は甲に対し、甲が毎年四回（原則として三か月に一度）丙と面接交渉することを認容する。面接交渉の日時、場所、方法は、丙の福祉を害することがないよう甲乙互いに配慮して協議決定する。

第五条　甲は乙に対し、(1)財産分与として、甲所有名義の左記不動産を譲渡し、令和□年□月□日までに、乙のために財産分与を原因とする所有権移転登記手続きをする。

（不動産の表示―省略）

⑵慰謝料として、金○万円を支払う。支払期限は令和□年□月□日限りとする。

第六条　甲（第1号改定者）及び乙（第2号改定者）は、厚生年金分割の対象期間に係る被保険者期間の標準報酬の改定又は決定の請求をすること及び請求すべき按分割合を○・五とすることで合意した。乙は離婚提出後速やかに年金分割の請求をすることとする。

甲（昭和○○年○○月○○日生）（基礎年金番号　○○○—○○○）

乙（昭和○○年○○月○○日生）（基礎年金番号　○○○—○○○）

第七条　甲と乙は、離婚にともなう財産上の問題はすべて解決したことを確認し、他に何らの請求をしない。

右のとおり合意したので、本書二通作成し甲乙各自保有する。

令和□年□月□日

住所　甲　山野太郎　㊞

住所　乙　山野花子　㊞

▼コメント　基本的な事項の合意・取決めを書式にまとめると、右のようになります。各条文の内容については、ごく一般的な例となっており、これを参考にして、離婚の話し合いで具体的に決めた内容にふさわしい書面を作成して下さい。

※横書きでもかまいません。

〔書式2〕離婚に関する契約の公正証書（内容の一部）

⇩公証人に作成してもらう（二一三ページ下欄参照）

## 離婚に関する契約公正証書

第壱条　夫甲野太郎を甲、妻甲野春子を乙として両名は協議により離婚することを合意し、その届出に当たり、以下のとおり契約を締結した。

第弐条　甲、乙は、その間に生れた長女夏子（平成□□年□月□日生）の親権者を甲と定める。

乙は長女の監護者となり、成年に達するまでこれを引き取り養育する。

第参条　甲は乙に対し、長女の養育費として令和□□年□月□日より同女が成年に達するまで毎月末日限り金○○円宛送金して支払う。

右養育費は、物価の変動その他事情の変更に応じて甲乙協議のうえ増減できるものとする。

第四条　甲は乙に対し、財産分与および慰謝料として、令和□年□月□日までに金○○円を支払う。

第五条　甲、乙は、本契約に定めた以外には相手方に対し何らの請求をしないことを相互に確約した。

第六条　保証人、乙野二郎は、この契約に基づき甲の乙に対して負担する債務を保証し、甲と連帯して債務を履行することを約した。

第七条　甲および保証人は、本証書記載の金銭債務を履行しないときは直ちに強制執行に服する旨認諾した。

## 【書式3】協議離婚の際の慰謝料に関する念書

⇩立会人など第三者を入れておくとよい（八二ページ参照）

念　書

甲野太郎と甲野花子は、この度、離婚することで合意した。離婚に当たり、太郎は花子に対して、慰謝料として金八〇〇万円を支払うものとし、本日金五〇〇万円を支払った。残金三〇〇万円については、一〇か月の分割払いとし、令和□年□月□日以降毎月末日までに、花子が指定した甲野花子名義の□□銀行普通口座に振り込んで支払うものとする。

花子は太郎に対して、右以外の一切の財産上の請求をしないことを確約する。

令和□年□月□日

甲野　太郎　㊞

甲野　花子　㊞

（立会人）乙野　次郎　㊞

※横書きでもかまいません。

**記入の注意**

鉛筆や消えやすいインキで書かないでください。
筆頭者の氏名欄には、戸籍のはじめに記載されている人の氏名を書いてください。
届書は１通でけっこうです。
この届書を本籍地でない役場に出すときは、戸籍謄本または戸籍全部事項証明書も必要です。
そのほかに必要なもの　調停離婚のとき→調停調書の謄本
審判離婚のとき→審判書の謄本と確定証明書
和解離婚のとき→和解調書の謄本
認諾離婚のとき→認諾調書の謄本
判決離婚のとき→判決書の謄本と確定証明書

| 証人（協議離婚のときだけ必要です） | | |
|---|---|---|
| 署名<br>押印 | 印 | 印 |
| 生年月日 | 年　月　日 | 年　月　日 |
| 住所 | 番地<br>番　号 | 番地<br>番　号 |
| 本籍 | 番地<br>番 | 番地<br>番 |

父母がいま婚姻しているときは、母の氏は書かないで、名だけを書いてください。

養父母についても同じように書いてください。
□には、あてはまるものに☑のようにしるしをつけてください。

今後も離婚の際に称していた氏を称する場合には、左の欄には何も記載しないでください（この場合にはこの離婚届と同時に別の届書を提出する必要があります。）。

同居を始めたときの年月は、結婚式をあげた年月または同居を始めた年月のうち早いほうを書いてください。

届け出られた事項は、人口動態調査（統計法に基づく基幹統計調査、厚生労働省所管）にも用いられます。


未成年の子がいる場合は、次の□のあてはまるものにしるしをつけてください。

（面会交流）
□取決めをしている。
□まだ決めていない。
（養育費の分担）
□取決めをしている。
□まだ決めていない。

未成年の子がいる場合に父母が離婚をするときは、面会交流や養育費の分担など子の監護に必要な事項についても父母の協議で定めることとされています。この場合には、子の利益を最も優先して考えなければならないこととされています。

**●署名は必ず本人が自署してください。**
**●印は各自別々の印を押してください。**
**●届出人の印を御持参ください。**

**日中連絡のとれるところ**
電話（　　）
自宅　勤務先　呼出（　　方）

**離婚によって、住所や世帯主が変わる方は、あらたに住所変更届、世帯主変更届の手続きが必要となりますので、ご注意ください。**

**なお、離婚届と同時にこれらの届けを出すときは、住所、世帯主欄は、変更後の住所、世帯を書いてください。**

**就業時間以外（土曜日、日曜日、祝日等）の住民異動届は受付できませんので後日届出ねがいます。**

〔書式4〕離婚届サンプル　⇨（26・32・36ページ参照）

# 離　婚　届

令和　　年　　月　　日届出

長　殿

| | | | | | | |
|---|---|---|---|---|---|---|
| 受理　令和　年　月　日<br>第　　号 | | | 発送　令和　年　月　日<br><br>長印 | | | |
| 送付　令和　年　月　日<br>第　　号 | | | | | | |
| 書類調査 | 戸籍記載 | 記載調査 | 調査票 | 附票 | 住民票 | 通知 |
| | | | | | | |

| | | | | | |
|---|---|---|---|---|---|
| (1) | （よみかた）<br>氏　名 | 夫　氏 | 名 | 妻　氏 | 名 |
| | 生年月日 | 年　月　日 | | 年　月　日 | |
| | 住　所<br>（住民登録をしているところ） | 番地<br>番　号 | | 番地<br>番　号 | |
| | | 世帯主の氏名 | | 世帯主の氏名 | |
| (2) | 本　籍<br>（外国人のときは国籍だけを書いてください） | 番地<br>番 | | | |
| | | 筆頭者の氏名 | | | |
| | 父母の氏名<br>父母との続き柄<br>（他の養父母はその他の欄に書いてください） | 夫の父 | 続き柄 | 妻の父 | 続き柄 |
| | | 母 | 男 | 母 | 女 |
| (3)<br>(4) | 離婚の種別 | □協議離婚<br>□調停　年　月　日成立<br>□審判　年　月　日確定 | | □和解　年　月　日成立<br>□請求の認諾　年　月　日認諾<br>□判決　年　月　日確定 | |
| | 婚姻前の氏にもどる者の本籍 | □夫<br>□妻　は　□もとの戸籍にもどる<br>□新しい戸籍をつくる | | | |
| | | 番地<br>番 | | 筆頭者の氏名 | |
| (5) | 未成年の子の氏名 | 夫が親権を行う子 | | 妻が親権を行う子 | |
| (6)<br>(7) | 同居の期間 | 年　月から<br>（同居を始めたとき） | | 年　月まで<br>（別居したとき） | |
| (8) | 別居する前の住所 | 番地<br>番　号 | | | |
| (9) | 別居する前の世帯のおもな仕事と | □1．農業だけまたは農業とその他の仕事を持っている世帯<br>□2．自由業・商工業・サービス業等を個人で経営している世帯<br>□3．企業・個人商店等（官公庁は除く）の常用勤労者世帯で勤め先の従業者数が1人から99人までの世帯（日々または1年未満の契約の雇用者は5）<br>□4．3にあてはまらない常用勤労者世帯及び会社団体の役員の世帯（日々または1年未満の契約の雇用者は5）<br>□5．1から4にあてはまらないその他の仕事をしている者のいる世帯<br>□6．仕事をしている者のいない世帯 | | | |
| (10) | 夫妻の職業 | （国勢調査の年…　年…の4月1日から翌年3月31日までに届出をするときだけ書いてください）<br>夫の職業 | | 妻の職業 | |
| | その他 | | | | |
| | 届出人<br>署名押印 | 夫　　印 | | 妻　　印 | |
| | 事件簿番号 | | | | |

| 住定年月日 | |
|---|---|
| 夫 | ・　・ |
| 妻 | ・　・ |

## 〔書式5〕離婚の際に称していた氏を称する届 ⇨（40ページ参照）

| 離婚の際に称していた氏を称する届<br>（戸籍法77条の２の届）<br>令和　年　月　日届出<br>**東京都○○市** 長殿 | 受理　令和　年　月　日<br>第　　号<br>送付　令和　年　月　日<br>第　　号 | 発送　令和　年　月　日<br><br>長印 |
|---|---|---|

| 書類調査 | 戸籍記載 | 記載調査 | 附　票 | 住民票 | 通　知 | |
|---|---|---|---|---|---|---|
| | | | | | | |

| | | |
|---|---|---|
| (1) | 離婚の際に称してた氏を称する人の氏名 | （現在の氏名、離婚届とともに届け出るときは離婚前の氏名）<br>**秋　山　一　子**　昭和 44 年 5 月 1 日生 |
| (2) | 住　所<br>（住民登録をしているところ） | 東京都○○市中原1丁目4 ~~番地~~ 番 12号<br>世帯主の氏名　秋　山　一　子 |
| (3) | 本　籍 | （離婚届とともに届け出る時は、離婚前の本籍）<br>東京都中央区○○1丁目2 番地 ~~番~~<br>筆頭者の氏名　秋　山　一　男 |
| (4) | 氏 | 変更前（現在称している氏）　秋　山<br>変更後（離婚の際称していた氏）　山　下 |
| (5) | 離婚年月日 | 令和　年　月　日 |
| (6) | 離婚の際に称してた氏を称した後の本籍 | （(3)欄の筆頭者が届出人と同一の場合には記載する必要はありません）<br>東京都○○市新川4丁目5 番地 ~~番~~<br>筆頭者の氏名　山　下　一　子 |
| (7) | その他 | 離婚届と同時にこの届書を提出する場合で、婚姻前に在籍していた戸籍に子がいるときは、次のいずれかに✓印をつけてください。<br>婚姻前の子と同籍することを<br>☑希望する（(6)欄に婚姻前の本籍を書いてください。）<br>□希望しない（(6)欄に新しく設ける本籍を書いてください。） |
| (8) | 届出人署名押印<br>（変更前の氏名） | 秋　山　一　子　㊞ |

## 〔書式6〕離婚届の不受理申出書　⇨（27・68・95ページ参照）

| | | | |
|---|---|---|---|
| 受　付　令和　年　月　日<br>発収簿番号　第　号<br>整理番号　第　号 | | | 発送　令和　年　月　日<br><br>長印 |
| 送　付　令和　年　月　日<br>発収簿番号　第　号<br>整理番号　第　号 | | | |
| 書類調査 | 戸籍調査 | 不受理期間終了日<br>年　月　日 | |

**不受理申出**

平成　年　月　日申出

**東京都○○市 長殿**

| 不受理処分をする届出 | | | |
|---|---|---|---|
| | 届出事件の種別 | 離婚届 | |
| | 氏名 | 山田一郎 | 山田花子 |
| | 生年月日 | 昭和42年2月13日 | 昭和44年8月12日 |
| | 住所（住民登録をしているところ） | 東京都○○市<br>中原1丁目3 ~~番地~~ 番 12号 | 東京都○○市<br>中原1丁目3 ~~番地~~ 番 12号 |
| | 本籍 | 東京都○○市<br>新川4丁目5 番地 ~~番~~<br>筆頭者の氏名　山田一郎 | 東京都○○市<br>新川4丁目5 番地 ~~番~~<br>筆頭者の氏名　山田一郎 |
| 申出理由 | ☑ 届出の意思がなく、届書に署名押印したこともない。<br>□ 届書に署名押印したが、その後届出の意思をなくした。 | | |
| その他 | | | |

上記届出が提出された場合には、これを受理しないようお願いします。

| | |
|---|---|
| 申出人署名押印 | 山田花子 ㊞ |
| 連絡先（連絡方法の希望） | 電話<br>〔希望　〕 |

## 〔書式7〕離婚（夫婦関係事件）の調停申立書

⇨（109・114・116ページ参照）

**この申立書の写しは，法律の定めるところにより，申立ての内容を知らせるため，相手方に送付されます。**

| | |
|---|---|
| 受付印 | **夫婦関係等調整調停申立書　事件名（ 離婚 ）** |
| | （この欄に申立て1件あたり収入印紙１，２００円分を貼ってください。） |
| 収入印紙　　円 | |
| 予納郵便切手　　円 | （貼った印紙に押印しないでください。） |

| | | |
|---|---|---|
| ○○　家庭裁判所<br>御中<br>令和○○年　○月　○○日 | 申立人<br>（又は法定代理人など）<br>の記名押印 | 山野花子　㊞ |

| | | |
|---|---|---|
| 添付書類 | （審理のために必要な場合は，追加書類の提出をお願いすることがあります。）<br>□ 戸籍謄本(全部事項証明書)（内縁関係に関する申立ての場合は不要）<br>□（年金分割の申立てが含まれている場合）年金分割のための情報通知書<br>□ | 準口頭 |

| | | | |
|---|---|---|---|
| 申立人 | 本籍<br>（国籍） | （内縁関係に関する申立ての場合は，記入する必要はありません。）<br>○○　都道府㊮　○○市○○町○番地 | |
| | 住所 | 〒○○○－○○○○<br>○○県○○市○○町○丁目○番○号　（　　方） | |
| | フリガナ<br>氏名 | 山《ヤマ》野《ノ》花子《ハナコ》 | 大正・㊐昭和・平成　○○年　○月　○日生<br>（　　歳） |
| 相手方 | 本籍<br>（国籍） | （内縁関係に関する申立ての場合は，記入する必要はありません。）<br>○○　都道府㊮　○○市○○町○番地 | |
| | 住所 | 〒○○○－○○○○<br>○○県○○市○○町○丁目○番○号　（　　方） | |
| | フリガナ<br>氏名 | 山《ヤマ》野《ノ》一郎《イチロウ》 | 大正・㊐昭和・平成　○○年　○月　○日生<br>（　○○　歳） |
| 未成年の子 | 住所 | ☑ 申立人と同居　／　□ 相手方と同居<br>□ その他（　　） | 平成○○年○○月○○日生 |
| | フリガナ<br>氏名 | 山《ヤマ》野《ノ》百合《ユリ》 | （　○　歳） |
| | 住所 | ☑ 申立人と同居　／　□ 相手方と同居<br>□ その他（　　） | 平成○○年　○月○○日生 |
| | フリガナ<br>氏名 | 山《ヤマ》野《ノ》太郎《タロウ》 | （　○　歳） |
| | 住所 | □ 申立人と同居　／　□ 相手方と同居<br>□ その他（　　） | 平成　年　月　日生 |
| | フリガナ<br>氏名 | | （　　歳） |

（注）　太枠の中だけ記入してください。未成年の子は，付随申立ての(1)，(2)又は(3)を選択したときのみ記入してください。　□の部分は，該当するものにチェックしてください。

**この申立書の写しは，法律の定めるところにより，申立ての内容を知らせるため，相手方に送付されます。**

※ 申立ての趣旨は，当てはまる番号（1 又は 2，付随申立てについては(1)～(7)）を○で囲んでください。
□の部分は，該当するものにチェックしてください。
☆ 付随申立ての(6)を選択したときは，年金分割のための情報通知書の写しをとり，別紙として添付してください（その写しも相手方に送付されます。）。

## 申立ての趣旨

| 円満調整 | 関係解消 |
|---|---|
| ※<br>1 申立人と相手方間の婚姻関係を円満に調整する。<br>2 申立人と相手方間の内縁関係を円満に調整する。 | ※<br>① 申立人と相手方は離婚する。<br>2 申立人と相手方は内縁関係を解消する。<br>（付随申立て）<br>⑴ 未成年の子の親権者を次のように定める。<br>……………………については父。<br>百合、太郎 については母。<br>⑵ （☐申立人／☑相手方）と未成年の子が面会交流する時期，方法などにつき定める。<br>(3) （☐申立人／☑相手方）は，未成年の子の養育費として，1人当たり毎月（☑金 ○○ 円 ／ ☐相当額）を支払う。<br>⑷ 相手方は，申立人に財産分与として，（☐金……円 ／ ☑相当額 ）を支払う。<br>⑸ 相手方は，申立人に慰謝料として，（☑金 ○○ 円 ／ ☐相当額 ）を支払う。<br>⑹ 申立人と相手方との間の別紙年金分割のための情報通知書（☆）記載の情報に係る年金分割についての請求すべき按分割合を，（☑0.5 ／ ☐（……………））と定める。<br>(7) |

## 申立ての理由

### 同居・別居の時期

| | |
|---|---|
| 同居を始めた日… 昭和（○印） ○○年 ○月○○日<br>平成…… …… …… | 別居をした日… 昭和<br>平成（○印） ○○年 ○月○○日 |

### 申立ての動機

※当てはまる番号を○で囲み，そのうち最も重要と思うものに◎を付けてください。

| | | | |
|---|---|---|---|
| 1 性格があわない | ② 異性関係 | 3 暴力をふるう | 4 酒を飲みすぎる |
| 5 性的不調和 | 6 浪費する | 7 病気 | |
| 8 精神的に虐待する | ◎9 家族をすててかえりみない | 10 家族と折合いが悪い | |
| 11 同居に応じない | ⑫ 生活費を渡さない | 13 その他 | |

夫婦（2/2）

## 〔書式８〕財産分与（協議離婚後の場合）の請求調停申立書 ⇨（47ページ参照）

**この申立書の写しは，法律の定めるところにより，申立ての内容を知らせるため，相手方に送付されます。**

※　申立書の写しは相手方に送付されますので、あらかじめご了承ください。

| | |
|---|---|
| 受付印 | 家事　☑ 調停 □ 審判　申立書　事件名（　財産分与　） |
| 収入印紙　円<br>予納郵便切手　円 | （この欄に申立て１件あたり収入印紙１，２００円分を貼ってください。）<br>印　紙<br>（貼った印紙に押印しないでください。） |

| | | |
|---|---|---|
| ○　○　家庭裁判所<br>御中<br>令和　○　年　○　月　○　日 | 申　立　人<br>（又は法定代理人など）<br>の記名押印 | 乙　川　春　子　㊞ |

| | | |
|---|---|---|
| 添付書類 | ※　標準的な申立添付書類については，裁判所ウェブサイトの「手続の概要と申立ての方法」のページ内の「申立てに必要な書類」欄を御覧になるか，家事手続情報サービスのファクシミリ案内により，各手続のご案内を取り出して御覧ください。 | 準口頭 |

| | | | |
|---|---|---|---|
| 申立人 | 本籍（国籍） | （戸籍の添付が必要とされていない申立ての場合は，記入する必要はありません。）<br>都道<br>府県 | |
| | 住所 | 〒　○○○　－　○○○○<br>**○○県○○市○○町○番○号ハイツ○○マンション○○○号**<br>※裁判所から連絡がとれるように正確に記入していただく必要がありますが，ご不明な点があれば、申立書を提出される裁判所にお問い合わせください。（　　方） | |
| | フリガナ<br>氏名 | **オ　ツ　カ　ワ　　ハ　ル　コ**<br>**乙　川　春　子** | 大正<br>昭和（○で囲む）○　年　○　月　○日生<br>平成<br>（　○　歳） |
| 相手方 | 本籍（国籍） | （戸籍の添付が必要とされていない申立ての場合は，記入する必要はありません。）<br>都道<br>府県 | |
| | 住所 | 〒　○○○　－　○○○○<br>**○○県○○市○○町○番○号**<br>※裁判所から連絡がとれるように正確に記入していただく必要があります。（　　方） | |
| | フリガナ<br>氏名 | **コ　ウ　ノ　　イ　チ　ロ　ウ**<br>**甲　野　一　郎** | 大正<br>昭和（○で囲む）○　年　○　月　○日生<br>平成<br>（　○　歳） |

（注）太枠の中だけ記入してください。

別表第二，調停（1/2）

**この申立書の写しは，法律の定めるところにより，申立ての内容を知らせるため，相手方に送付されます。**

| 申　立　て　の　趣　旨 |
|---|
| 相手方は，申立人に対し，財産分与として金○○○万円を支払うとの調停を求めます。 |
| |

| 申　立　て　の　理　由 |
|---|
| 1　申立人と，相手方は，平成○年○月○日婚姻し，一男一女をもうけましたが，相手方の異性関係が原因で，夫婦関係が破綻し，令和○年○月○日，未成年者らの親権者を申立人と定めて協議離婚しました。 |
| 2　相手方は，○○会社に勤務し，約○○○万円の年収を得ており，また，別紙財産目録記載の不動産を所有しています。 |
| 3　申立人は，婚姻当時勤務していた会社に平成○年○月○日まで勤務し，その後，平成○年○月から現在に至るまで，パートタイマーや正社員として勤務しました。 |
| 4　申立人と相手方が婚姻をした当初は資産というべきものはありませんでしたが，申立人と相手方が協力して蓄えた資産によって前記不動産を購入し，別紙の財産目録記載の預金をしました。 |
| 5　このように，申立人の稼働及び家事労働による寄与によって，相手方は前記不動産を取得し，預金をしたのですから，財産分与として不動産の時価の２分の１に該当する金員と預金の２分の１の金員の支払を相手方に求めましたが，相手方は話し合いに応じようとしませんので，申立ての趣旨のとおりの調停を求めます。 |

別表第二，調停（**2/2**）

## 〔書式９〕離婚の訴状 ⇨（140・146ページ参照）

受付印

# 訴　　状

事件名　離 婚　　請求事件

| | | |
|---|---|---|
| 訴訟物の価額 | 円 | |
| 貼用印紙額 | 円 | |
| 予納郵便切手 | 円 | |
| 貼用印紙　裏面貼付のとおり | | |

| | | |
|---|---|---|
| ○○　家庭裁判所<br>御　中<br>令和○　年　○月　○日 | 原告の記名押印 | 甲野花子　㊞（甲野） |

| | | |
|---|---|---|
| 原告 | 本　籍 | ○○　都道府(県)　○○市○○町○丁目○番地 |
| | 住　所 | 〒○○○－○○○○　電話番号　○○（××××）△△△△　ファクシミリ　（　　）<br>○○県○○市○○町○丁目○番○号<br>（　　　　方） |
| | フリガナ<br>氏　名 | 甲《コウ》野《ノ》花子《ハナコ》 |
| | 送達場所<br>等の届出 | 原告に対する書類の送達は，次の場所に宛てて行ってください。<br>☑　上記住所<br>□　勤務先（勤務先の名称　　　　）<br>〒　－　　電話番号　（　　）<br>住　所<br>□　その他の場所（原告又は送達受取人との関係　　　　）<br>〒　－　　電話番号　（　　）<br>住　所 |
| | | □　原告に対する書類の送達は，上記の届出場所へ，次の人に宛てて行ってください。<br>氏　名　　　（原告との関係　　　　） |
| 被告 | 本　籍 | 原告と同じ |
| | 住　所 | 〒○○○－○○○○　電話番号　△△（××××）○○○○　ファクシミリ　（　　）<br>○○県○○市○○町○丁目○番○号<br>○○マンション○○号<br>（　　　　方） |
| | フリガナ<br>氏　名 | 甲《コウ》野《ノ》太郎《タロウ》 |
| 添付書類 | | ☑ 戸籍謄本（甲第　1　号証）☑ 年金分割のための情報通知書（甲第　号証）☑ 甲第　　号証<br>～第　　号証　□ 証拠説明書　□ 調停が終了したことの証明書　□ 証拠申出書　□ |
| 夫婦関係の形成又は存否の確認を目的とする係属中の事件の表示 | | 裁判所　　／　令和　　年（　　）第　　　号<br>事件名　　　　事件　／　原告　　　　被告 |

（注）　太枠の中だけ記入してください。　□の部分は，該当するものにレ点を付してください。

**請求及び申立ての趣旨**

原告と被告とを離婚する。

（親権者の指定）

☑ 原告と被告間の 続柄 長男 名 一郎（□昭和 ☑平成 ○年○月○日生），二男 二郎（□昭和 ☑平成 ○年○月○日生），＿＿＿＿ ＿＿＿＿（□昭和 □平成 年 月 日生）の親権者を☑原告 □被告と定める。

□

（慰謝料）

☑ 被告は，原告に対し，次の金員を支払え。

☑ 金 ○○○万 円

☑ 上記金員に対する 離婚判決確定の日の翌日 から支払済みまで年 3 分の割合による金員

（財産分与）

☑ 被告は，原告に対し，次の金員を支払え。

□ 金 ○○○万 円

□ 上記金員に対する離婚判決確定の日の翌日から支払済みまで年 3 分の割合による金員

□

（養育費）

☑ 被告は，原告に対し，令和○年○月 から 続柄 長男 名 一郎，二男 二郎，＿＿＿＿ ＿＿＿＿ が 成年に達する月 まで，毎月 ○ 日限り，子一人につき金 ○万 円ずつ支払え。

（年金分割）

□ 原告と被告との間の別紙＿＿＿（年金分割のための情報通知書）記載の情報に係る年金分割についての請求すべき按分割合を，☑0.5 □（　　）と定める。

□

訴訟費用は被告の負担とする。

との判決（□及び慰謝料につき仮執行宣言）を求める。

**請求の原因等**

1(1) 原告と被告は，□昭和 ☑平成 ○ 年 ○ 月 ○ 日に婚姻の届出をしました。

(2) 原告と被告間の未成年の子は，□いません。 ☑次のとおりです。

| 続柄 | 名 | 年齢 | 生年月日 |
|---|---|---|---|
| 長男 | 一郎 | ○ 歳 | （☑平成 □令和 ○年 ○月 ○日生） |
| 二男 | 二郎 | ○ 歳 | （☑平成 □令和 ○年 ○月 ○日生） |
| ＿＿＿＿ | ＿＿＿＿ | 歳 | （□平成 □令和 年 月 日生） |

2〔調停前置〕

夫婦関係に関する調停を

☑しました。

事件番号 ○○ 家庭裁判所 平成 ○ 年（家イ）第 ×××号

結　果 令和 ○ 年 ○ 月 ○ 日 ☑不成立 □取下げ □（　　　）

理　由 □被告が離婚に応じない □その他（　　　）

☑条件が合わない（　　　）

□していません。

理　由 □被告が所在不明

□その他（　　　）

3〔離婚の原因〕

次の事由があるので，原告は，被告に対して，離婚を求めます。

☑ 被告の不貞行為　□ 被告の悪意の遺棄　□ 被告の生死が3年以上不明

□ 被告が強度の精神病で回復の見込みがない　☑ その他婚姻を継続し難い重大な事由

その具体的な内容は次のとおりです。

（注）　太枠の中だけ記入してください。　□の部分は，該当するものにレ点を付してください。

(1) 不貞行為について

被告は，平成〇〇年〇月頃から同じ会社に勤める丙川春子（以下丙川と言います）と親しくなり，外泊を重ねるようになりました。

被告は，平成〇〇年〇月〇日に〇〇市〇〇町にアパートを借りて，丙川と同棲するようになりました。

(2) 婚姻を継続し難い重大な事由について

原告は，子のためにも，何度もやり直そうと思い，被告と話し合いを持とうとしましたが，被告は一切話し合いに応じませんでした。

以上のような事情で，これ以上婚姻を継続することはできないと思うようになりました。

4 〔子の親権者について〕

原告は，平成〇〇年〇月から〇〇会社で働きはじめ，現在は経理部で正社員となり，生活も安定しています。被告は，今まで子の面倒を見ることもなく，また定職もなく収入も不安定で，子の面倒を見ることは期待できません。

したがって，長男一郎及び二男二郎の親権者は原告が適しています。

5 〔慰謝料について〕

原告は，結婚してから，家事や育児なと懸命に頑張ってきましたが，被告の不貞行為等により，離婚せざるを得ない状況に追い込まれ，精神的苦痛を受けました。原告の精神的苦痛は〇〇〇万円が相当と思われます。

したがって，金〇〇〇万円及びこれに対する離婚判決確定の日の翌日から支払い済みに至るまで，民法所定の年３分の割合による遅延損害金を求めます。

6 〔財産分与について〕

夫婦の財産は，預金〇〇万円（甲２号証書），……です。

したがって，財産分与として，金〇〇〇万円及びこれに対する離婚判決確定の日の翌日から支払い済みに至るまで，民法所定の年３分の割合による遅延損害金を求めます。

7 〔養育費について〕

原告の収入は，月約〇〇万円及び年２回のボーナスとを合わせると，年収は〇〇〇万円（甲〇号証）になります。被告の収入は，少なくとも月収〇〇万円ですので，養育費として令和〇年〇月から子が成年に達するまで月〇万円の支払いを求めます。

8 〔年金分割について〕

原告と被告の離婚時年分分割に係る第一号改定者及び第二号改定者の別、対象期間、按分割合の範囲は、別紙１のとおりです。

9 〔まとめ〕

よって，請求及び申立ての趣旨記載の判決を求めます。

# 1 離婚で請求できるお金の算定基準

## ① 財産分与

財産分与は、婚姻生活中に、夫婦で協力して築き上げた財産（共有財産）を離婚の際にそれぞれの貢献に応じて分配することです。

したがって、共有財産以外の婚姻前から取得していた財産や、相続で取得した財産などの特有財産は分割の対象にはなりません。

財産分与の割合は、それぞれ二分の一ずつが一般的です。離婚理由がどちらにあるかは関係ありません。ただし、特殊な努力や能力によって高額な資産形成がなされた場合などのときには、分割の割合が修正されることもあります。

## ② 慰謝料

慰謝料は相手の違法行為により受けた「精神的苦痛」に対する損害賠償です。不倫や浮気、暴力行為、生活費を渡さないなどの場合に請求でき、単なる性格の不一致による離婚では違法行為はなく慰謝料の請求ができない場合がほとんどです。

慰謝料の額については、「精神的苦痛」を算定することは困難で、裁判例などを検討して請求するしかないでしょう。ただし、交渉ではいくらの金額を提示しても構いませんので、相手配偶者が離婚をして他の人と再婚をしたがっているような場合は、高額の慰謝料を提示してくることもあります。

## ③ 養育費

離婚しても夫婦には扶養義務があります。子ども（未成熟子）と別居した親（非監護権者）にも、監護費用を分担（養育費）する義務があるのです。

養育費は毎月の支払が原則となりますが、一時金で支払う場合もあります。また、いつまで支払うのかの問題もあります。こうした条件をどのように定めるかも重要となります。

養育費は、協議離婚の場合は自由に定めることができますので、家計簿などで調べて、子どもにいくらかかっているか、将来どのような費用が必要かも予想し、算出するとよいでしょう。

▼養育費算定表→二二〇参照

## ④ 婚姻費用

夫婦間の共同生活では、婚姻費用（衣食住の費用、医療費、子どもの養育費・教育費、相応の娯楽費、交際費など）は夫婦が収入に応じて分担します。

離婚を決意し別居したなどでは、婚姻費用分担の請求ができるかどうかが問題となります。

結論としては、婚姻費用分担の請求ができますが、離婚原因のある有責者（浮気して家を出た場合など）については、破綻に対する離婚の度合いによって分担額（支払額）を軽減することもあるようです。婚姻費用分担の額は、夫婦双方の収入額や子の数などにより決まります。

▼婚姻費用の算定表→二二一頁参照

## （表１）養育費・子１人表（子０～14歳）

▼本表は、家庭裁判所で公表されている「養育費算定表」の一部です。

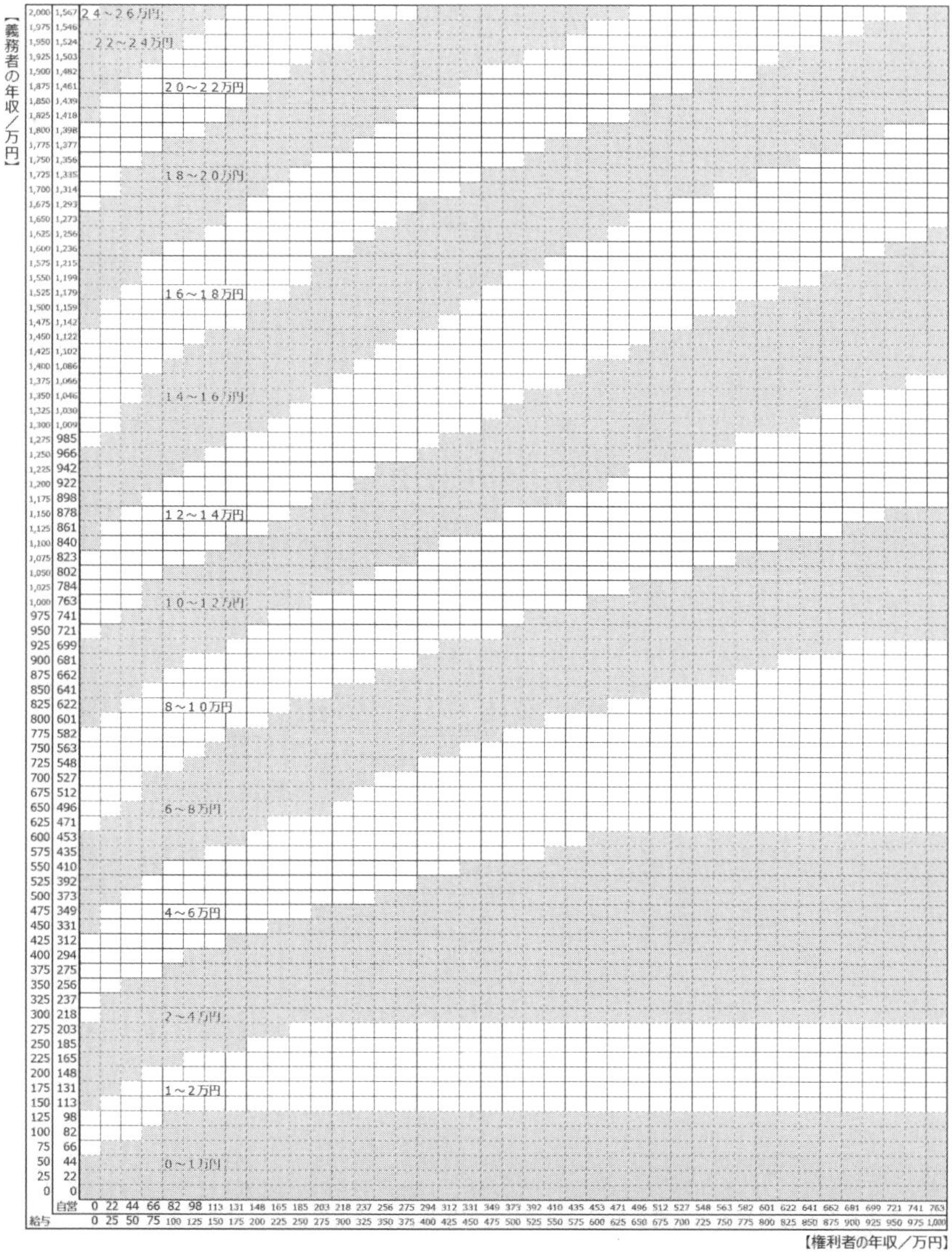


〔養育費算定表について〕

1．子の人数（１～３人）と年齢（０～14と15歳以上の２区分）に応じて表１から９に分かれています。本表はそのうちの第１表を掲載しました。**※表の全体は家庭裁判所のホームページを参照。**

2．表の見方は、縦軸に義務者（支払う側）、横軸に権利者（子を引き取って育てている側）の年収を示しています。求める養育費は、縦軸の義務者と横軸の権利者の年収がぶつかる部分の数字です。

3．年収は給与所得者の場合、源泉徴収表の「支払金額」で、自営業者の場合は「課税される所得金額」が年収にあたります。

## （表11）婚姻費用・子1人表（子0～14歳）

▼本表は家庭裁判所で公表されている「婚姻費用算定表」の一部です。

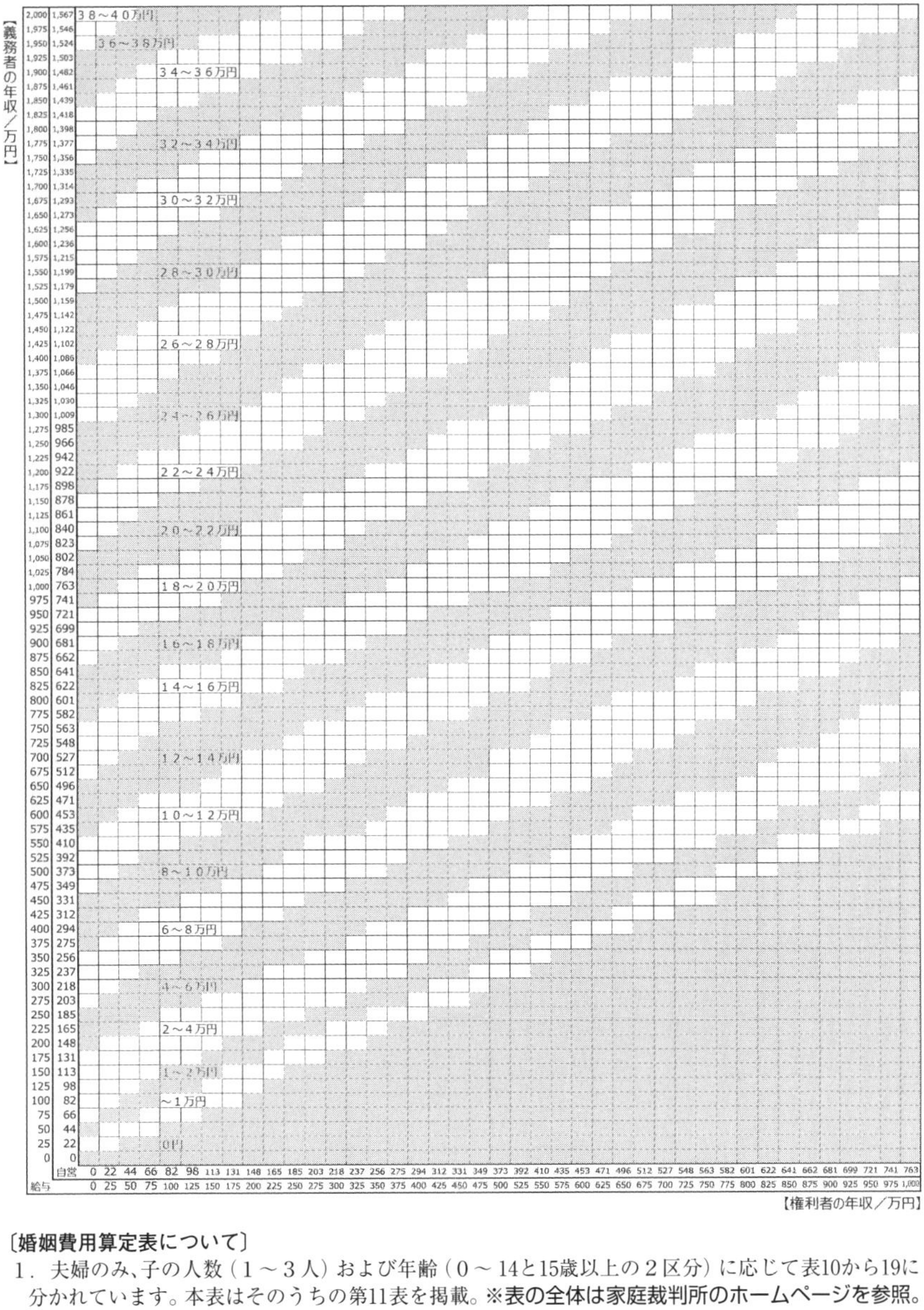


〔婚姻費用算定表について〕

1．夫婦のみ、子の人数（１～３人）および年齢（０～14と15歳以上の２区分）に応じて表10から19に分かれています。本表はそのうちの第11表を掲載。※表の全体は家庭裁判所のホームページを参照。

2．表の見方は、縦軸に義務者（支払う側）、横軸に権利者（子を引き取って育てている側）の年収を示しています。求める支払額は、縦軸の義務者と横軸の権利者の年収がぶつかる部分の数字です。

3．年収は給与所得者の場合、源泉徴収表の「支払金額」で、自営業者の場合は「課税される所得金額」が年収にあたります。

# 2 離婚など家庭の問題の相談先

◆法テラス（日本司法支援センター）

法テラスは全国に約八〇の事務所があり、法律情報の提供や法律扶助などを行っています。離婚などのトラブルで、どうしたらよいか分らない場合に利用するとよいでしょう。ただし、解決のための道案内で、法律問題に回答してくれるわけではありません。

（法テラスサポートダイヤル）０５７０・０７８３７４

◆家庭裁判所の家事（手続）相談

結婚中のトラブルや離婚に関する問題など、家庭内の問題で当事者による話合いで解決できないときは、家庭裁判所の家事相談を利用することをおすすめします。

家事相談では、調停に向けての手続きなどについて教えてくれます。ただし、個々の具体的なトラブルの内容について、判断を下すものではありません。

◆弁護士会の法律相談センター

各地の弁護士会では全国約三〇〇カ所で法律相談を行っていて、離婚などの相談のほか、法律全般の問題について相談にのってくれます。弁護士会の法律相談は原則として有料（30分５０００円程度）です。事前に電話で連絡をして、相談料や相談に行く際に必要なことなどについて聞いておくとよいでしょう。

左記の「ひまわりお悩み１１０番」へ連絡すると、お近くの法律相談センターにつながります。

〇ひまわりお悩み１１０番☎０５７０・７８３・１１０

◆都道府県・市区町村民相談室

全国の都道府県や市区町村では、行政サービスとして、法律相談室（名称はそれぞれの自治体で異なる）を設けて、広く一般の法律相談に応じています。弁護士などの法律の専門家が相談に応じ、相談料は無料です。

◆配偶者暴力相談支援センター

各都道府県に設置されています。このセンターは警察・福祉事務所などと連携し、ＤＶ被害者の相談・支援を行います。

〇東京都女性相談センター☎03・５２６１・３１１０

# 全国の家庭裁判所の電話番号・一覧

| 裁判所 | 電話 |
|---|---|
| 札幌家庭裁判所 | (011)221—7281 |
| 函館家庭裁判所 | (0138)38—2370 |
| 旭川家庭裁判所 | (0166)51—6251 |
| 釧路家庭裁判所 | (0154)41—4171 |
| 仙台家庭裁判所 | (022)222—4165 |
| 福島家庭裁判所 | (024)534—2439 |
| 山形家庭裁判所 | (023)623—9511 |
| 盛岡家庭裁判所 | (019)622—3452 |
| 秋田家庭裁判所 | (018)824—3121 |
| 青森家庭裁判所 | (017)722—5732 |
| 東京家庭裁判所 | (03)3502—8331 |
| 横浜家庭裁判所 | (045)345—3463 |
| さいたま家庭裁判所 | (048)863—8844 |
| 千葉家庭裁判所 | (043)333—5316 |
| 水戸家庭裁判所 | (029)224—8175 |
| 宇都宮家庭裁判所 | (028)333—0057 |
| 前橋家庭裁判所 | (027)231—4275 |
| 静岡家庭裁判所 | (054)273—8768 |
| 甲府家庭裁判所 | (055)213—2541 |
| 長野家庭裁判所 | (026)403—2038 |
| 新潟家庭裁判所 | (025)333—0131 |
| 名古屋家庭裁判所 | (052)223—3411 |
| 津家庭裁判所 | (059)226—4711 |
| 岐阜庭裁判所 | (058)262—5346 |
| 福井家庭裁判所 | (0776)91—5069 |
| 金沢家庭裁判所 | (076)221—3111 |
| 富山家庭裁判所 | (076)421—8154 |
| 大阪家庭裁判所 | (06)6943—5745 |
| 京都家庭裁判所 | (075)722—7211 |
| 神戸家庭裁判所 | (078)521—5930 |
| 奈良家庭裁判所 | (0742)88—6521 |
| 大津家庭裁判所 | (077)503—8151 |
| 和歌山家庭裁判所 | (073)428—9959 |
| 広島家庭裁判所 | (082)228—0494 |
| 山口家庭裁判所 | (083)922—1330 |
| 岡山家庭裁判所 | (086)222—6771 |
| 鳥取家庭裁判所 | (0857)22—2171 |
| 松江家庭裁判所 | (0852)35—5200 |
| 高松家庭裁判所 | (087)851—1942 |
| 徳島家庭裁判所 | (088)603—0140 |
| 高知家庭裁判所 | (088)822—0442 |
| 松山家庭裁判所 | (089)942—0077 |
| 福岡家庭裁判所 | (092)711—9651 |
| 佐賀家庭裁判所 | (0952)23—3161 |
| 長崎家庭裁判所 | (095)822—6151 |
| 大分家庭裁判所 | (097)532—7161 |
| 熊本家庭裁判所 | (096)206—3534 |
| 鹿児島家庭裁判所 | (099)222—7121 |
| 宮崎家庭裁判所 | (0985)68—5146 |
| 那覇家庭裁判所 | (098)855—1000 |

※上記の他に、支部・出張所がありますので、確認してください。

〔著者紹介〕
**石原　豊昭**（いしはら　とよあき）
昭和３年10月山口県に生まれる。中央大学卒業。弁護士（東京弁護士会所属）。平成27年逝去。
三井三池労働争議事件その他暴力金融グループ・株券金融犯罪グループ事件などの被害者救済で活躍。著書に「債権なにがなんでも回収法」「訴訟は本人で出来る（共著）」「遺言書の正しい書き方・活かし方」「遺産分割と紛争解決法」（いずれも自由国民社刊）などがある。

**内海　徹**（うつみ　とおる）
昭和16年、宮崎県宮崎市に生まれる。昭和40年に早稲田大学卒業。法律ジャーナリスト。
著書に「債権回収のことならこの１冊（共著）」「家と土地のことならこの１冊（共著）」（自由国民社刊）などがある。

**[編集・執筆協力]**　㈲生活と法律研究所

**離婚を考えたらこの１冊**

2008年５月20日　初版第１刷発行
2020年５月22日　第５版第１刷発行

著　者　石　原　豊　昭
　　　　内　海　　　徹
編　集　㈲生活と法律研究所
発行者　伊　藤　　　滋
DTP制作　有限会社中央制作社
印刷所　横山印刷株式会社
製本所　新風製本株式会社

発行所　㈱自由国民社
〒171-0033　東京都豊島区高田３丁目10番11号
TEL〔販売〕03(6233)0781　〔編集〕03(6233)0786
http://www.jiyu.co.jp/